高等院校经济学管理学精品规划教材

商务谈判

贾贵浩　赵秀玲　主编

上海财经大学出版社

图书在版编目(CIP)数据

商务谈判/贾贵浩,赵秀玲主编. —上海:上海财经大学出版社,2021.9
(高等院校经济学管理学精品规划教材)
ISBN 978-7-5642-3855-1/F·3855

Ⅰ.①商… Ⅱ.①贾…②赵… Ⅲ.①商务谈判-高等学校-教材
Ⅳ.①F715.4

中国版本图书馆 CIP 数据核字(2021)第 168691 号

□ 责任编辑 刘光本
□ 责编电邮 lgb55@126.com
□ 责编电话 021-65904890
□ 封面设计 张克瑶

商 务 谈 判

贾贵浩 赵秀玲 主编

上海财经大学出版社出版发行
(上海市中山北一路 369 号 邮编 200083)
网 址:http://www.sufep.com
电子邮箱:webmaster@sufep.com
全国新华书店经销
上海市崇明县裕安印刷厂印刷装订
2021 年 9 月第 1 版 2021 年 9 月第 1 次印刷

787mm×1092mm 1/16 15.5 印张 357 千字
印数:0 001—3 000 定价:49.00 元

前 言

PREFACE

经济交往离不开谈判。国家之间、组织之间、个人之间以及国家、组织、个人之间的经济交往无不通过谈判来解决。商务谈判是人们经济交往的桥梁和纽带，商务谈判理论、实务和技巧已成为人们从事经济活动的必备学问。编者在广泛吸收相关书籍长处及编写组成员长期教学实践经验的基础上，编纂了《商务谈判》一书。本教材以实用为目的，旨在提升经济管理类大学生的商务谈判能力，丰富非经管类大学生的商务谈判知识。本教材以谈判流程作为主线来组织内容，全面介绍了商务谈判的理论、实务和技巧，以理论为基础，以实用为目的，内容精而不缺、全而不乱，给教师的课堂讲授留有发挥余地，也便于学生在课堂学习或自学中获得双重收益。

本教材共分十章三大部分。第一部分（一、二章）是本书的特色之一，对谈判、商务谈判和国际商务谈判的一般理论及三个概念的内涵、外延、相互关系进行了分析，旨在廓清基本概念，理顺学生的学习思路；第二部分（三—七章），包括商务谈判内容，商务谈判过程，商务谈判策略、技巧以及国际商务谈判中的风险规避等，对商务谈判重要知识点进行了集中阐述，旨在培养学生对相关知识的应用能力；第三部分（八—十章），重点讲解了商务谈判中必须注意的要素，这些要素伴随商务谈判的始终，是商务谈判人员必须高度重视的内容，旨在培养学生的谈判素质，提醒学生细节也能影响商务谈判的成败。

本教材的特色之二是每章以引例开篇，结尾安排案例思考或分析，帮助学生更好地理解本章的内容。案例部分细分为案例分析和案例思考，给学生留有思考、分析的余地。

本教材由贾贵浩、赵秀玲担任主编，褚晓飞、宋冬凌、吴洪刚担任副主编。全书分工如下：贾贵浩负责全书的统稿、定稿及第五章、第六章、第九章的撰写，赵秀玲负责全书框架设计和第一章的撰写，宋冬凌负责第二章、第十章、附录的撰写和部分章节的审查，吴洪刚负责第三章、第四章的撰写及部分章节的审查，褚晓飞负责第七章、第八章的撰写和部分章节的审查。

本教材在撰写过程中得到了南阳师范学院、河南科技大学、华北水利水电学院、河南工程学院等院校经管系的协助和支持，借鉴和参考了不少专家学者的成果，在此一并表示感谢！因作者能力所限，本书的疏漏和不足之处在所难免，敬请行家不吝赐教。

目　录
CONTENTS

前言/1

第一章　谈判与商务谈判/1
学习目的与要求/1
引例/1
第一节　谈判的内涵/2
第二节　商务谈判/6
第三节　商务谈判理论/13
案例分析/21
本章小结/21
思考与练习题/22

第二章　国际商务谈判综述/23
学习目的与要求/23
引例/23
第一节　商务谈判与国际商务谈判的关系/23
第二节　国际商务谈判的特征及基本原则/25
第三节　国际商务谈判的类型/28
第四节　国际商务谈判的基本内容/35
案例分析/42
本章小结/43
思考与练习题/43

第三章　商务谈判实务/44
学习目的与要求/44

引例/44
第一节　商务谈判的内容/45
第二节　商务谈判的准备/54
案例分析/59
本章小结/60
思考与练习题/60

第四章　商务谈判过程/61
学习目的与要求/61
引例/61
第一节　商务谈判的开局阶段/61
第二节　商务谈判的报价阶段/66
第三节　商务谈判的磋商阶段/68
第四节　商务谈判的结束阶段/74
案例分析/78
本章小结/80
思考与练习题/80

第五章　商务谈判的策略/81
学习目的与要求/81
引例/81
第一节　商务谈判的开局与摸底策略/82
第二节　价格谈判策略/85
第三节　让步与拒绝策略/91
第四节　签订协议中的策略/98
案例分析/104
本章小结/106
思考与练习题/107

第六章　商务谈判语言技巧/108
学习目的与要求/108
引例/108

第一节 商务谈判语言概述/109
第二节 有声语言技巧/114
第三节 无声语言技巧/125
案例分析/130
本章小结/131
思考与练习题/131

第七章 国际商务谈判中的风险规避/132
学习目的与要求/132
引例/132
第一节 国际商务谈判中的风险识别/133
第二节 国际商务谈判中的风险规避方法/139
第三节 国际商务谈判中的外汇风险规避/144
案例分析/149
本章小结/149
思考与练习题/150

第八章 商务谈判礼仪/151
学习目的与要求/151
引例/151
第一节 国际商务谈判基本礼仪/152
第二节 商务人士的个人礼仪/158
第三节 宴请与签约的组织礼仪/171
案例分析/178
本章小结/178
思考与练习题/179

第九章 商务谈判训练方略/180
学习目的与要求/180
引例/180
第一节 谈判人员综合素质的培养/180
第二节 商务谈判模拟演练/187

第三节　商品推销实训/190
案例分析/195
本章小结/195
思考与练习题/196

第十章　世界各地的谈判风格/197
学习目的与要求/197
引例/197
第一节　商务谈判风格的特点与作用/198
第二节　世界主要国家和地区商人的谈判风格/200
第三节　中西方商务谈判风格比较/216
案例分析/218
本章小结/219
思考与练习题/219

附录一　谈判经验总结/220

附录二　谈判能力测验/222

参考资料/234

后记/237

第一章

谈判与商务谈判

学习目的与要求

了解谈判和商务谈判的含义以及两者之间的关系，掌握商务谈判的基本特征、原则及类型；熟悉马斯洛的需求层次论，冯·诺曼、摩根斯坦的博弈论，商务谈判沟通理论在商务谈判中的应用，明白网络谈判在现代商务活动中的作用和局限性。

引例

某百货商店采购员到一家服装厂采购冬装，采购员看中一件皮夹克，问服装厂经理："多少钱一件？"回答是500元。采购员又说："我们要采购一批，最低多少钱一件？""我们只批发，不零售。今年全市批发价都是500元。"这时，采购员说："你们厂是大厂，信得过，所以我才到你们厂来采购。不过，你们这件皮夹克的式样有些过时了，去年这个样式还可以，今年已经不流行了。而且颜色也单调，你们只有黑色的，而今年皮夹克流行的颜色是棕色和天蓝色。"于是，经理用商量的口吻说："你要真想买，而且要得多的话，价钱可以商量。你给个价吧！""这样吧，我们也不能让你们吃亏，我们购50件，400元一件，怎么样？""价钱太低，况且你们买的也不多。""那好吧，我们再多加50件，买100件如何？""好吧，我看你也是个痛快人，就依你的意见办！"于是，双方在微笑中达成了协议。

上述买卖双方经过真诚地洽谈、协商和讨价还价，终于达成一致意见的过程就是谈判的过程。正如美国谈判学会会长杰勒德·I. 尼尔伦伯格(Gerard I. Niernberg)在《谈判的艺术》一书中所说："谈判的定义最为简单，而涉及的范围最为广泛，每一个要求满足的愿望和每一项寻求满足的需要，至少都是诱发人们展开谈判过程的潜因。只要人们为了改变相互关系而交换观点，只要人们为了取得一致而磋商协议，他们就是在进行谈判。"

可见，谈判是社会生活中不可缺少的交往方式。每个人都会不知不觉地成为谈判者，并经常参与这样或那样的谈判。谈判的形式多种多样，大到国家独立和民族统一的纷争，小到家庭财产分配和夫妻之间家务分配的商讨，都要通过谈判解决。谈判作为一种普遍的人类行为，从古到今，就是人类生活的组成部分，它与人类文明的发展一样，拥有久远的历史。当原始人开始意识到自己和他人的区别并开始尝试为满足自身需要而进行某种努力时，谈判这种行为和活动就在人类社会生活中萌芽了。我国古代的“纵横家”就是谈判专家的别称。时至今日，谈判更是协调、处理各种关系的重要手段。当今世界最大的谈判当属联合国的大会辩论，有190多个国家或地区参加，代表全世界几十亿人的利益进行谈判。

第一节　谈判的内涵

一、谈判的概念

1. 谈判的含义

谈判有广义和狭义之分。广义的谈判是指除正式场合下的谈判外，一切协商、交涉、商量、磋商等都可以看作谈判。广义的谈判是人类解决问题的一种活动过程，是人类生活的组成部分。广义的谈判作为一种普遍的社会现象，大量存在于各种社会机构和人与人的交往中。只要是人类为了满足各自的某种需要而进行的交往活动就是谈判。即使是儿童游戏过程中的角色分配或朋友们商量度假方式也都是谈判。

狭义的谈判是指在正式、专门场合下安排进行的谈判活动。狭义的谈判是建立在广义的谈判之上的。

谈判有“谈”和“判”两个环节。“谈”指洽谈、商议、会谈等，突出的是和睦与彼此间对话的形式，而“判”则指结果，谈判强调对话以后对分歧的评判和得到某种结果。因此，谈判是一个特定的词汇。

对谈判定义还有几种比较权威的表述：英国谈判专家马什(P. D. V. Marsh)在《合同谈判》一书中认为：“所谓谈判，是指有关各方为了自身的目的，在每项涉及各方利益的事物中进行磋商，并通过调整各自提出的条件，最终达成一项各方较为满意的协议这样一个不断调整的过程。”美国哈佛大学教授罗杰·费希尔(Roger Fisher)和威廉·尤瑞(Willian Ury)在《哈佛谈判学》丛书中说：“谈判是你从别人那里取得你所需要的基本手段，你或许与对方有共同利益，或许遭到对方反对，谈判是为达到某种需要协议而进行的交往。”从以上表述可以看到，由于各自的文化背景、知识结构及思考问题的角度不同，因此，他们对谈判的内在规定性也各有侧重。

2. 谈判产生的条件

(1)人们在观点、利益和行为方式等方面出现了不一致。

(2)谈判双方相互联系。

(3)双方在物质力量、人格、地位等方面都相对独立或对等。

3. 谈判特点

(1)谈判是互动过程，谈判各方都有自身内在的驱动力，都想通过谈判获得某种满足，单方面的施舍或承受都不算谈判。

(2)谈判是一个“合作”与“对抗”并存的过程。如果不具有一定的合作性,则谈判就不能正常进行,但是谈判各方为追求利益的最大满足就必然出现利益的对抗。因此,合作和对抗就成为谈判过程中同时存在的一对矛盾,只是在不同条件下其合作程度和对抗程度有所差异而已。

(3)正常的谈判是互惠而公平的。互惠是指谈判各方均要获得一定的利益,即都要承担一定的权利和义务,否则谈判就无从谈起;公平是指参与谈判的各方都有否决权,任何一方都不能强迫对方。

(4)谈判结果不可能是完全平等的。因为谈判各方所拥有的地位、实力与技巧总会存在差异,因而谈判的结果不可能是利益的平均分配。

当然,谈判的上述特点在不同的视角下有不同的定义:在协调视角下,谈判是指参与各方在一定时空条件下为改变和建立新的社会关系,并使各方达到某种利益目标所采取的协调行为;在法律视角下,谈判是指参与各方根据规定的法律、政策和道德,论证自己的观点,说服对方,最终形成统一意志体现的协议,协议是对各方都具有平等约束力的法律行为;在需要的视角下,谈判就是两个或两个以上存在利益差异或利益互补关系的当事人为满足各自需要而进行的交易。虽然不同视角下对谈判的定义不同,但有一点是共同的,即谈判是人类解决问题的理性活动,一切谈判的基本动因是需要和对需要的满足。基于此,本书对谈判的探讨更多是在需求视角下进行的。

二、谈判的分类标准

根据一定的标准对形形色色的谈判活动进行规范的分类,有助于我们更深入地了解不同类型谈判的特点,从而在分类的基础上帮助谈判者更好地针对特定类型的谈判,确定有效的应对措施,进一步提高谈判策略的原则性和灵活性。

(一)按谈判的性质分类是最基本的谈判分类标准

按谈判的性质可将谈判划分为政治谈判、军事谈判、经济谈判和文化、科技谈判等。

政治谈判是指政府、政党、社会团体等政治实体之间为了获取各自的政治利益,保持友好关系以及为社会整体协调发展需要而进行的处理国家和社会事务的谈判活动。例如,联合国及其他国际政治组织主持的各项国际政治事务的谈判;不同政党与政治组织之间,为执政权或在野党合法地位等问题的谈判;社会团体、社会组织为了改善相互关系、取得某种利益、地位而进行的谈判活动等。这其中又包括了国家机构之间运作的谈判,行政官员和非行政组织、社团及个人进行的公务谈判。尤其在现代社会,在对话代替对抗,和平和合作成为主流的趋势下,政治谈判在国家政权的维持以及国际交往中的作用和地位更加凸显,成为解决政治纠纷、加强友好关系以及维护世界和平的重要手段。

军事谈判是指军事组织之间为了解决与战争相关问题的需要,为了协调武装冲突中的各方关系,限制武装力量等问题而进行的谈判活动。军事是政治的一部分,是一国或者集团、联盟用暴力手段达到自己目标和目的的方式,而目标和目的往往与利益有关。因此,这两种谈判既有联系又有区别。由于政治、军事的核心是国家政权，这就决定了政治、军事谈判的环境条件比较复杂，它必然会受到社会制度、阶级关系、民族问题、宗教派别、法律法规、经济实力、自然条件甚至文化习俗、传统习惯的影响和制约。另外，政治、军事谈判所涉及的相关因素的复杂性，必然导致相关谈判的历程也比较艰难。

经济谈判是指人们为了解决经济利益的分歧、满足各自的经济利益目标，相互明确权利和义务而磋商进行的谈判活动，也称商务谈判。经济谈判是社会经济发展的纽带，商品经济越发达，经济谈判的应用越广泛。现代社会中经济谈判在谈判中的比重越来越大，已经成为社会经济活动中不可缺少的组成部分。经济谈判的形式也越来越多样化，成为人们开展经济活动的重要手段。经济谈判具有明显的经济特征，这是因为经济谈判的内容涉及面广且都具有一定的经济目标，其实质具有必然的平等性，同时由于市场运行的所有环节、全部经济活动主体的利益都受到法律的保护，因此，经济谈判的全过程以及所产生的结果，必须符合法律法规；又由于市场经济产权的明晰化和市场主体的平等化，决定了交易的自由化，从而也使得经济谈判充分表现了其协调性。

经济谈判作为各种经济活动的联系媒介，广泛应用于社会生产、生活的各个领域，本书便是围绕经济谈判而进行的较为全面、深入、简明而又概括的探讨。

文化、科技谈判是国家、地区之间为了促成和保障彼此间文化交流、科技合作顺利开展而进行的谈判活动。现代社会中，文化交流、科技合作已经成为各民族深入交往的重要渠道，是人类社会和谐与进步的基础。当然，文化交流、科技合作毕竟不是简单的人际交往，而是不同文明之间的对话与沟通，是不同文化的相互借鉴和融合，是科学发展及其成果转化成生产力的前提，必须遵循一定的制度和原则。文化、科技行业是文化与产业的结合，文化、科技行业的产品形式多种多样，既可以表现为信息状态，也可以表现为无形的劳务，还可以表现为物化形式的产品，这些不同形式的文化、科技产品都包含着人类的劳动，都具有价值。文化、科技谈判活动是该行业正常运行和发展的不可缺少的重要组成部分。

（二）按谈判主体的单、多边关系分类是重要的谈判分类标准

谈判主体是指有资格参与谈判并能承担谈判后果的当事人，包括国家、机构、自然人以及能够在谈判和履约中享有权利、承担义务的各种利益主体。由于谈判主体代表着不同的利益群体，不管什么内容和形式的谈判，参与的谈判主体越多，谈判协议的达成难度就越高。因此，谈判主体的单、多边关系，直接涉及谈判的条件和谈判结果，决定了谈判的难易程度、谈判方案的制订和谈判策略的运用，具有特定的谈判特征，是重要的谈判分类标准。

双边谈判是指两个代表不同利益主体的当事人，为了实现各自目的所进行的谈判活动。双边谈判是谈判的基本形式，一般的谈判研究主要是针对双边谈判展开的。然而现实生活中，多边谈判是很多见的。

多边谈判是指三个或三个以上代表不同利益主体的当事人就一个议题，为了实现各自目的所进行的谈判活动。多边谈判具有复杂性和多边利益性，例如，联合国安理会决议的形成就是一场多边谈判，其形成过程十分艰难。多边谈判的当事人之间存在着依赖性，因此，在多边

谈判中应该力图不断调整与其他谈判主体之间的关系，寻找与己方有某种共同需要的“同盟者”，以形成有利于己方的谈判格局。

另外还有一种谈判称为多角谈判。多角谈判是指谈判一方就一个议题，分别同两个或两个以上的谈判对手进行的谈判活动。多角谈判与多边谈判同样是有多个谈判主体参与的谈判活动，但不同的是，多角谈判是一个谈判主体在一个时间段，分别与几个谈判主体进行谈判，而且谈判的议题是有关联的，其中的一场谈判将会产生影响作用。

三、谈判的基本原则

谈判是人类解决问题的一种理性活动，因此，必然存在着一定的共性规律。谈判原则就是对人类谈判实践的高度归纳和总结，它深刻、全面地揭示了谈判活动的客观规律，是任何谈判都适用的最高规范。谈判的基本原则主要集中在客观性原则、求同存异原则和妥协让步原则等方面。

谈判客观性原则是指人们在谈判活动中要尊重客观事实，坚持客观标准。因此，一要全面收集谈判信息，客观分析谈判信息，不能夹杂感情色彩；二要坚持客观标准，客观标准是引导谈判成功的“公理”，一个合理的客观标准并不排除其他标准的存在。如果双方都能从坚持客观标准的角度出发考虑问题，那么彼此提出的要求和条件都不会不着边际，双方的利益满足也会因此变成可能和可行。

谈判的求同存异原则是指谈判中对于彼此一致之处达成共同协议，对于暂时无法弥合的分歧，不强求一律。由于谈判的前提就是不同利益主体间存在分歧，谈判的目的就是为了谋求彼此间利益一致或利益互补。因此，谈判不是单方面的，不论谈判形式如何，所有谈判的基础是相同的，那就是通过磋商活动，在他人同意或协助下实现自身的需要。很显然，要协调谈判各方在需求上既统一又矛盾的关系，必须坚持求同存异原则。为此要正确把握谈判中的冲突问题，正确对待谈判和谈判政策，要充分认识到谈判的重点是探求谈判主体的利益需求，而不是坚持所谓“立场”，只有在分析研究彼此利益的基础上，才能发现共同的利益需求，谈判当事方保留各自不同的利益，找到共同利益的契合点，求同存异，才能使谈判顺利进行，并最终达成谈判各方都能认同的协议结果。

谈判的妥协让步原则是指在谈判过程中，利益主体为了满足自己的某种利益需要，必须放弃另外一些利益需要，以达到解决彼此之间的分歧和互相协调、利益互补的目的。由于谈判是不同利益主体之间的合作行为，因此谈判者一厢情愿地期望在谈判中压倒对方而全面实现自己的利益目标，几乎是不可能的。谈判的前提是承认合作者的存在，承认合作者的利益以及由此而产生的要求、主张的合理性。任何谈判主体都是为了满足自己的某种需要才会介入谈判活动的，而这种需要的满足又必须得到其他利益主体的协作才能实现。因此，谈判意味着参与方需要的共同满足。在谈判中人们必须通过放弃自己的某些要求来实现对自己而言更重要、更迫切的需要。可见，谈判的真正目的是尽可能缩小、缓解矛盾，解决分歧，而妥协让步是谈判主体实现合作的必要手段。

当然，妥协让步不是无条件的，而是以“退”“让”的方式实现“进”“取”的目的。因此，在运用妥协让步的谈判原则时，必须充分考虑自身的利益，进行有目的的妥协让步。一是不能轻易妥协,必须在彼此相持到一定的阶段,让对手充分感受到这是你的实际利益所在时,再表示让步,才会被对方看重,进而产生效应。任何一个让步都应该与相应的要求联系在一起,要有合理的依据,同时,既要让对方意识到己方的妥协,又要让对方明白让步是相互的;二是在原则问题上是不能妥协的。参与谈判的利益主体的需要是一个综合体系,其中必然有主次之分,既有谈判者必须坚持获取的基本利益,也有弹性比较大的次要内容。因此,在基本利益问题上是不能妥协的。

第二节　商务谈判

一、商务谈判的内涵

商务谈判是一种集政策性、技术性、艺术性为一体的社会经济活动。参与谈判的人员必须具备多方面的经济知识,并且要有极高的涵养,有敏锐的洞察力,有勇于进取的精神和顽强的毅力。特别是在当今生产力空前发展的时代,可供交换的有形产品、无形产品极其丰富,市场竞争也日趋激烈,无论作为买方或卖方,无论是供应商还是企业,无论是中间商还是终端用户,必须发挥自己的谈判能力、技巧和智慧,才能在商品经济中获得更多的实惠。同时,由于人们之间、企业之间的经济合作关系越来越密切,需要协调处理的经济利益问题也越来越复杂,因而,商务谈判在现代社会各种经济活动中占有越来越重要的地位。

商务谈判是存在利益互补和利益差异的商务活动当事人,为了各自的经济利益目标所进行的自愿协商的过程。在这个过程中,谈判双方就共同关心或感兴趣的问题进行磋商、协调和调整,以期达到实现双方共同利益的目的。

商务谈判在一般商务活动中占据着重要地位,它是商务交易活动中的桥梁和纽带,是商业信息传播的有效途径和载体,是体现企业营销战略的重要手段,它关系到企业的生存与发展,对于形成正常的商品交换和流通,促进市场经济的繁荣、加强企业间的经济联系、保障企业利益及推动国际商务活动的发展都起着重要的作用。

二、商务谈判的基本特征

商务谈判是谈判的类型之一,当然具有谈判的共性。但作为谈判的一种特定形式,商务谈判又必然具有自己的个性特征。

(一)谈判内容具有交易性

商务谈判的目的说到底就是为了达成某项交易或合作。交易讲求的是“对等”,即任何一方的获得都必须以付出同等数额的代价为前提。在市场经济条件下,货物、技术、劳务、土地、资金、资源、信息、人才甚至管理模式等,都具有使用价值和价值,都是有形商品或无形商品的不同形式,因而都可以成为交易内容。这一特征是商务谈判的基本属性,它也表明拥有对路的交易标的物,是能够与他方进行商务谈判并取得成功的条件。

(二)谈判主体具有多样性

在通常的理解中,商务谈判的当事各方似乎只是各种类型的企业。事实上,政府机关、军队部门、科研院所、医疗机构、文化团体、各类学校以及普通人等为采购所需的物资、设备、器具、用品等,同样会成为谈判的当事方,即谈判的主体。可见,作为商务谈判的主体各方,涉及经济、政治、文化等各类社会组织和千千万万消费者,这就是商务谈判主体的多样性特征。正因为此,我们才说"人人都是谈判者,世界就是谈判桌"。

(三)谈判目标具有利益导向性

在商务谈判中,谈判当事人的谈判战略、计划和策略都是以追求和实现交易的经济利益为出发点和归宿点的。离开这种经济利益,商务谈判就失去了存在的意义和可能。因此,商务谈判首先是以经济利益为目的的谈判,谈判的利益导向主要表现为物质利益导向。但不排除谈判者对情感利益、关系利益等精神利益方面的追求。事实上,商务谈判的过程本身就是一个情感交流、增进交往的过程,成功的商务谈判既能满足需求又能改善关系,改善关系的目的是为了获得持续不断的物质利益。

(四)谈判议题具有价格核心性

在商务谈判中,谈判议题很多,涉及标的物的名称、品质、数量、价格、包装、运输、交货时间、支付、保险、检验、不可抗力、索赔与仲裁等,其中核心的议题是价格。价格与其他谈判议题均有着极其密切的联系,比如与支付方式的关系,现付的价格往往会低于远期支付的价格。往往有这种情景:在商务谈判中,谈判当事人就各种交易条件谈来谈去,最终还是回到价格问题上,原因就在于价格是谈判所获得的价值的最直接表现。价格的高低直接表明谈判各方通过交易可以获得的经济利益的大小,因此在商务谈判中,无论谈判议题如何,其实质总是直接或间接地围绕着价格进行。价格是谈判议题的核心。

(五)谈判策略具有智慧性

商务谈判是一门科学,更是一门艺术。因此,需要谈判策略具有智慧性,即不是靠玩"小聪明",而是靠大智慧。正如台北谈判研究发展协会理事长刘必荣先生所言:谈判是一种双方共同决策的过程,赢得漂亮,就是一种谈判的美学。要赢得漂亮,就需要有大智慧:包括机智的应变,大方的谈吐,优雅的举止,不凡的气度,恰到好处的语意、音调、速度、节奏,必要的妥协等,一流的谈判高手都非常注重谈判智慧的激发和运用,以此赢得对方的尊重和谈判的成功。

三、商务谈判的原则

在商务谈判中,谈判各方应当遵循的指导思想和基本准则就是商务谈判的原则。它是商务谈判的实践总结和制胜规律,也是商务谈判内在的必然的行为规范。认识和把握商务谈判的原则,有助于提升谈判者的综合素质,维护谈判各方的权益,提高商务谈判的成功率和指导商务谈判策略的应用。

(一)自愿平等原则

自愿是指谈判是一种自愿的活动,是参与谈判各方为满足各自意愿而寻求优势互补的一种自愿行为。谈判任何一方都没有权力以强制手段挟持另一方必须参与谈判或不得中途退场。因此,自愿是商务谈判的前提;平等是指商务谈判中无论各方的经济实力强弱,组织规模大小,其地位和人格都是平等的。任何一方都不能仗势欺人,以强凌弱,把自己的意志强加给别人。因此,平等是商务谈判的基础。

(二)互利双赢原则

互利双赢原则是指谈判达成的协议对于参与谈判各方应该都是有利的。如果谈判只有利于一方,那么不利的一方就会退出谈判,从而出现谈判破裂,另一方自然也就不复存在。因此,成功的商务谈判必然是互利互惠的,谈判各方只有在追求自身利益的同时,也尊重对方的利益追求,立足于互补合作、互谅互让、互惠双赢,才能实现各自的利益目标,获得谈判的成功。

(三)整合创造原则

真正成功的谈判要求谈判者必须具备整合式谈判思维,善于从全局、整体、系统、综合、长期、可持续等多重角度思考达成协议的多种方案,同时,这种谈判也一定是能够创造价值的谈判。把整合式谈判和价值创造有机结合起来的商务谈判就是整合创造式谈判。商务谈判中的整合创造原则要求参与谈判各方以诚意为态度基础,清楚了解谈判双方的利益焦点,共同寻求最优的解决办法,以创造出能使各自利益最大化或双方利益之和最大化的方案。

(四)诚信守法原则

诚信守法是商务谈判的根本,也是现代商务谈判的伦理观。诚信是指遵守承诺,履行契约,不欺诈。诚,真诚,诚实,是一种道德自律;信,即恪守承诺,讲信用,信用最基本的意思是指人能够履行与他人约定的事情而取得信任。守法是指商务谈判必须遵循国家的法律、政策。只有在合法途径下签订的商务谈判合同才是有效的合同。

(五)灵活应变原则

在商务谈判中常会出现各种意外突发情况,如果谈判人员不能很好地应付和处理,就会陷于被动,甚至功亏一篑。因此,在商务谈判中,参与谈判各方既要坚持自己的原则和底线,但同时更要学会应变,适时把握成交机会,促使商务谈判取得成功,这便是灵活应变原则。

四、商务谈判的类型

对商务谈判类型的正确把握是谈判成功的关键一环。客观上看,商务谈判至少存在七种类型。

(一)按谈判参与方的数量分类

按谈判参与方的数量分类,可分为双方谈判和多方谈判。

双方谈判是指两个谈判主体参与的谈判,针对国家而言的双方谈判可以称为双边谈判。双方谈判也可以有很多谈判人员参加,每一方可以由一个谈判小组组成。

多方谈判是指由三个或三个以上的当事方参与的谈判。针对国家而言的多方谈判可以称为多边谈判。

双方谈判和多方谈判由于参与方数量的差别而有不同特点。双方谈判涉及的主体较少,一般来说涉及责、权、利的划分较为简单明了,因而谈判也较易于把握;多方谈判因涉及的主体较多,谈判条件错综复杂,需要顾及的方面多,从而难以在多方的利益关系中加以协调,也较难达成多方满意的协议。因而,多方谈判较之双方谈判,增加了谈判的难度和复杂性。

(二)按商务谈判各方参加人员数量分类

按商务谈判各方参加人员数量分类,可分为大型谈判、中型谈判和小型谈判。

各方参与谈判人员的数量都在12人以上的为大型谈判,在4～12人的为中型谈判,在4人以下的为小型谈判。一般情况下,大中型谈判适合于谈判项目内容以及涉及的谈判背景等比较复杂、谈判时间较长的谈判;小型谈判则适用于谈判内容、涉及背景、策略运用等均相对简单的谈判。谈判各方谈判人数最少为一个即单人谈判,如我们到市场上购物,与销售人员的谈判。对于较为复杂的谈判,最好还是组建谈判小组进行谈判,以便于群策群力,通过集体配合赢得谈判成功。

(三)按商务谈判所在地分类

按商务谈判所在地分类,可分为主场谈判、客场谈判、中立地谈判和主客轮流谈判。

主场谈判也称主座谈判,是指在自己一方所在地,由自己一方做主人所组织的谈判。主场谈判的优势在于便于谈判者进行内外结合,不需要适应环境,有时还可以通过良好的接待使对方很难找到拒绝的理由;劣势在于由于谈判场地是在自己一方所在地,谈判者有易受干扰、且有接待压力等不利一面。

客场谈判也称客座谈判,是指在谈判对方所在地进行的谈判。客场谈判虽然没有主场谈判的优势,但由于精力集中,且没有接待的压力,利用得好反而有利于取得谈判者的成功。但需要注意的是,谈判者到客场进行谈判,一要快速适应当地的气候、人文、风俗、语言等环境;二要准备充分,对可能出现的问题要估计得更全面、更准确,尽量放松心情,做到应对自如;三要理解和尊重对方,不做过分的接待要求。一般而言,主场优势要大于客场,比如在球类比赛中有"主场龙,客场虫"的说法,因此,谈判者必须提高客场谈判能力。

中立地谈判又称第三地谈判,它和主客轮流谈判一样都是为了平衡主、客场谈判的利弊而为之,但也不是尽善尽美。第三地谈判可能引起由于第三方的介入而使谈判各方的关系发生微妙变化,主、客场轮换固然可以增加谈判的公平程度,但来回奔波势必增加谈判的成本。可见,不管在哪里谈判,同样利弊皆有,关键在于何种方式更有利于双方节省成本、提高效率。

(四)按商务谈判结果分类

按商务谈判结果分类,可分为双赢或多赢型谈判、双输或多输式谈判、输赢型谈判。

双赢或多赢型谈判指通过谈判活动能最大限度地创造出最佳解决方案,满足各方的利益要求。要获得双赢或多赢型谈判结果有两个前提:一是大家必须是合作的;二是创造价值,而不仅仅申明价值和分配价值。要寻找出一个最大化的非零和谈判结果的整合式谈判方案,正如国外谈判界的一句名言:不要把钱留在桌子上(Don't leave money on the table)。

双输或多输式谈判指双方或多方均没有在谈判中获得利益,既没有创造出新的价值,也没有合理地分配价值,是谈判结果中最下策的谈判。常见邻里间为宅基地纠纷而进行的谈判,双方总是因为互不相让,寸土必争,而诉诸法律解决。官司打到最后,只是为了争一口气,只要"赢"了官司,付出多大的代价都在所不惜。很多情况下,双方都付出了巨大的财力、物力,且伤了感情、赔了精力,即便一方赢了官司,与付出的代价相比,也微不足道。这种官司,名赢实输,如果再遇上房屋拆迁,双方为宅基地的谈判就会变得毫无意义。这是典型的双输式谈判。

输赢型谈判指在谈判中一方所得为另一方所失,是零和博弈。一般而言,这种谈判是不能获得成功,至少说不能获得持久的成功。一个没有赢总是输的谈判是绝对没有激情和动力长期谈判下去的。

(五)按商务谈判时谈判双方的态度分类

按商务谈判时谈判双方的态度分类,可以分为竞争型谈判、合作型谈判和竞合型谈判。

竞争型谈判是指谈判双方以竞争的态度所进行的谈判。这种谈判旨在削弱对方对其自身谈判实力的信心。为此,谈判者不管对谈判对手的最初方案如何满意,也要明确表示出反对的态度,这种反应是竞争性的、对抗性的。由于市场经济充满竞争,所以,大部分的谈判都属于竞争型谈判。合作型谈判是指谈判双方以一种合作的态度所进行的谈判。尽管谈判中有各种各样的矛盾和冲突,但谈判双方自始至终本着合作的态度来解决问题和冲突。合作型反应一般是赞许性的,相对于竞争型谈判更容易达成意见。竞合型谈判是指谈判双方本着"客观、平等、互利"的原则,通过适当的竞争和合作,寻求最佳解决方案。相比竞争型谈判,多一些合作;相比合作型谈判,又多一些竞争。21 世纪是竞争合作双赢的时代,聪明的谈判者总是把两者结合得非常好,比如在谈判态度上是合作的,但在某一项交易条件的磋商时又是竞争的。在原则方面是当仁不让的、竞争的,但在细枝末节上又是宽容的、合作的。

必须指出,上述三者之间的区分都不是绝对的,商务谈判各方应该在竞争与合作中获得双赢或多赢。

(六)按商务谈判的沟通方式分类

按商务谈判的沟通方式分类,可分为口头谈判、书面谈判和网络虚拟谈判。

口头谈判是指谈判人员面对面直接用口头语言交流信息和磋商交易条件,或者在异地通过电话进行商谈的谈判。口头谈判是谈判活动的主要方式。其优点在于当面陈述、解释,这种方式直接、灵活,也为谈判人员展示个人魅力提供了舞台,便于谈判人员知识、能力、经验等方面相互补充、协同配合,以提高整体谈判能力。同时,由于反馈及时,谈判效率高,因而利于有针对性地调整谈判策略,并通过利用情感因素促使谈判成功等。其缺点在于易于受到对方反击,从而动摇谈判人员的主观意志。另外,在语言不通、文化背景不同的情况下,还容易引起误会。

书面谈判是指谈判人员利用文字、图表等书面语言进行交流和协商的谈判。书面谈判一般通过信函、电报、传真等具体形式进行。书面谈判通常作为口头谈判的辅助方式,其优点是思考从容,利于审慎决策;表达准确、郑重、规范,利于遵循,避免偏离谈判主题和徒增不必要的矛盾,且费用较低,利于提高谈判的经济效益等。正因为此,书面谈判对谈判人员的书面表达能力和工作作风均有较高要求,切忌文不达意和马虎粗心。

网络虚拟谈判是基于互联网信息化工具,使谈判者能进行适时交流、互动沟通而进行的谈判,兼具口头和书面谈判的优点,是商务谈判活动在知识经济时代的产物。网络虚拟谈判提供了一种谈判双方分别同时谈判的可能。谈判人员可以在不同的远程位置进行谈判,这样既可以节省谈判的时间和费用,又能够增强谈判的灵活性和提高效率。网络虚拟谈判还具有多方实时通信和交互的功能。谈判人和调解人能够通过多种方式相互进行实时交互,如热线协调、信息交换和文件共享等。在网络虚拟谈判中,谈判者还可以集成各种谈判模型和工具,在为谈判提供过程支持的同时,根据需要为谈判提供多种辅助决策分析支持。

(七)按商务谈判的观念分类

按商务谈判的观念分类,可分为硬式谈判、软式谈判、原则式谈判。

1. 硬式谈判(也称立场型谈判)

这是谈判者以意志力的较量为手段,很少顾及或根本不顾及对方的利益,以取得己方胜利为目的的立场坚定、主张强硬的谈判方法。其指导思想是不谈判则罢,要谈必胜。这种谈判视对方为敌人,认为是一场意志力的竞赛,只有按照己方的立场达成协议才是谈判的胜利。硬式谈判有明显的局限性,一般应用于两种情况:一是“一锤子买卖”;二是实力相差悬殊。

2. 软式谈判(也称关系谈判)

这是一种为了保持同对方的某种关系所采取的无原则的退让与妥协的谈判。这种谈判是不值得提倡的。这种谈判的特点如下:

(1)从个人的良好愿望出发,错把对方当朋友;

(2)为了追求某种虚假的名誉地位或维持某种单相思的良好关系而达成和解协议;

(3)只提出自己的最低要求,生怕刺痛对方,伤害与对方的感情;

(4)不敢固守自己的正当利益,常以自己的某些损失使谈判告终;

(5)屈服于对方的压力;

(6)达成协议的手段是向对方让步,无原则地满足对方的贪婪欲望。

3. 原则式谈判(也称价值型谈判)

这种谈判最早由美国哈佛大学谈判研究中心提出,故又称哈佛谈判术。原则式谈判对前两种谈判进行了合理扬弃,强调公正原则和公平价值,主要特征是把谈判双方都看成问题的解决者，把人与问题分开，就事论事，就问题解决问题，不夹带个人感情。使用社会公认的客观标准、科学原则，国内和国际法律、风俗、习惯、传统的道德规范、宗教规则等解决问题。双方不能主观自设原则或自立标准。另外，对人和事要采取不同的态度，对人要以礼相待，对事要按原则处理。

原则式谈判较之硬式谈判和软式谈判，是一种既理性又富有人情味的谈判态度与方法，是符合现代谈判观的一种谈判方式。商务谈判人员应该深谙此道，并在谈判实践中用足用活。

五、商务谈判的作用

现代经济社会离不开商务谈判，商务谈判在现代经济社会中扮演着非常重要的角色。

（一）有利于促进商品经济的发展

谈判并不是今天才出现的事物，但是，只有在商品经济发展到一定阶段时，才使谈判在社会生活中发挥巨大的作用。这是由于商品经济崇尚等价交换，排斥一切特权干预，只有通过买卖双方的平等协商谈判，才能在互利的基础上达到双赢的结局，进一步促进商品经济发展。可以说，商品经济的发展，使谈判扮演了社会经济生活中的重要角色；而谈判手段广泛而有效的运用，又极大地促进了商品经济的繁荣与发展。

商品经济存在的基础是社会分工，生产资料及产品属于不同的所有者，由此决定了人们之间的交往关系必须是有偿的、等价的，谈判便成为人们实现这种联系的重要形式。实践证明，商品经济越是发达，谈判的应用越是广泛，谈判的形式就越多样化、复杂化。同时，谈判广泛运用于社会生产、生活的各个领域，又进一步促进了社会的繁荣、经济的发展。它更好地实现了人们在平等互利基础上的需求，改善了相互的关系，提高了交易的成功率。今天，谈判已经成为商品经济社会中不可缺少的组成部分，成为各种组织和公众解决彼此间矛盾、争议和调整人际关系的重要手段。不论人们是否承认、有没有意识到，人们都曾在现实生活中扮演了并将继续扮演着“谈判者”的角色，正如谈判专家所说的，世界就是一张偌大的“谈判桌”。

（二）有利于加强企业间的经济联系

商务谈判大多是在企业与企业之间、企业与其他部门之间进行的。每个企业要与其他部门或单位进行协作，才能完成生产经营活动。事实上，经济越发展，分工越细，专业化程度越高，企业间的联系与合作越紧密，越是需要各种有效的沟通手段。同时，企业具有独立的法人资格，企业之间的交往与联系也必须在自愿互利的基础上，实行等价交换、公平交易。因此，谈判理所当然地成为企业之间经济联系的桥梁和纽带。

过去，在高度集中的计划经济体制下，人们忽视了商品经济的客观要求，不重视市场调节的作用，片面强调经济发展的计划性，企业之间的一切活动要靠行政命令，靠指令性计划。结果，企业完全丧失了独立性、自主权，也失去了生产经营的积极性、主动性，严重束缚了企业的手脚，阻碍了生产力的发展。

随着改革的进一步深化，市场体制逐步完善，企业拥有了充分的自主权和独立的经济利益，成为真正独立的商品生产经营者。企业有权在国家宏观调控下进行生产经营活动，有权维护自己独立的经济利益和各种合法权益。这样，谈判就成为经济活动中企业之间以及企业与其他各种经济实体之间联系的主要媒介。企业通过谈判获得生产要素，销售产品；通过谈判处理合同纠纷；通过谈判磋商解决企业生产经营过程中所有涉及两方以上的任何问题。所以说，谈判加强了企业之间的联系，促进了经济的发展。

(三)有利于促进我国对外贸易的发展

当今的世界经济是开放的经济，经济活动是在国际范围内拓展的。任何一个国家都不能只依靠本国的资源、生产能力、科学技术来满足国内的需求。随着社会化大生产的不断发展，不论是科学技术先进的国家，还是落后的国家，都必须注意学习利用其他国家的长处，借鉴他人的科技成果。众所周知，日本靠引进的先进技术，促进经济高速发展，一跃成为世界经济强国。综观世界市场，20 世纪 50—80 年代，世界贸易额增长了 20 多倍，进入 90 年代，贸易增长速度进一步加快，特别是乌拉圭回合谈判协议的达成，促进世界贸易额增加 1 000 亿美元以上。

经过 15 年的艰辛谈判，我国已经加入了 WTO。伴随着对外贸易的进一步扩大，迫切需要引进国外的先进技术、设备和管理经验，发展我国的商品经济。要扩大对外出口，开展对外贸易，必须学会外贸谈判。

目前，我国发展对外贸易的障碍之一，就是随着国内企业大规模向国际市场进军，众多企业直接同外商打交道，缺乏训练有素的谈判人员。这个问题的存在，使企业丧失了很多很好的贸易机会，也给企业和国家造成了不应有的损失。

发展对外贸易，参与国际竞争，开拓国际市场，必须精于外贸谈判，了解和掌握国际商贸活动的规律和准则，了解各国的民俗、法律、习惯做法和谈判者的谈判风格，熟练掌握商务谈判的规律和技巧，并加以灵活运用。只有这样，才能有效地运用谈判手段，在国际商贸活动中运筹帷幄，掌握主动，赢得胜利。

第三节 商务谈判理论

一、马斯洛需要层次理论

(一)马斯洛需要层次理论

人类有各种各样复杂的需要，而且这些需要在标准、形式、内容上都是不断发展变化的。所以，从种类上讲，需要是无穷无尽的。但从满足需要对人类的重要程度来讲，它又是有着一定的顺序或者说有着一定层次的。

美国著名心理学家马斯洛在 20 世纪 50 年代提出了需要层次理论。这一理论的基本点是：

(1)人是有需要和欲望的,它们随时有待于满足;需要是什么,要看已满足的是什么;已满足的需要不再是行为活动的动力,只有未满足和新产生的需要,才会形成谈判的基础和动力。

(2)人的需要是从低级到高级分不同层次的。只有低一级的需要得到相对满足时,高一级的需要才会上升为支配人的行为的动力。一般来说,需要强度与需要层次高低呈反比例变化,即需要层次越低,需要强度越大;反之,需要层次越高,则需要强度越小。

马斯洛把人的各种需要划分成五个层次,并按照其需要满足的先后顺序进行排列,得出的“需要层次”。

1. 生理的需要

生理的需要是指人类对维持生存、延续生命的基本的物质需要,如对食物、水、住房等物质条件的需要。马斯洛认为,人们有关生理的需要是第一位的、最优先的需要,如果这一层需要不能较好地满足,那么其他的需要就没有什么意义了。生理的需要是人类最低层次的需要,也是最强烈的需要。它的满足是其他需要产生的基础,很好地满足它是满足其他层次需要的条件。

2. 安全的需要

安全的需要是人们为了保障自身的安全与健康,或者在经济上、财产上不受威胁等的需要。这是在人类的生理需要得到满足或基本满足之后接踵而来的,它仍然属于较低层次的需求。在实际生活中,直接或间接表达安全需要的现象随处可见,如在市场经济大潮中相当一部分人对国家机关、银行等“铁饭碗”情有独钟,这就是对就业保险、退休金制度、医疗保险等的安全需要;还有人们对食品的卫生、期限等特别关注,这是出于自身健康安全的需要。在商务谈判中,给对方以安全感、稳定感是非常重要的,尤其是对安全需要较强的洽谈者更为重要,否则他们宁可放弃有较大吸引力的大笔交易,而选择比较保险的小额交易或者放弃交易。

3. 社会的需要

社会的需要是指当一个人的物质需要和安全需要获得了相对的满足后产生的一种社交需要。这是人的中等层次的需要。人是生产关系的总和,这种社会属性决定了任何人在社会上都不能孤立地存在和生活。人与人之间需要交往、组织家庭、参加团体活动等社交活动,需要被集体所接纳。如果一个人不被他人或集体所接受,他将会产生孤独感、自卑感,精神压抑、心情郁闷。在经济文化较发达的社会,社交需要就更加重要,直接关系着人类社会的生存和发展,商务谈判是当今社会实现人与人之间交往、协调的典型的社交活动。

4. 尊重的需要

尊重的需要是指人们自尊得到满足,在社会中有一定地位,受到认可的需要。这是属于人类较高一层的需要,马斯洛认为,所有正常人都有自尊心和荣誉感,希望有一定的社会地位和自我表现的机会,博得别人的敬重,得到社会的尊重和承认,使自尊心得到满足。社会和其他人的承认和鼓励,无疑会使人们增强信心,得到满足,从而有所作为、有所成就。有人曾做过这样一个实验,将同等水平的小孩分成三个班,对其中一个班经常表扬、鼓励,采取认可的教育方法;一个班采取放任的教育方法;最后一个班使用批评的方法。最终,放任的班学习最差;批评的那个班较好,但学生缺乏自信;表扬的班学习最好,而且学生充满信心和热情。这个例子说明,尊重需要的满足,对于人的成长、成功,乃至整个社会的发展都是非常重要的。

5. 自我实现的需要

自我实现的需要是指每个人都处在最适合于他的工作岗位、充分发挥每个人的能力的需要，也称为创造性需要。这是人类需求的最高层次。马斯洛认为，每个人在社会上都担任一定角色，担任什么角色就应该干什么事情。演员就应该演戏，画家就必须绘画，音乐家就离不开音符……只有这样，人们才能感到最大的快乐，取得最大的成就。

马斯洛所提出的这五个层次的需要，是按照从低级到高级的顺序来排列的，也就是说，只有在低级需要得到满足以后才会产生高一级的需要，但绝不等于产生了高一级的需要，低级需要就不存在了。在一般情况下，高层次需要是与低层次需要并存的。只不过在并存的状况下，低层次需要所产生的动力和强度以及影响力会有所下降。比如，对一个白领来讲，生理的需要、安全的需要对他都不再是很重要的，而社会的需要、自尊的需要和自我实现的需要，对他的行为活动都会产生较大的影响。

马斯洛的需要层次理论，虽然存在着诸如离开一定的生产关系抽象地谈论人的需要等不科学的方面，但它把人的需要分为不同层次这一点无疑是正确的，是可供我们借鉴吸收的"合理内核"。抛开它的不科学、不正确的方面，马斯洛的需要层次理论是商务谈判心理方面的重要理论依据。

（二）马斯洛的需要层次理论在商务谈判中的应用

需要层次理论不仅揭示了商务谈判对人类生存发展的必然性和必要性，同时，也是人们在商务谈判中获胜的理论依据。

其一，不同的商务谈判者代表着不同层次的需求。由于各种各样的原因，不同企业、不同个人对产品的需求是不同的，尤其是对档次和价格的要求不同。有鉴于此，商务谈判者在进行商务谈判时，首要的任务是分析对方的需求层次，以需求层次决定需求的产品层次、服务层次。

其二，商务谈判者本身也有着不同层次的需求，在谈判中应着力满足其多方面需求。如果是主场谈判，对前来参与谈判的人员要做好接待工作，要注重与对方的交流，尊重对方的人格和习惯，在双方能够接受的情况下尽可能达成协议，实现双方的自我价值等。

其三，通过满足其他层次需要，来弥补谈判中无法满足的条件。

二、冯·诺曼、摩根斯坦的博弈论

（一）冯·诺曼、摩根斯坦的博弈论

商务谈判行为既是一个寻求互助合作的过程，又是各项策略博弈的过程；既是谈判双方共同利益的实现过程，也是利益冲突的协调过程。因此，坐在谈判桌前进行磋商和下棋一样，双方都会进行"见招拆招，多重博弈"的活动。博弈的本质是策略的选择和互动。20 世纪中期由杰出学者冯·诺曼、摩根斯坦创立的博弈论，是研究决策主体的行为在直接相互作用时，人们如何进行决策以及决策如何达到均衡的问题。博弈即一些个人、团队或组织在一定环境中和一定的规则约束下，依据所掌握的信息，同时或先后、一次或多次从各自允许选择的行为或策

略中进行选择并加以实施，从中各自取得相应结果或收益的过程。

博弈论把博弈分为合作博弈和非合作博弈。两者的区别主要在于人们的行为相互作用能否达成一个具有约束力的协议。如果有，就是合作博弈，反之则是非合作博弈。合作博弈强调的是团体理性，强调效率、公正、公平；非合作博弈强调的是个人理性，个人优先决策，其结果可能有效率，也可能无效率。一场商务谈判可能是合作博弈，也可能是非合作博弈，它取决于谈判双方的实力对比。

在博弈论中，把赢或输都叫收益，只是用正负号加以区别。收益即参加博弈的各方从博弈中所获得的利益，它是各方追求的根本目标，也是他们行为和判断的主要依据。收益可以是本身得到的一定数量的收入、利润等，也可以是量化的效用、社会效益、福利等。

与收益一词相联系，商务谈判中的博弈又区分为零和博弈、常和博弈和变和博弈。

在商务谈判中，只要达成协议，签订合同，各方在每种结果下都有各自相应的收益。博弈论将各方在同一种结果中的收益相加，算出各方收益的总和，并将其看成是小范围的"社会总收益"。在商务谈判中，一方的收益必定是另一方的损失，最后的社会总收益即各博弈方收益的总和总是为零，我们称这种类型的谈判为"零和博弈"。这种谈判的特点是各方之间的利益总是相对应的，因而很难和平相处。

与零和博弈不同，在有些商务谈判中，每种结果之下各方的收益之和不等于零，但总是等于一个非零常数，我们称这种类型的谈判为"常和博弈"。常和博弈中，各方利益关系也是对立的，但不一定要有输家，其利益的对立性体现在利益的多少，结果可能让各方满意，因此，比较容易相互妥协。

除上述两种之外，其他所有谈判可称为变和博弈，这种博弈意味着在策略组合(结果)下各博弈方的收益之和一般是不相同的。变和博弈是最一般的博弈类型，而常和博弈和零和博弈则是它的特例。

变和博弈的典型案例"囚徒困境"对商务谈判有参考意义。"囚徒困境"讲的是两个同案犯罪嫌疑人被拘捕后，为防止其串供而分别拘押。在隔离审问时，两犯罪嫌疑人都面临一个认罪策略选择问题，即坦白或不坦白。若两人都坦白可获得从轻处理，假设各判刑 3 年；若一人坦白一人拒不坦白，则坦白者甚至可以免于处罚，而拒不坦白者将受到重罚，判刑 6 年；若两人都不交代，而警方又无足够的证据可以指控犯罪嫌疑人，那他们可能按妨碍公务罪被轻判 1 年。由于两个犯罪嫌疑人被隔离，因此，其中任何一个人在选择认罪策略时都不可能知道另一个人的选择，他们各自都有坦白和不坦白两种可选择的策略，但各方收益不仅取决于自己的策略选择，也取决于另一方的对应选择。在双方均没有串供可能的情况下，两嫌疑人决策时都必须以自己的利益最大化为目标，其结果是无法实现最大利益或者较大利益的。

在商务谈判中也会遇到类似"囚徒困境"问题。谈判双方首次合作，互不了解，都以谋求己方最大利益为目标，缺乏相互信任，在策略选择上可能合作，也可能欺骗对方，谈判双方面临策略选择。

一般认为，成功的商务谈判应该是一场合作性的、非零和的、动态的多重博弈。首先，商务谈判必须建立在合作基础上，如果没有合作的诚意，谈判难以继续下去；其次，谈判的结果应该是两方所得之和大于零。如果等于零，即一方所得为一方所失，这种谈判不属于价值创造型谈判。如果小于零，那就是完全失败的谈判了，没有一方甘心承担比对方所得还要多的损失；再次，谈判者之间的博弈是动态博弈，由于谈判场上的“时”与“势”瞬息万变，可能刚准备好的对策很快就用不上了。双方都必须本着“以变应变”的态度来对待谈判；最后，商务谈判一定是多重博弈。既有谈判双方就一项交易条件要谈多次才能达成一致意见，又有商务谈判交易条件颇多，需要多次博弈方能最后达成交易。

(二)商务谈判中博弈论的应用

可以归纳为三点：一是建立对手的思考模型，做到知彼；二是这一模型要包括对手对自己特点的考虑，做到知己；三是结合上述两点，推论对手的谋略和构思。

商务谈判本身就是一场心理博弈，博弈心理是一种渴望通过谈判策略的运用来达到自己目的的心理，博弈心理的应用过程就是心理博弈的过程。比如在报价过程中，先报价可以先声夺人，但也存在着报价风险，报价太低，利益受损，批发价太高，吓走买家。后报价固然可以见机行事，后发制人，但又可能贻误战机，缺乏主动。这就是一场心理博弈，怎样更合适，需要谈判者因时因势因人做出机智的应对。自由市场上的老练商贩大多深谙此道。当顾客是一个精明的家庭主妇时，他们就采取先报价的技术，准备让对方来压价；当对顾客是一对恋爱中的男女时，他们会把价格报很高，他们知道男方不好意思与其讨价还价；当顾客是一位很要面子的男士时，他们多半会问对方愿意“给多少”。

三、商务谈判沟通理论

沟通是一门生存技巧。人们每天的工作时间中大约有 70%是用于沟通的。马克・吐温曾经说过：沟通，成功人生的通行证。即或是上帝，也有有求于关系的时候。亚洲商界巨人李嘉诚认为：营造一张和谐舒适的人际关系网络，是您打开成功之门的钥匙。美国一位成功人士亦言：良好的沟通能力是构成事业基础的要项，能简明、有效地交代自己的意思，又能清楚地了解别人的用意，就拥有最好的机会。由此可见人们对沟通的重视程度。商务谈判就其本质而言就是两方或两方以上的谈判者以经济利益为主体的沟通活动，简言之，是商务沟通活动。因此，需要对商务沟通理论有一个概括的了解。

(一)商务沟通的特点

商务沟通作为一种经济行为，在经营活动中几乎无时不有。商务沟通作为沟通的一种，其具有一般沟通的共性特征，表现为一个人对其他人有目的的信息传递和思想交流活动。但作为商务沟通，它又具备自身的个性特征，即它是在商务环境中用一定的方法如通过视觉、符号、电报、收音机、电视或其他工具而彼此交换信息的活动。其典型特征表现在所有商务谈判均是以经济利益为目的，强调利益的双赢、多赢和共赢。它与其他类型的沟通的显著区别在于，所有的商务谈判沟通均以价格作为谈判的核心，不涉及价格的商务谈判沟通是不存在的。另外，商务谈判沟通强调商务礼仪的规范性。传统的商务谈判中，在正式商务场合进行的谈判，要求商务谈判人员具备较好的素养，懂得和应用商务谈判应该遵守的礼仪或礼节，但随着谈判形式的多元发展，有些商务谈判的场合也不局限于正规的谈判桌了，餐桌、茶吧、娱乐场所甚至互联网都可能成为商务谈判的场所，因此，商务谈判沟通的传统礼仪都将发生深刻的变化。

(二)商务谈判沟通的形式

商务谈判沟通的形式大体可分为语言沟通和非语言沟通两种。

语言沟通是人类沟通思想、交流感情的工具，对商务谈判人员来说尤为重要。语言艺术是通向成功商务谈判的桥梁。在商务谈判中，用语言艺术恰当地表达同一话题或同一段话，可以引起对方的兴趣使对方乐于听下去，即使面对一些冷漠或不合作者，通过恰当的语言艺术也能使对手变得热心和积极起来；语言艺术还是处理商务谈判中人际关系的关键。成功的商务谈判应该重视三个价值评判标准，即目标实现标准、成本优化标准和人际关系标准。商务谈判中的人际关系主要是通过语言来体现。较高的语言艺术即使是反驳、说服、否定对方的话，也可以使对方听得入耳。相反，如果语言运用不当，即使是赞同、认可、肯定、支持的话，也会使对方产生反感。可见，语言艺术对双方关系的建立、巩固、发展、改善和调整有着极其重要的影响；谈判策略的实施必须讲求语言艺术。有人形容商务谈判就是“唇枪舌剑”，是因为在商务谈判中许多策略的实施都是软硬兼施，红脸白脸交唱的。唱白脸的谈判人员既要态度强硬，又要以理服人；既要寸步不让，又要言出有据；既要看起来很“厉害”，又不失良好形象，这一切均需要较高的语言艺术。平和的语气、稳重的语调、得体的语言比蛮横无理更有威力。

非语言沟通在商务谈判活动中占有相当重要的位置。商务谈判人员的服饰、仪表、仪态、行为举止等都会影响到沟通的效果，甚至决定着商务谈判的成败。人与人之间的距离，面对的方向等也都体现了沟通主体间的关系、地位和沟通方式。西方文化环境中的个人交往空间有四个区域：

一是亲密空间(约 80～300mm)，通常人会把这个区域看作是自己最重要和最敏感的领域，将其当作自己身体的一部分来保护，只有亲密的人才能接近，如果其他人进入了这个空间，往往会引起内心强烈的自我保护反应，并对彼此的距离进行调整；

二是私人交往空间(约 300～900mm)，这是人们在与熟悉的同事、邻居、老师、同学和朋友交往时所保持的距离；

三是社会交往空间(1～2m)，如对陌生人、新来职员或不太熟悉的人等，人们交往时常保持这个距离，商务谈判人员之间的距离往往就属于这种人际距离；

四是公共距离空间(5m 以上)，当一个人演讲或上课时，一般会采取这个距离，以表示交往对象之间存在一定的职位、地位差异。

由于我国的社会文化习俗、社会环境与西方国家有一定的差异，因此，在个人空间的划分上不一定与上述相同。然而，个人之间的空间是存在的，如果超越了相应的空间，人就会感到不自在。在商务谈判中，甚至台桌和椅子的大小都会给谈判中被动的一方造成心理压力。经理的写字台越大，越强调他的地位和权利的优越感。而被动一方越远离那张写字台，则越感到自己的不利。在谈判中尤其在外交场合中，对桌子和椅子的安排特别敏感，双方必须进行很好的沟通。

(三)商务谈判沟通的原则

要取得商务谈判沟通效果,应该遵循一些基本原则:

(1)客观准确原则,这一原则是其他原则的基础。客观性指商务谈判人员在运用语言艺术表达思想、传递信息时,必须以客观事实为依据,并运用恰当的语言艺术为对方提供令人信服的证据。

(2)遵循适度隐含的原则,准确性是指表达方式的选择要恰当,内容反映要准确无误,但这并不代表在任何时候都"直"不打弯,在商务谈判中运用语言艺术还要根据特定的环境条件,这一原则在许多方面集中反映了语言的艺术性,除了表现在口头语言外,还直接表现在无声语言中,委婉而含蓄地表达思想和传递信息有时会收到良好的效果。

(3)灵活应变原则,这一原则要求在商务谈判中运用语言艺术要根据不同的谈判对手、不同的谈判内容、不同的时间、场合等,有的放矢,对症下药,这样才能保证谈判的成功。

(4)逻辑清晰原则,即要求在商务谈判中运用语言艺术概念要明确,判断要恰当、证据要确凿,推理要符合逻辑规律,具有说服力。

(5)表达规范原则,这一原则要求在商务谈判过程语言表达要文明、清晰、严谨、精确、规范,这一点反映了谈判者的修养和素质。

(6)说服诱导原则,这一原则是谈判语言的特点,它要求谈判人员无论语言的表现形式如何,都应该具有令人信服的力量和力度。这就需要谈判人员适当地加以引导,促使对方认可己方观点,尽快达成协议。

(四)商务谈判沟通的价值创造

商务谈判沟通的过程本身就是价值创造过程。一方面,商务谈判沟通一旦成功,就意味着双方都能通过这笔交易获得一定的价值满足,这本身就是价值创造;另一方面,如果是双方需求的方案,其中一个方案能使双方近期或长远利益最大化,那么,这一方案就在相对意义上构成价值创造。可见,通过商务谈判的沟通,是能够找到双赢的最佳方案的。另外,谈判的过程也是谈判各方心理博弈的过程,是在各方实力、优势和劣势的基础上,对体力、智力、经验和其他因素的综合考验,在信息不对称和谁拥有信息谁就能取得主动的情况下,通过沟通可以发现有用的信息,找出自己的不足,或发现对手的弱点,从而及时调整方案或策略,使谈判顺利进行;同时,还利于捕捉发展机会、在维护己方的利益基础上,建立和巩固双方长远的合作关系。另外,也能够减少时间、财力和人力的浪费,从而降低谈判的成本等。

四、网络谈判理论

在20世纪,特别具有深远影响的四大发明——"三论一机",即系统论、控制论、信息论和电子计算机,对人类生活特别是对人类经济生活有着巨大而深远的影响。它不仅促使人类生活方式和行为的变革,更促使人类思维、价值观及文化体系的变革。20世纪80年代网络技术的出现，使不同类型的计算机只要按照一定的规则和约定进行信息交换，通过公共语言就可快速、轻松地达到资源共享，团队合作等沟通目的。当今世界最大的广域网——互联网，连接着世界各地上百万的局域网，容纳着数以千万计的计算机，成为取之不尽的信息资源和极为重要的知识库。这意味着人类社会已经进入了网络时代，一个现代经营管理者，如果不能充分运用网络沟通技能，就不可能在竞争激烈的市场经济大潮中求生存求发展。商务活动更是如此。自古以来，就有抓住时机就是成功的一半的格言，网络经济时代，给商务活动提供了快速获取信息的重要条件，网络谈判由此应运而生。

网络谈判是人类以电子计算机网络作为手段的一种沟通协调行为过程。无论这种手段如何先进，作为谈判，它从本质上讲，仍然是合作与对抗并存的互动行为。它与谈判人员间的面对面的谈判一样，参与方均以自身的需求为内驱力，以获得某些满足为目的。它同样需要根据一定的时空所规定的法律、政策、道德规范和网络规则去表达自己的观点，说服对方，去追求参与方需求的结合点。网络谈判的结果仍需形成统一意志的协议，协议对各方都必须具有平等的法律约束力。

网络谈判以电子计算机网络作为手段的谈判，又具有广域性、快速性、规范性、隐蔽性的特征。广域性是电子计算机网络谈判的重要特征之一，它是指网络谈判可以跨地区、跨国进行“要约”和“承诺”的网上交谈，最终在网上直接达成共识的协议。这种特性把人类的空间距离大大缩小了；快速性是指参与谈判方无须派出人员，就能直接从网上快速进行实现目标系列的谈判沟通活动，这既省人力又省时间；规范性是指随着科学技术和经济的高速发展，在经济全球化趋势下的网络环境中，必须建立起共同遵守的相同协议和交流的公共语言，才能实现网络交易的可持续性；隐蔽性是指商务谈判无须选择谈判地点和谈判人员，只要掌握所需资料，在任何时候都可以发出“要约”进行网上谈判。

从商务角度考察，网络不仅具有电视、广播等媒体宣传商品的广告活动功能，同时，具有双向及时反馈功能，可以直接进行商务谈判推销活动，一直到交易成功后的支付、结算等。但是，无论网络技术多么先进，也总会有漏洞，如何有效地进行自我保护，防止“黑客”攻击，防止“病毒”、“电子邮件炸弹”和“信息炸弹”等攻击，以及人为因素造成的安全隐患等，这些都是从技术角度研究的重要课题。就利用网络进行商务谈判而言，应该注意以下几个问题：

（一）加强法律意识

由于网上商务谈判人员是非直接接触，特别是网上初次交往，谨慎至关重要。要通过网上查询充分了解谈判对手的各方面情况包括经济实体及其社会形象。如果是投资性商务谈判，更需要派出人员或专家组前往进行投资环境考察，做出预测分析后再进行。“害人之心不可有，防人之心不可无”，这是网络商务谈判人员的重要行为准则之一。由于网络商务谈判的广域性，可以跨地区、跨国家进行“要约”和“承诺”，因此，掌握和了解不同地区和不同国家的立法差异性，使所签协议符合其法律规范，也是保证履约的另一重要条件。

（二）注意网络谈判的局限性

必须明白，再先进的网络技术也不是万能的。特别是网络谈判，目前仍无法承担重大政治、军事以及大、中型商务谈判的全过程，还需人机配合，以人员接触沟通为主体，以网络交流为辅助手段。某些协议条款也无法在网上直接实施。如长期大宗的商业交易合同中的验收、定期抽查等都需人员直接进行。即使网上购销的微型商业谈判可以及时支付、及时结算，但从人际关系中的情感交流去分析，也仍存在缺陷。因为仅通过网络语言很难达到快速、全面、充分的情感交流。

(三)注意网络谈判条款的表述

网络谈判尽管具有快速性和跨区域性，但除及时完成的小型沟通谈判外，都必须形成体现参与方需求结合点的协议，协议条款一定要尽可能完善和周密。首先是成交商品的名称，或者说标的名称在协议条款中一定要标准化。由于某些商品在不同地区或不同国家会出现称谓的差异性，还可能出现公共语言与参与者所在地区语言的差别，因此，在协议中除按网络公共语言标准化表述外，还应该将参与方的各地方语言称谓在条款中进行补充说明；其次是对涉及参与方经济利益和责任的条款如成交价格、数量、质量以及支付方式、结算方式、交货期限、售前售后服务及违约责任等表述必须准确而清晰。如果是涉及数量、金额较大的谈判，还应该办理正式签约手续和必要的公证。

案例分析

我国某进出口公司与泰国一家公司洽谈钢板网和瓦楞钉生意。谈判开始时就不顺利，双方提出的交易条件相差甚远，中方有意放弃。有一天，中方公司副经理李鼎贺上街购物，无意中发现泰国公司经理徐先生在街头象棋摊边盘桓多时，一副饶有兴趣的样子。李鼎贺心里一动。这天黄昏，李鼎贺带着一副精工制作的象棋来到徐先生下榻的宾馆。“下一盘棋怎么样?”年过半百的徐先生居然像孩子一样兴高采烈。原来，徐先生出身于象棋世家，他的儿子又酷爱收集各种各样的象棋。一场酣战下来，双方意犹未尽，李鼎贺醉翁之意不在酒，又和徐先生畅谈事业、成就、亲情、家世，徐先生对李鼎贺大为赞赏，当即表示：“能和你这样的人交上朋友，这笔生意我少赚一点都值得!”两天后，协议在徐先生下榻的宾馆签了字。

思考：(1)在以上案例中，我方谈判人员采用了什么方法? (2)这些方法对协议的达成具有怎样的影响?

本章小结

谈判是社会生活中不可缺少的交往方式。广义的谈判是指人类解决问题的一种活动过程，是人类生活的组成部分。狭义的谈判是指在正式、专门场合下安排进行的谈判活动。狭义的谈判是建立在广义的谈判之上的。

谈判是一个互动过程、是一个“合作”与“对抗”并存的过程，正常的谈判是互惠而公平的，谈判结果不可能是完全平等的。

谈判按其性质可分为政治谈判、军事谈判、经济谈判和文化、科技谈判等；按其主体的单、多边关系可分为双边谈判、多边谈判、多角谈判等。

谈判应遵循客观性原则、求同存异原则和妥协让步原则等。

商务谈判是谈判的类型之一，是存在利益互补和利益差异的商务活动当事人，为了各自的经济利益目标所进行的自愿协商的过程。商务谈判个性特征表现在：谈判内容具有交易性；谈判主体具有多样性；谈判目标具有利益导向性；谈判议题具有价格核心性；谈判策略具有智慧性。

在商务谈判中，谈判各方应当遵循的原则包括自愿平等原则、互利双赢原则、整合创造原则、诚信守法原则；灵活应变原则等。

客观上看，至少存在七种类型的商务谈判：按谈判参与方的数量分类，可分为双方谈判和多方谈判；按商务谈判各方参加人员数量分类，可分为大型谈判、中型谈判和小型谈判；按商务谈判所在地分类，可分为主场谈判、客场谈判、中立地谈判和主客轮流谈判；按商务谈判结果分类，可分为双赢或多赢型谈判、双输或多输式谈判、输赢型谈判；按商务谈判时谈判双方的态度分类，可以分为竞争型谈判、合作型谈判和竞合型谈判；按商务谈判的沟通方式分类，可分为口头谈判、书面谈判和网络虚拟谈判；按商务谈判的观念分类，可分为硬式谈判、软式谈判、原则式谈判。

马斯洛需要层次论和冯·诺曼、摩根斯坦的博弈论在商务谈判中有重要的应用价值。

商务沟通作为一种经济行为，是在商务环境中用一定的方法如通过视觉、符号、电报、收音机、电视或其他工具而彼此交换信息的活动。其典型特征表现在所有商务谈判均是以经济利益为目的，强调利益的双赢、多赢和共赢。商务谈判沟通的形式大体可分为语言沟通和非语言沟通两种。

商务谈判沟通应遵循客观准确、适度隐含、灵活应变、逻辑清晰、表达规范、说服诱导等原则。商务谈判沟通的过程本身就是价值创造过程。

网络谈判是人类以电子计算机网络作为手段的一种沟通协调行为过程。作为谈判，本质上讲，它仍然是合作与对抗并存的互动行为，但具有广域性、快速性、规范性、隐蔽性的特征，同时，既有电视、广播等媒体宣传商品的广告活动功能，又有双向及时反馈功能。但从技术角度看，有一个如何进行自我保护的问题，从利用网络进行商务谈判上讲，应注意加强法律意识，注意网络谈判的局限性，注意网络谈判条款的表述等。

思考与练习题

1. 简述谈判与商务谈判的区别和联系。
2. 简述商务谈判的基本特征和原则。
3. 简述马斯洛的需求层次论及其在商务谈判中的应用。
4. 简述冯·诺曼、摩根斯坦的博弈论及其在商务谈判中的应用。
5. 简述商务沟通的价值创造。

第二章

国际商务谈判综述

学习目的与要求

了解和掌握国际商务谈判的基础知识，包括：国际商务谈判的含义；商务谈判与国际商务谈判的关系；国际商务谈判的特点及其特殊性；国际商务谈判的原则；国际商务谈判的基本内容（含货物买卖谈判、技术贸易谈判、劳务合作与租赁谈判）。本章为进一步学习商务谈判奠定了基础。

引例

曾经有一个印度尼西亚客户到中国来买轮渡客汽（乘客与汽车）两用船。来到北京的印度尼西亚客户代表是中方公司一个老客户的朋友，询价要求买方的信贷要用远期3年信用证，并表示中方价格合理可以买两条船。中方向其报价：一条船为X价，两条船为Y价。信贷可以考虑，但要以政府的额度为限。远期信用证需印度尼西亚相关的担保。最后，买卖双方经过真诚的洽谈、协商和讨价还价，终于达成一致意见，以Y价买两条船及印度尼西亚担保的远期3年信用证的条件达成协议。

上述案例就是一个典型的国际商务谈判过程。国际商务谈判是国际商务活动的重要组成部分，在国际商务活动中占据相当大的比重。了解国际商务谈判的原则、特点，掌握国际商务谈判的主要内容等基础知识，是学习和研究国际商务谈判的起点。

第一节　商务谈判与国际商务谈判的关系

一、国际商务谈判的含义

国际商务谈判是国际商务活动的重要组成部分，在国际商务活动中占据相当大的比重。

根据有关研究表明，在国际商务活动过程中，销售人员、企业在各个地区的管理人员、律师以及工程技术人员等的50%工作时间用于各种各样的商务谈判之中，其中多数是与来自不同文化背景或不同国家的对手之间的谈判。

国际商务谈判是国际商务理论的主要内容和核心。它是指在国际商务活动中，不同国家之间的商务活动主体为满足某一需要或达到某一目标而进行的讨论和洽谈的商业活动的总称。

尽管目前还没有让大家都接受的表述一致的定义，但我们认为，比较完整、准确地国际商务谈判的含义应该包括以下几个层次的内容：

(1)国际商务谈判是国际商务活动的主要内容。在国际商务实践活动中，谈判占有很大的比重，并往往起决定性作用。

(2)国际商务谈判是国际商务交易的讨论、洽谈等商业活动的总称。我们不能仅仅把签约的辉煌时刻称为国际商务谈判，也不能把它理解为仅仅是签约之前那一阶段的事情，它还包括签约之后协议的履行阶段。签约只是交易的开始，更重要的是协议的完满执行。相当一部分人重视了签约之前那一阶段的研究，却容易忽略签约之后的事情。

(3)商务活动的主体分属于不同的主权国家。谈判中利益主体分别是不同国家的政府、企业或公民，也就是说谈判主体属于不同的主权国家。同一个国家的人，大家彼此熟悉，但也许会代表不同的国家进行谈判。在这种情况下，国家和民族利益必须充分考虑。

(4)国际商务谈判是国内商务谈判的延伸和发展。国内商务谈判和国际商务谈判都是商务活动的必要组成部分，是企业发展国内市场和国际市场业务的重要手段。与国内商务谈判相一致，国际商务谈判仍然是以实现商业利润为目标，以价格谈判为核心。只不过，在一定阶段上，国际商务谈判的商业目标表现得比较间接和委婉而已。

二、商务谈判与国际商务谈判的关系

(一)商务谈判涵盖国际商务谈判

商务谈判是集中于经济领域，围绕标的物的交易条件，达到交易目的的行为过程。

国际商务谈判从字面的组成看，包含三个部分：国际、商务、谈判。国际是指国际性的标准；商务即贸易或交易，是指商品的买卖行为；谈判，按照最一般的认识，是人们为了协调彼此之间的关系，满足各自的需要，通过协商而争取达到意见一致的行为和过程。所以，国际商务谈判包含于商务谈判之中，商务谈判涵盖了国际商务谈判。

(二)国际商务谈判是商务谈判在国际范围内的应用

国际商务谈判是相对于国内商务谈判而言的，既具有一般商务谈判的特点，又具有国际经济活动的特殊性，是商务谈判在国际范围内的应用。

国内商务谈判是指我国境内的各种法人企业之间的有关商品、劳务和技术的谈判，由于国内商务谈判具有国籍统一、法律统一、语言相同、文化习俗基本相似，并处于同一种经济体制之中等特点，其谈判的基本观念、程序、策略、技巧都具有相当的共同性和可控性。国际商务谈判是指具有国际性、跨国界的法人企业之间的商品、技术和劳务的谈判。

国内商务谈判和国际商务谈判有相同的一面，如商务谈判的主、客体都必须合法；谈判各方都处于平等的地位；谈判的目标都是为了取得双方都可以接受的协议；等等。但是，与国内商务谈判相比，国际商务谈判从准备工作到谈判中涉及的问题都要复杂得多。其不同主要有以下几点：

(1)谈判背景条件不同。国内商务谈判各方面所处的宏观环境基本一致，彼此也都比较熟悉，谈判形成的利益差别主要取决于谈判者的能力和临场发挥。而国际商务谈判的谈判各方所处的宏观环境会因为所处的国家或地区的不同而不同，这就决定了国际商务谈判比国内商务谈判更加复杂。

(2)谈判所需的知识不同。国内商务谈判和国际商务谈判都需要掌握相关的知识，如市场知识、法律知识等，但国际商务谈判还需要谈判者掌握外语、外汇、国际惯例等方面的知识。这就决定了国际商务谈判的参与者必须掌握更多的知识。

(3)谈判风格不同。各个国家或地区的文化差异形成了谈判者不同的谈判风格和习惯。因此，在国际商务谈判中，谈判者还必须了解对手的谈判风格或特征，只有这样，才能获得谈判对手的尊重，保证谈判的成功。

第二节　国际商务谈判的特征及基本原则

国际商务谈判既具有一般商务谈判的共性，又具有国际商务谈判的特殊性。

一、国际商务谈判的特殊性

(一)具有跨国性

跨国性是国际商务谈判的最大特点，也是其他特点的基础。国际商务谈判的主体是两个或两个以上的国家，谈判者代表了不同国家或地区的利益。由于国际商务谈判的结果会导致资产的跨国流动，必然在贸易、金融、保险、运输、支付、法律等领域都具有国际性，因此在国际商务谈判中必须按国际惯例或通行做法来操作。所以，谈判人员要特别熟悉各种国际惯例，熟悉对方所在国的法律条款，熟悉国际经济组织的各种规定和国际法，以国际商法为准则，以国际惯例为准绳。目前，有三项关于国际货物买卖的国际公约的是：1964 年《国际货物买卖统一法公约》《国际货物买卖合同成立统一法公约》以及 1980 年《联合国国际货物买卖合同公约》。关于国际货物买卖的国际贸易惯例，主要有：《国际贸易术语解释通则》(1963 年制订，经 1980、1990、2000 年修改补充后形成《2000 通则》、《华沙—牛津规则》(1932 年制订)。另外各国也就对外经济贸易活动建立起各自的法律体系，如美国的《美国贸易法》，英国的《英国货物买卖法》，中国的《中华人民共和国涉外经济法》等。必须指出的是，上述各项国际贸易的各种规定、法规、国际惯例并不具备普遍的约束力，只有当双方当事人在他们订立的国际货物买卖合同中采用了某种国际法规、惯例来确定他们之间的权利、义务时，该法规、惯例才适用于该合同并对当事人产生约束力。

（二）具有较强的政策性

国际商务谈判的跨国性决定了它是政策性较强的谈判。国际商务谈判参与方处于不同国家的政治、经济环境中，谈判常常会牵涉到国与国之间的政治、外交关系，在谈判中，双方国家或地区政府常常会干预和影响商务谈判的进程。因此，国际商务谈判必须贯彻执行国家的有关方针政策和外交政策，特别是执行对外贸易的一系列法律和规章制度。这就要求国际商务谈判人员必须熟知本国和对手国家的方针政策以及对外经济贸易的法律和规章制度。

（三）具有跨文化性

国际商务谈判参与方处于不同的文化、宗教、伦理环境中，谈判的各方一般具有不同的价值观、道德观、思维方式和行为方式，在语言表达及风俗习惯等方面也各不相同。因此，国际商务谈判的难度要大大高于国内商务谈判。国际商务谈判的各参与方在谈判时，不仅要注意协调好各自的经济关系，而且要努力尊重和协调好各自在文化、宗教和伦理等方面的差异。

（四）具有复杂、多变性

复杂、多变性是由跨国性、政策性、跨文化性派生而来的。面对以上特点，从事国际商务谈判的人员面临着国际环境复杂、多变的局面，要花费更多的精力来适应，诸如，贸易标的各方面的复杂多变、国际法的掌握、语言沟通的差异、风俗习惯的差异、价值观和思维方式的差异等，都增加了谈判的复杂、多变性。

（五）具有较大的困难性

国际商务谈判涉及不同国家、不同国家企业之间的关系，如果出现问题，需要协商的环节很多，解决起来就比较困难。因此，要求谈判人员事先估计到可能出现的问题和不测事件，加以相应的防范。

（六）谈判人员应具备更高的素质

国际商务谈判的特殊性和复杂性，要求国际商务人员在知识结构、语言能力、谈判策略及技巧的实际运用能力、防范风险能力等方面具备更高的水准。谈判人员必须具备广博的知识和高超的谈判技巧，不仅能在谈判桌上因人而异、运用自如，而且要在谈判前注意资料的准备、信息的收集，使谈判按预定的方案顺利进行。

二、国际商务谈判的基本原则

国际商务谈判的原则较国内商务谈判复杂之处是涉及国际通行的原则。虽然世界上至今还没有为国际商务谈判制定出一套专门成文的行为规则，但各国之间不断重复的类似行为已逐渐形成了一些共同认可的准则。它们给国际商务谈判提供了应予遵守的一般原则。这些原则除了与一般商务谈判原则基本相同外，还可以概括为以下几方面：

（一）平等互利的原则

平等互利、互通有无是指导国际关系的一项基本原则，也是国际商务谈判的出发点。

平等原则，是商务谈判的基础。是指商务谈判中无论国家的大小、贫富，无论各方的经济实力强弱，组织规模大小，参加商务谈判的主体其地位都是平等的，当事各方对于交易项目及其交易条件都拥有同样的否决权，协议的达成是双方相互协商共同认可的，不能一家说了算或少数服从多数。这种相同的否决权和协商一致的要求，客观上赋予了各方平等的权利和地位。

互利原则，是商务谈判的目标。是指谈判达成的协议对于各方都是有利的。互利是平等的客观要求和直接结果；只有平等，才能互利。坚持互利，还要重视合作；没有合作，互利就不能实现。谈判各方只有在追求自身利益的同时，也尊重对方的利益追求，立足于互补合作，才能互谅互让。

在国际商务谈判中，谈判各方必须充分认识这一平等互利原则并自觉予以贯彻。贯彻平等互利原则，要求谈判各方互相尊重、以礼相待，任何一方都不能仗势欺人、以强凌弱，把自己的意志强加于人。在国际商务活动中，不论是进口、出口都不应附带任何不平等条件和不合理要求；不论是引进资金还是输出资金，都要坚持平等互惠、讲求时效、共同发展的原则。富国不能凭借其经济实力对穷国搞弱肉强食；贫国不能因其势微而无限忍让，任富国宰割。大公司不能凭借其资金技术的优势对小公司搞巧取豪夺；小公司不能因其力薄而不坚持自己应得的利益，让大公司盘剥。只有坚持这种平等互利的原则，商务谈判才能在互相尊重的气氛中顺利进行，才能达到互助互惠的谈判目标。

（二）求同存异原则

求同存异原则是商务谈判成功的关键。求同存异原则，是指谈判中面对各方的利益分歧，各方都应从大局着眼，把共同利益作为出发点。国际经济贸易谈判不是兵战，也不是竞技场，要把谈判对象当作合作伙伴，而不是敌人。根据“两利相权取其重，两弊相衡取其轻”的古训，在可能力争时应尽量力争；在不可能奢望时，应考虑做出局部牺牲，让出眼前利益去换取长远利益。因此，贯彻求同存异原则，要求谈判各方善于从大局出发，要着眼于自身发展的整体利益和长远利益的大局，着眼于长期合作的大局；同时，要善于运用灵活机动的谈判策略，通过妥协寻求协调利益冲突的解决办法，构建和增进共同利益。其实，求同存异还可以通过优势互补、劣势互抵的原理调动双方可以调动的各种因素，创造条件，趋利避害，把双方的利益做大，使双方都成为赢家。可以说，善于求同存异，反映了谈判者较高的素质，历来是谈判高手智慧的表现。

（三）效益原则

效益原则是国际商务谈判成功的保证。包括谈判自身的效益和社会效益。国际商务谈判自身的效益是指以最短的时间、最少的人力和资金投入，达到预期的谈判目标。社会效益，是要综合考虑项目对社会宏观的影响，是谈判主体应承担的社会责任。例如，在引进技术时要考虑是否符合本国的国情，在引进设备时要充分考虑本国的消化能力，在与外商合资建厂时要考虑该项目投产是否对环境造成污染等。效益原则要求把实现组织自身微观效益和社会宏观效益统一起来。所以，在国际商务谈判中既实现谈判的自身效益，又实现良好的社会效益才符合效益原则。只有这样，才能保证谈判获得成功。

(四)遵法守约原则

遵法守约原则是商务谈判的根本。遵法原则是指商务谈判必须遵守本国的法律、法规、政策。国际商务谈判还应当遵循有关的国际法和对方国家的有关法规。商务谈判的遵法原则具体体现在：

一是谈判主体合法，即要审查谈判参与各方组织及其谈判人员的合法资格。

二是谈判议题合法，即谈判所要交易的项目必须是法律允许的。对于法律明文规定禁止交易的项目，其谈判显然违法。如买卖国家保护文物、贩卖毒品、贩卖人口、走私货物等。

三是谈判手段合法，即应通过公正、公平、公开的手段达到谈判目的，而不能采用某些不正当的手段来达到谈判目的，如窃听暗杀、暴力威胁、行贿受贿等。

国际商务谈判的结果是由双方协商一致的协议或合同来体现。协议或合同条款实质上反映了谈判各方的权利和义务，是谈判活动的结晶。它代表着谈判双方或诸方在谈判过程中的相互承诺，又是根据有关的国际法规和国际惯例的要求制定的。因此对谈判各方具有同等的权威性、指导性和约束力，成为一定时期内在某项国际经济活动中谈判各方的行为准则，各方必须遵守。总之，只有在国际商务谈判中坚持遵法守约的原则，谈判及其协议才具有法律效力，当事各方的权益才能受到法律的保护。

根据我国对外经济贸易的一贯政策，在谈判中除了遵循上述原则外，还应该特别注意在外贸谈判中，既要坚持原则，又要留有余地。凡涉及我国对外经贸活动的政策法令及国家或企业根本利益的原则问题，我们必须寸步不让，据理力争，但又要避免简单粗暴，一定要以不卑不亢的态度，从实际出发，耐心地反复说明立场，争取对方接受。对某些非原则性问题，则可以在不损害根本利益的前提下，必要时做某些让步。在合同条款的谈判中，有时也可以在某些条款上做出一定的让步，以换取对方在其他条款上接受我们的意见。不论是原则问题还是非原则问题的讨论，我们都应该自始至终，坚持贯彻“有理、有利、有节”的方针，以理服人。

第三节　国际商务谈判的类型

国际商务谈判，从本质上说是来自不同国家或地区的商务人员协商交易条件的过程。国际商务活动中可交易的项目、品种极为广泛，涉及的谈判内容不同，谈判的形式也就不同。根据不同的标准，可以将国际商务谈判划分为不同的类型。划分的目的，在于根据各种类型的不同特征和要求组织谈判，采取有效的谈判策略，提高谈判人员的能力，增强自觉性，减少盲目性，争取谈判的主动权，可以说对谈判类型的把握是谈判成功的起点。国际商务谈判的类型主要有以下几种。

一、按谈判各方参加者的数量划分

根据谈判各方参加者的数量来划分，可分为一对一谈判和小组谈判。

(一)一对一谈判

一对一谈判是指谈判双方各由一位代表出面谈判的方式。它有多种形式，包括采购员与推销员的谈判、推销员与顾客的谈判、采购员与客户的谈判等。

采用这种谈判类型大多是基于以下原因：一是供需双方有着长期的合作关系。谈判双方都比较熟悉，对交易的条款、内容也都比较明确；二是推销员或采购员拜访客户(顾客)。双方各自有权决定在什么条件下出售或购买商品；三是续签合同的谈判。由于具体内容及条款在以往的谈判中都已明确，只需在个别地方进行调整与修改，谈判内容简单、明确；四是在许多重要的、大型谈判过程中，对于某些具体细节的讨论，不需要所有人都参加谈判，或者是从更好地解决问题的角度出发，双方主要代表单独谈判比较好，这时也会采取一对一谈判的类型。

从某种角度来看，一对一谈判的类型有着其他谈判类型无可比拟的优点：

一是谈判规模小(当然这并不等于说谈判内容不重要)，因此在谈判工作的准备和地点、时间安排上都可以灵活、变通。

二是由于谈判双方人员都是自己所属公司或企业的全权代表，有权处理谈判中的一切问题，从而避免了令出多头、无法决策的不利局面。

三是谈判的方式可以灵活选择，气氛也比较和谐随便。特别是当双方谈判代表较熟悉、了解时，谈判就更为融洽，这样就可以消除小组谈判中正式、紧张的会谈和拘泥、呆板、谨慎的言行，有利于双方代表的沟通与合作。

四是一对一谈判克服了小组谈判中人员之间相互配合不利的状况。谈判一方人员的相互配合与信任是战胜对手、争取谈判主动的主要条件。但是，如果互相不能很好配合，反而会暴露己方的弱点，给对方以可乘之机。许多重要的谈判采取小组谈判与一对一谈判交叉进行，正是基于这一原因。

五是一对一谈判有利于双方沟通信息，也有利于双方封锁消息。当某些谈判内容高度保密，或由于时机不成熟而不宜为外界了解时，那么一对一谈判是最好的谈判类型。

许多谈判专家认为，一对一谈判是最简单、也是最困难的谈判，因为谈判人员在谈判中没有别的依靠，只能靠个人的智慧和技能。当然，谈判前的充分准备以及企业的强大后盾也是取得谈判成功的保证。

同时，在现代社会，一场谈判往往是比较复杂的，涉及面很广。从涉及的知识领域来讲，包括商业、交易、金融技术、运输、保险、海关、法律等许多方面，谈判中所要运用收集的资料也是非常之多的。这些绝非个人精力、知识、能力所能胜任。因此，一对一谈判只能适用于谈判内容比较简单的情况，除非谈判人员是全能型的。

(二)小组谈判

小组谈判是指每一方都是由两个以上的人员参加协商的谈判类型。小组谈判可用于大多数正式谈判。特别是内容重要、复杂的谈判,非小组谈判不行。这是由小组谈判的特点决定的。

一是每个人由于经验、能力、精力等多种客观条件的限制,不可能具备谈判中所需要的一切知识与技能,因此需要小组其他成员的补充与配合。

二是集体的智慧与力量是取得谈判成功的保证。这在谈判双方人员对等的情况下表现得可能不太明显,但如果双方人数有差别,人多的一方就很可能在气势上占了上风,人少的一方可能寡不敌众,甚至丧失自信心,败下阵来。

三是采用小组谈判,可以更好地运用谈判谋略和技巧,更好地发挥谈判人员的创造性、灵活性。

四是小组谈判有利于谈判人员采用灵活的形式消除谈判的僵局或障碍。例如,小组某一成员可以担当谈判中间人或调节人的角色,提出一些建议,缓和谈判气氛,也可以采用小组人员相互磋商的办法,寻找其他的解决途径,避免一对一谈判中要么"不"、要么"是"的尴尬局面。

五是经小组谈判达成的协议或合同具有更高的履约率,因为双方认为这是集体协商的结果,而不是某个人的产物。集体的决定对其成员有更大的约束力,经由集体讨论产生的协议具有极大的合理性,没有理由不执行。

由此可见,小组谈判最大的优点是发挥了集体的智慧,同时满足谈判中多学科、多专业的知识需要。所以,正确选配谈判小组成员是十分重要的,如小组领导人的选配、主要成员与专业人员的选配。但小组谈判也存在谈判时内部意见协调困难,以及某种程度上的内耗问题。

二、按谈判方向划分

按谈判方向不同来划分,有纵向谈判与横向谈判。

(一)纵向谈判

纵向谈判是指在确定谈判的主要问题后,对问题和条款逐一讨论和解决,一直到谈判结束。例如,在一项产品交易谈判中,双方确定出价格、质量、运输、保险、索赔等几项主要内容后,开始就价格进行磋商。如果价格确定不下来,就不谈其他条款。只有价格谈妥之后,才依次讨论其他问题。

这种谈判方式的优点是:程序明确,把复杂问题简单化;每次只谈一个问题,讨论详尽,解决彻底;避免多头牵制、议而不决的弊病;适用于原则性谈判。

这种谈判方式也存在着不足,主要有:议程确定过于呆板,不利于双方沟通和交流;讨论问题时不能相互通融,当某一问题陷入僵局后,不利于其他问题的解决;不能充分发挥谈判人员的想象力、创造力,不能灵活地、变通地处理谈判中的问题。

(二)横向谈判

横向谈判是指在确定谈判涉及的主要问题后,开始逐个讨论预先确定的问题,在某一问题上出现矛盾或分歧时,就把这一问题放在后面,讨论其他问题,如此周而复始地讨论下去,直到所有内容都谈妥为止。例如,在资金借贷谈判中,谈判内容要涉及货币、金额、利息率、贷款期限、担保、还款以及宽限期等问题,如果双方在贷款期限上不能达成一致意见,就可以把这一问题放在后面,继续讨论担保、还款等问题。当其他问题解决之后,再回过头来讨论这个问题。

这种谈判类型的核心就是灵活、变通,只要有利于问题解决,经双方协商同意,讨论的条款可以随时调整。也可以采用这种方法:把与此有关的问题一起提出来,一起讨论研究,使所谈的问题相互之间有一个协商让步的余地,这非常有利于问题的解决。例如,贷款期限不能确定,可与利率、还款及宽限期一起讨论磋商,促进问题的解决。有时双方对所要讨论的主要问题要磋商好几遍,第一遍只是对列出的问题提出大致的意见与要求,互相摸底,交换一下初步的看法,直到第二遍、第三遍才逐步确定所讨论的问题。

横向谈判的优点是:议程灵活,方法多样。不过分拘泥于议程所确定的谈判内容,只要有利于双方的沟通与交流,可以采取任何形式;多项议题同时讨论,有利于寻找变通的解决办法;有利于更好地发挥谈判人员的创造力、想象力,更好地运用谈判策略和谈判技巧。

横向谈判的不足之处在于:加剧双方的讨价还价,容易促使谈判双方做对等让步;容易使谈判人员纠缠在枝节问题上,而忽略了主要问题。

总之,在国际商务谈判中,不是横向谈判,就是纵向谈判。至于采用哪一种类型,主要是根据谈判的内容、复杂程度以及谈判的规模来确定。一般来讲,大型谈判,涉及两方以上人员参加的谈判,大多采取横向谈判的形式,而规模较小、业务简单,特别是双方已有过合作历史的谈判,则采用纵向谈判的方式,三方以上的多边谈判也多采用纵向谈判。另外,采取哪种谈判方式并不是绝对不变的,当双方认为有必要改变谈判方式时,可采取双方认可的方式。

三、按达成协议的形式分类

按达成协议的形式,可以划分为协商谈判(非合同谈判)、合同谈判、索赔谈判。

(一)协商谈判(非合同谈判)

协商谈判也称一般性商业谈判。它是合同谈判的前提和基础,包括一般性会见、访问交流、意向性谈判等。这种谈判的主要目的是双方建立关系、沟通信息、探测摸底。其特点有三:

(1)形式灵活,方法多样。意向性谈判多数是合同谈判的准备阶段或初始阶段。谈判各方为了了解交易的可能性,摸清对方的底细,相互沟通信息,都会使出浑身解数,斗智斗勇。由于在这一阶段,双方尚未全部摊牌,气氛也比较热烈友好,互相探底的方式也多种多样,如进行私下接触,通过就餐、娱乐等形式,了解和收集己方所需要的各种信息情报,即使是面对面的会谈也不像合同签约时那样紧张、严肃,寒暄、介绍、题外话等以及非实质性的接触也占较大比重。与合同谈判、索赔谈判相比,意向性谈判较为灵活和随意。

需要指出的是，在这种谈判中，第一印象比较重要。谈判人员的初次接触，主要是通过言谈举止表现自己。所以，谈判人员都十分重视信息的传递，努力塑造具有吸引力的形象。

（2）谈判气氛比较平和。一般性会谈往往不能最后确定各项合同条款，很少涉及实质内容，所以双方情绪比较平稳，气氛也很友好，出于合作的愿望，都注重建立信任和友谊，注重考虑对方的要求与建议，更多的是客气和礼貌，争取促成交易，为合同谈判打下基础。

（3）一般谈判中的意向性谈判，是买卖双方为明确交易的愿望，初步确定合作条件，最终签订意向书和协议书。但这种意向书或协议书对双方均无法律约束力，所以，它不同于合同谈判。如果双方对意向书中的条款内容有分歧，可以写成"甲方认为就第七条款采取……""而乙方要求……"而这种表述在合同条款中是绝对不允许的。

（二）合同谈判

在经贸谈判中，合同谈判或准合同谈判是十分重要的谈判形式，因为绝大多数贸易，特别是国际贸易，都是通过签订合同实现的。

合同谈判可以认为是以达成契约作为实现某项交易的谈判形式。产品贸易、资金、技术、服务等交易形式，都是通过合同谈判实现的。在谈判中，谈判双方如果就标的、质量、数量、费用、期限、付款方式等几个要件达成协议，并以法律形式规定下来，就是合同谈判。

当然，合同谈判并不是一次就形成的，在多数情况下，交易双方要经过反复多次协商，进行各种意向性、协议性谈判，直到条件成熟才进入合同签订阶段。由于合同谈判是交易双方进入实质性交涉阶段，所以，合同谈判的特点是：

第一，谈判目标明确，涉及实质性问题。双方的讨论就是合同的条款，如交易中的价格、付款方式、交货期限等。因此，各自都发挥优势，运用各种策略技巧，以取得胜利。

第二，合同谈判是以法律形式确定双方交易的有效性。因此，双方对谈判中的合同条款都十分慎重，绝不轻易许诺，且谈判的场合正规、气氛严肃。

第三，合同谈判人员较为重要，签订合同要符合法律程序，具有合法性。合同是合同当事人之间确定相互权利和义务关系的法律方式，对双方当事人都具有法律约束力，以此确保双方按照合同规定的条款履行各自的权利和义务，保证交易的顺利实现。合同的成立是以签字的书面形式体现的。要确保合同为有效合同，双方的签字人必须是法人或者是委托代理人。为保险起见，在合同谈判中请律师出席是个好办法。

（三）索赔谈判

索赔谈判是指合同义务不能履行或不完全履行时，合同当事人双方进行的谈判。在合同执行过程中，由于各种原因，会出现双方或一方违约的情况，所以索赔谈判也是一种主要的谈判类型。与合同谈判和意向谈判相比较，它具有明显不同的特点：

1. 针锋相对，紧张激烈

在多数情况下，索赔谈判是由于一方或双方违约造成损失，受损方要求对方赔偿的行为。由于给某一方造成损失，因此，在谈判的初始阶段，双方就会摊牌，受损方会提出具体的索赔要求，而另一方马上针锋相对，提出自己的立场。

2. 重合同、重证据

合同是判定违约的唯一标准。如提出供货方产品质量有问题，要拿出有关部门提出的技术鉴定书或产品鉴定书；指控卖方不按期交货，必须提交货物运输提单。此外，电传、信件、照片、产品样品、商检证明等，都是提出索赔要求的有关证据，要妥善保存，以备不时之需。

3. 处理方式是谈判双方的主要内容

索赔的处理方式有三种：协商索赔、强行索赔和请第三方干预索赔。前两种通过谈判解决，如果是第三方出面仲裁解决，则具有强制性，纠纷双方都要无条件服从仲裁结果。

4. 索赔谈判内容的独特性

索赔谈判内容的独特性主要是指索赔条款的协商与意向谈判、合同谈判不同：确定违法行为；明确违约责任；确定赔偿金额；确定赔偿期限。

四、按商务交易地位划分

按商务交易地位可分为买方谈判、卖方谈判、代理谈判。

(一)买方谈判

买方谈判是指以购买者的身份参加谈判(购买商品、服务、技术、证券、信息、不动产等)。买方谈判的特征表现在：

(1)重视情报的收集。例如，卖方的技术水平、质量与市场价格等情况，通过“货比三家”确定自己的谈判目标。这种“收集情报”的工作，主要反映在谈判的准备阶段，甚至贯穿于整个谈判过程中。

(2)极力压价。买方总想少花钱多办事，追求更优惠的价格，在交易中总是极力压对方价格，即便是老商品、老的供货渠道，买方谈判也会如此。若是初次交易，讨价还价就更艰苦。

(3)审势压人。买方总想买得便宜，总会度量双方的地位强弱，以此来调整自己的谈判态度。国际市场一般是买方市场，“买方是上帝”，“褒贬是买主”。尤其是当市场上有多个供货渠道时，买方更会“评头论足”，对卖方施加压力。只有某些短缺或者垄断的商品，在求购心切时买方才会听任摆布。买方压卖方降价，可谓买方谈判的鲜明特征。

(二)卖方谈判

卖方谈判是指以供应者的身份参与谈判(提供商品、证券、服务、不动产等)。卖方谈判的特征表现为：

(1)主动性强。卖方身系企业，为了迅速把商品转化为资金，交易心切，所以其谈判的态度主动性较强。

(2)虚实相映。卖方为了卖好价钱，谈判时表现诚恳与强硬并用；介绍情况时真真假假，若明若暗，兼而有之。为了拉住对方而介绍些真情；想卖高价，又要掺些水分，让人感到说不清实际价值。作为买方应注意识别哪些是真、哪些是假，争取理想的成交价。

(3)紧疏相兼。为了克服买方的压力和加强卖方的地位,往往采取时而“紧锣密鼓”,似急于求成;时而又按兵不动,观察买方动静。采取这种形式,对卖方来讲,可以加强谈判地位,也利于考虑各种方案或结果的细节,争取谈判成功。

(三)代理谈判

代理谈判是受当事人委托参与某项交易或合作的谈判。代理分为全权代理资格和只有谈判权而无签约权这两种情况。代理谈判资格的主要特征为:

(1)权限观念强。代理人必须在当事人授权范围行事,否则担负不起责任。有经验的代理人,总是谨慎地、准确地在委托范围内行事。

(2)积极主动性强。由于代理人地位居中,为了取得委托人的信任,让委托人对代理谈判人产生信心,并且让谈判对方感到代理谈判人的实力,客观上决定代理人的态度应是充满活力,积极进取,从而给予他更大的谈判余地。

(3)超脱客观。由于代理人不是交易的所有者,谈判中较为超脱、客观,并且有时采取貌似公正以迷惑、说服对手,以“第三方身份”来评论买卖两方条件,取得谈判的成功。

五、按政府的参与程度划分

按政府的参与程度,可分为民间谈判、官方谈判、半官半民谈判。

(一)民间谈判

民间谈判,是指谈判各方的代表由私营企业、群众团体或组织指派。这类谈判在西方国家相当普遍。谈判活动是企业本身业务活动,不涉及政府,交易的内容纯属两个或多个私营企业的经济利益的谈判。谈判所达成的协议、签订的合同不代表国家,不属于 1969 年《维也纳条约法公约》调整范围。

民间谈判的特点是:

(1)灵活性大。由私人企业独立进行,无须请示政府,企业老板当家,说话算数。谈判中的条件,可以很快由个人决定,不必经过许多程序。

(2)重视私交。在谈判中,注重企业之间、领导人或谈判人之间的私交。私人关系较深,交易谈成功的希望大,反之则难。

(3)计较多。私人企业靠利润生存,民间谈判谈的是双方的利益得失,唇枪舌剑之中均斤斤计较。由于私人企业谈判灵活性大,程序比较简单,在特殊情况下,有的官方谈判也以民间方式出现,如 1952 年 6 月 1 日中国和日本签订的贸易协定就是通过“民间”性质的经贸谈判达成的。

(二)官方谈判

官方谈判,是指谈判各方的代表由有关政府或由有关政府下属的企、事业委派,所涉及的内容具有官方性质的谈判。负责此类谈判的可以是政府机构,也可以由国家的控股企业承担,甚至可委托私营企业执行。例如:关系世界范围的谈判,关税与贸易总协定的各轮谈判;两国间的谈判,日美贸易谈判,中美知识产权保护谈判;国家与企业的谈判,中国国家经贸委主持的与西门子公司的合作谈判;企业间的谈判,中国首都钢铁公司与巴西亚马孙钢铁厂的谈判;等等。

官方谈判的特点是:

(1)内容重大。一般都是关系到谈判各国或地区的政治、国防、外交等国家大事要事,关系到国家国计民生的经贸问题以及大型项目或政府采购。

(2)谈判人员职级高、实力强。官方谈判,要处理的问题责任重大,参加或主持谈判的人均有一定的级别,就是其普通的谈判助手也多为主管处的处长或老练成熟的业务员。

(3)保密性强。由于官方谈判的内容与各方利益攸关,各方对谈判的保密性要求很高,均会在谈判开始前就明确保密要求及保密的具体条文。

(4)节奏快。参加官方谈判的成员所属的部门级别高,谈判人员素质好,均决定了其谈判速度快,往往是连续作战、一气呵成。

(5)信息整理快。在官方性谈判中,双方的主谈者和助手,都十分注重将双方的意见边谈边编写,及时整理成文,并译成相应语言供本方研究。

(6)用语礼貌。官方代表位居高职,身兼重任,其素质和修养均决定了自控能力强。为了体现国家的形象,均会很谨慎地参与或引导谈判。国际商务谈判,不能像政治事件的谈判中那样针锋相对、互不相让、言辞犀利、态度冲动。若对谈判对手的条件十分不满,也不会暴跳如雷,出言还会很和气。

(三)半官半民谈判

半官半民谈判,是指谈判人所负担的谈判任务涉及官方和民间两方面的利益,或者官方人员和民间人士共同参加的谈判,或受官方委托以民间名义组织的谈判等。官方民间活动主要是涉外经济贸易活动。这种谈判既涉及公司企业的利益,又涉及政府部门的活动。有时候,为突出政府对某项活动的支持,由有影响的政府负责人以官方机构代表的名义,或以私人身份,率领社会团体或私营公司企业的代表团(组)开展对外经济贸易谈判;有时候,为了突出非官方形象,政府委托某个公司企业以私营的名义去组织某项谈判活动,而由政府代表跟踪或参与谈判活动。

半官半民谈判的特点:

(1)制约因素多。谈判需要兼顾官方与民间双重意图及利益,处理不好会引起矛盾,制约因素多。

(2)弹性大。半官半民的经贸谈判可兼顾官民两方,又可根据情况而突出其中的一个因素,因此解决问题弹性大。

第四节 国际商务谈判的基本内容

国际商务谈判与其他谈判的区别在于其谈判内容的特殊规定性。只有了解国际商务谈判的基本内容，才能真正认识、把握国际商务谈判。国际商务谈判的内容包括货物买卖谈判、技术贸易谈判、劳务合作与租赁谈判、三资企业谈判与“三来一补”谈判及其所涉及的主要交易条件。

一、货物买卖谈判

(一)货物买卖谈判的概念

货物买卖谈判，是指针对有形商品即货物的买卖而进行的谈判。货物买卖谈判，按照交易地位可分为采购谈判和推销谈判；按照国域界限可分为国内货物买卖谈判和国际货物买卖谈判。在国际货物买卖谈判中，又有进口谈判和出口谈判。

(二)货物买卖谈判的特点

与其他一些商务谈判相比，货物买卖谈判有以下特点：

(1)难度相对简单。货物买卖谈判的难度相对较为简单：一是大多数货物均有通行的技术标准；二是大多数交易均属重复性交易；三是谈判内容大多围绕与实物商品有关的权利和义务。但绝不能因此而轻视，特别对初次合作、大宗交易、国际货物买卖更是如此。

(2)条款比较全面。货物买卖是商品交易的基本形式，货物买卖谈判也是商务谈判的基本形态。在货物买卖的谈判中，通常要包括货物部分的谈判，如标的、品质、数量、包装、检验等；商务部分的谈判，如价格、交货、支付、索赔等；法律部分的谈判，如不可抗力、仲裁与法律适用等。在这些内容中，习惯上将货物部分和商务部分的条款列为主要条款，它们属于交易的个别性条款；而将其他条款列为一般条款，它们适用于每一笔交易的共同性条款。总之，这些内容涉及货物买卖交易的各个方面、各个环节，不可有所疏忽，以免日后引起纠纷。而且，货物买卖谈判的条款内容往往可以作为其他商务谈判参照的一般基础。

二、技术贸易谈判

(一)技术贸易谈判的概念

技术贸易，是指技术拥有方把技术和有关权利，通过贸易方式提供给技术需求方使用。是以技术为对象的买卖交易活动。技术贸易中的买方又称为“技术引进方”“受让方”，卖方又称为“技术转让方”“供给方”。技术贸易是市场经济条件下技术转让的最主要方式。

技术贸易的标的物是技术，它是一种法定的知识产权，是供给方和受让方之间对制造某项产品、应用某项工艺或提供某项服务的系统知识等技术的交易。交易标的主要包括两方面：一是有工业产权的技术，如专利、外观设计等，这类技术受有关国家工业产权法保护；二是无工业产权的技术，主要是指专有技术(Know-how)。专有技术的内容主要通过图纸(Drawing)、设计方案(Designs)、具体指导(How-to)、技术说明(Instructions)、技术示范(Show-how)以及口头传授等予以表达。

(二)技术贸易的特点

技术作为特殊的商品进行买卖,有其独有的特点:

1. 技术贸易大多数是技术使用权的转让

货物买卖的特点是所有权和使用权一起转移,而技术贸易的特点是只转让技术使用权,而不转让技术所有权。技术拥有方并不因为把技术转让给他人而失去所有权。他自己仍可使用或转让给其他企业使用(技术贸易合同规定不得使用的除外)。

2. 技术贸易中双方合作的关系具有持续性

货物买卖中,双方一手交钱,一手交货,交易关系即告结束。而技术转让,其宗旨是使技术引进方消化和掌握这项技术用于生产。因此签订技术贸易合同后,履行合同一般要经过提供技术咨询、技术资料、技术人员培训、现场指导、技术设备的安装及调试,以及进行技术考核、验收,乃至继续提供改进技术等过程,这就需要技术贸易双方建立较长期的密切合作关系。

3. 技术贸易双方既是合作关系,又是竞争对手

在技术转让过程中,技术拥有方的目的是通过转让技术获取收益,但同时又担心接受方获得技术后,成为自己的竞争对手。因此,技术拥有方一般不会把最先进的技术转让出去,或者在转让时可能会附加某些限制性条款,以束缚技术接受方的手脚,从而保持自己在竞争中的地位。

4. 技术贸易的价格较难确定

在一般商品买卖中,商品价格以价值为基础并反映供求的变化,双方报价虽有差距,但通常会在双方预期的水平上。技术贸易中技术的价格则不同,它无法以价值为基础,也不反映成本。决定技术价格的主要因素,是接受方使用这项技术后所能获得的经济效益。而接受方所获得的经济效益,在谈判和签订合同时往往是难以准确预测的,这就形成了确定技术贸易价格的复杂性。

5. 在技术贸易交易中政府干预较多

在一般货物买卖过程中,政府为鼓励本国产品出口,增强本国产品的竞争能力,一般都是给予出口信贷支持和各种补贴,为其开绿灯。但是在技术贸易中,一般各国政府均采取谨慎态度。因为技术是一个国家立国之本,是竞争制胜的法宝,有些技术甚至关系到国家的安全。因此,许多国家的政府都通过立法手段和行政干预的手段,加强对技术贸易中技术转让的管理,以维护本国的政治经济利益。

(三)技术贸易谈判的主要内容

技术贸易谈判的内容主要包括四个方面,即技术贸易方式谈判、技术部分谈判、商务部分谈判和法律部分谈判。

1. 技术贸易方式谈判

技术贸易的谈判双方必须首先明确采用何种方式进行技术交易。技术贸易的主要形式有两种:一种是技术硬件,另一种是技术软件。技术硬件主要是成套设备或关键设备的买卖,一

般又可归为货物买卖。因此,技术贸易主要是技术软件的交易。由于技术软件交易卖方只向买方转让了技术的"使用许可",又称为许可贸易。因此,许可贸易是技术贸易的主要方式,技术贸易也叫许可贸易。许可贸易是由交易双方通过签订许可协议,技术的供给方许可技术的受让方享有技术的使用权、产品的制造权和产品的销售权。

许可贸易的方式很多,也十分灵活。从许可贸易的客体来看,包括专利技术使用权许可贸易、专有技术使用权许可贸易和商标使用权许可贸易。在许可贸易中,有时单独购买其中某一项使用权许可,但更多的是专利技术、专有技术、商标结合在一起购买,称为"混合许可"。

许可证贸易按照许可方授权的大小和受让方生产经营、使用范围和地域上所受限制等方面来划分,可以分为:

(1)独占许可(Exclusive Licence),是指技术供给方给予技术受让方在规定地区拥有使用、制造、销售的独占权或垄断权。在合同的有效期内,技术供给方不得在合同规定的地区向第三方出售同一种技术的许可,供给方自己也不得在该地区内享有这一技术的使用、制造和销售。这种方式的特许权使用费要比普通许可费用高得多。目前,这种方式在日本、美国和西欧使用较为普遍,目的是垄断产品销售市场,独霸一方,获取高额利润。

(2)全权许可(Sole Licence),又称排他许可,是指技术供给方给予技术受让方在规定地区拥有使用、制造和销售权。技术供给方在该地区自己保留这种权利,但不得再转给第三方。

(3)普通许可(Simple Licence),与独占许可相对而言,是指技术供给方给予技术受让方在规定地区拥有使用、制造和销售权。技术供给方在该地区仍保留自己和再转让给任何第三方的权利。这种方式的特许权使用费要比独占许可和全权许可低得多,一般发展中国家在技术引进中经常采用这种形式。

(4)从属许可(Sub Licence),是指技术受让方将其从技术供给方得到的权利在其所在的地区再转售给第三方。

(5)互换许可(Cross Licence),可以是独占的技术,也可以是非独占的技术。是指双方可以以各自的技术互相交换、互不收费。互换许可一般是在特定的条件下采用,如在合作生产、合作设计、共同研究开发等项目中采用。互换许可的交易双方更多的是合作关系,而不是单纯的买卖关系。

2. 技术部分谈判

技术部分谈判主要在文字资料的基础上,确定技术内容、技术性能、技术资料的交付、技术的咨询、人员的培训、技术的考核与验收、技术的改进和交换等。

(1)技术内容。技术内容指该项技术的名称、运用条件及范围、工艺流程、技术加工对象等。在谈判中应注意其关键词语应做出明确的定义。

(2)技术性能。技术性能指技术的水平和特征。在技术贸易中,技术性能的规定相当于技术商品的质量要求,它可通过提供一系列的技术参数、指标反映技术在工艺加工生产上的水平和特点。有关技术性能的谈判是技术贸易谈判中最为重要的内容。在谈判中,对于技术性能,要用能够全面反映该技术水平与特征的指标明确地加以规定。

(3)技术资料的交付。技术资料用于表达并说明所转让技术的实际价值,向受让方表明技术运用的方法。技术资料是技术的载体，供给方应保证其完整、可靠，及时送达受让方。它是技术贸易的关键环节。

谈判中双方要规定：供给方提供技术资料的交付时间、交付方式（如文字资料、图纸、光盘等），技术资料的文字表达方式，技术资料交接过程中的风险责任等。当供给方提供的技术涉及专利问题时，受让方应当要求对方提供专利清单、专利内容，说明专利登记地点及机构、专利保护期限、地域范围等，以确定专利使用费。当供给方的介绍与其所提供的书面资料相矛盾时，应立即要求对方解释。另外，为保证资料完好无缺转给受让方，谈判合同中应明确规定资料的包装方式及标记，以免资料交付过程中出现损坏。

(4)技术培训和人员培训。技术咨询和人员培训，是技术供给方为保证所转让的技术被受让方所掌握而必须承担的义务和责任。在谈判中双方应对技术咨询、人员培训中双方的义务和责任做出具体明确的规定。

(5)技术考核与验收。一项技术转让只有在最后考核全部合格、通过验收后，才能表明供给方已经完成其责任，因此技术考核与验收是技术部分谈判的重要内容。在谈判中双方应对考核方式及验收标准的具体指标予以明确规定。

(6)技术的改进和交换。由于科学技术的不断发展，在技术贸易有效期内，合同双方都有可能改进此项技术。在谈判中双方应对改进的收益和所有权予以明确规定。

3. 商务部分谈判

商务部分的谈判主要涉及技术转让范围、价格、支付费用方式、纠纷解决方法、税费承担等方面的内容。

(1)技术转让范围。技术转让范围直接关系双方的权益，也关系到技术价格的高低，是商务谈判中的重要内容。它包括技术使用权、制造权、销售权等。

在磋商中，供给方为了保护其技术，往往会要求受让方在技术产品的种类、销售数量、销售价格、销售市场等方面进行控制并做出保证；受让方则要考虑这三大权力在一定时间、一定范围内的独家享有权，并以此为依据确定技术转让费的高低。

(2)技术价格。技术价格是指交易双方达成的技术使用权价格，是技术使用权转让的货币表现。

技术价格的确定直接影响着交易双方的经济利益，是技术贸易的核心。技术贸易价格的确定与一般货物买卖价格不同。在技术贸易中，双方达成协议后技术由卖方转让给买方，只是使用权的转移，所有权不发生变化。所以，受让方付给技术供给方一定的款额，仅仅是对获得技术使用权的一种酬金，所以技术贸易价格的确定较为复杂，不仅要考虑抵补供给方的技术研究开发成本费用、合理的利润要求，还要考虑引进技术的先进程度、受让方自我研制该项技术的机会成本、技术产出品对于料件等的要求及其市场生命力以及可能给受让方带来的利润的大小，有关税费及其支付方式等因素也都会对技术价格产生影响。

影响技术价格的因素通常有：直接费用的高低（指技术供给方为达成技术转让交易和完成技术转让过程所实际支出的费用），供给方期望利润的大小，技术所处生命周期的不同，技术供给方提供协助的多寡，技术使用独占性程度的高低，许可方承担义务和责任的大小，受许可方对技术吸收能力的强弱，技术供求之间的竞争，技术使用可以带来的经济效益的大小；另外还包括合同期的长短、技术使用范围的大小、交易双方国家的法律规定和政治条件等。除以上条件外，技术成交价格往往由双方的谈判实力、谈判策略和谈判技巧决定。

(3)技术费用的支付方式。所谓支付方式是指技术受让方采取什么方式将许可合同中的技术使用费付给许可方。技术费用的支付方式是双方争论的焦点之一。支付方式的变化，直接涉及合同双方的经济利益，因此在支付方式的洽谈中，双方都力争采用对自己有利的方式来支付使用费款项。一般来讲，技术转让费的支付方式有三种：

第一是一次总算，是指交易双方谈妥技术转让的固定金额，受让方一次或分期付清。一次总算是一种固定计价法，对技术转让方较为有利，对受让方较为不利。

第二是提成支付，是指技术引进方许可技术开始生产之后，以经济上的使用或效果作为函数基础确定费用标准，按期连续支付的做法。提成是一种变动计价法，这一方式的优点是风险共担。采取提成支付方式，在谈判时应确定：提成基数、提成率、提成期限、最高提成和最低提成等项，以保证合同中费用支付的顺利履行。

第三是入门费加提成结合支付，即签约后若干天内或收到第一批资料若干天内先支付一笔约定金额(称入门费)，以后再按规定办法支付提成费。技术费用的支付一般都是通过银行进行的，采用汇票作为支付凭证。商务部分的谈判还包括技术保证条件、索赔和罚款条款。这对于加强转让方的责任，维护引进方的利益，促进合同的执行有着重要意义。当一方不履行责任时另一方有权要求赔偿。技术贸易中受损方的索赔方式主要为罚款方式。在谈判“索赔”条款时应根据可能造成违约的情况，通过协商订立切实可行的规定。

4. 法律方面的谈判

法律方面的谈判内容主要涉及侵权和保密条款、解决争议条款、不可抗力条款、仲裁、合同生效条款及其相关内容。在商务谈判中侵权是针对专利技术的许可而言，保密问题是针对专有技术的许可而言。

三、劳务合作谈判与租赁谈判

(一)劳务合作谈判

国际间的劳务合作主要有两种形式，即国际工程承包和劳务输出。

1. 国际工程承包

国际工程承包谈判以招投标方式进行。它是指承包人通过国际通行的投标或接受委托等方式，与发包人签订合同或协议，以提供技术、劳务、设备、材料等，承担合同所规定的工程设计、建造和机器设备安装等任务，并按合同规定的价格和支付条款，向发包人收取费用及应得的利润。国际工程承包是一种综合性的交易，它是带动建筑材料、机电产品等货物买卖和带动技术、劳务等贸易的重要方式，在国际商务活动中占有重要地位。其谈判内容主要包括：材料、设备的品种与规格、数量与价格，技术、劳务价格，工程条件、工期、工程质量与验收等。

国际工程承包谈判与一般的商务谈判方式不同，具有以下特点：

(1)国际工程承包谈判涉及的面广,程序复杂。从经济、技术和法律等方面的要求来看,比一般商品贸易和一般经济合作项目复杂得多,并且要考虑国际惯例。在经济上,它包括商品贸易、资金信贷、技术转让,以及招标与投标、项目管理等;在技术上,往往包括勘探、设计、建筑、施工、设备制造和安装、操作使用、生产;在法律上,要熟悉东道国法律、法规;此外,还必须要了解东道国的风俗习惯等,否则,就很难签订一份平等互利并能顺利进行的合同。

(2)国际工程承包交易金额大,营建时间长,具有较大的风险。一个国际承包工程项目,从投标或接受委托到工程完工,一般要经过几年时间;最小的项目金额也有数十万美元,一般是几百万、几千万美元,大项目在十亿美元以上。国际政治、经济风云多变,承包人承担的风险很大。因此,承包人必须量力而行,认真研究,谨慎行事。

(3)国际承包工程市场的竞争十分激烈。由于国际承包工程是一项综合性的输出,它能带动商品、技术和劳务等贸易活动,许多国家都积极投入到这一经济活动中,并采取措施,使本国的承包公司逐步壮大起来。有些国家的承包公司还采取与外国承包公司联合的方式,把各自的优势结合在一起,以增强国际竞争地位,因此,竞争十分激烈。

2. 国际劳务输出谈判

国际劳务输出是指国际间一国或地区向另一国或地区输出劳务,方法和途径主要有如下几种:①通过国际承包工程输出劳务。②通过业主或第三国承包商开展工程劳务承包。③承建制劳务合作。④政府和有关机构聘请高级劳务。⑤雇主招聘劳工。

在国际劳务输出谈判中应着重围绕以下几个方面进行磋商洽谈以达成协议:

(1)劳务人员的派遣问题。谈判双方对所需劳务人员的类别、技术条件、年龄、数量、工作期限等内容进行详细的磋商;要明确规定如果合同签订后,输入方要求变更派遣日期或取消派遣时,要做什么处理。

(2)劳务输出、输入双方责任问题。

(3)劳务人员的待遇问题。谈判双方对劳务人员的工资标准、工资计价货币种类、保值方法、增长率、计发工资期限、支付办法等加以明确规定。

(4)劳务人员服务期限及节假日的规定问题。谈判双方应对劳务人员每日、每月的工作时间,休假日及休假日期间的待遇,加班及加班费用等加以协商并具体规定。

(5)劳务人员的食宿与交通安排问题。

(6)劳务人员医疗卫生及劳保福利待遇问题。

(7)其他费用的支付问题(动员费、国际旅费、税收等费用的确定)。

(8)争议解决办法的规定。

(二)租赁业务谈判

所谓租赁业务,是指出租人(租赁公司)按照契约规定,将他的财产在一定时期内租给承租人(用户)使用,承租人则按规定付给出租人一定的租金。在租赁期间,出租人对出租的设备拥有所有权;承租人享有使用权和受益权;租赁期满后,租赁设备则退还出租人或按合同规定处理。租赁谈判是指我国的企业为从国外租用机器和设备而进行的谈判。它要涉及机器设备的选定、交货、维修保养、到期后的处理、租金的计算及支付，在租期内租赁公司与承租企业双方的责任、权利、义务关系等问题。

从其性质来讲，租赁业务是典型的贸易与信贷、投资与筹资、融资与融物相结合的综合性交易，它既有别于传统的商品买卖，又不同于传统的企业筹资与信贷。租赁业务的最大特点是具有鲜明的融资性质。租赁业务是一种以租物形式达到融资的目的，将贸易与金融结合在一起的信贷方式。承租人所需的机械设备，由出租人提供或垫款购买。承租人不需付款购买，即可取得机械设备的使用权，等于出租人向承租人提供了信贷便利；承租人在设备正式投产后，以租金的形式支付租赁设备费用，这样企业可以在资金不足的情况下，提早使用设备，使生产早日上马，早获经济效益。租赁业务往往是三边交易，即租赁双方和供货人。租赁公司介于供货人和用户之间，租赁业务由销售合同和租赁合同共同完成。

租赁谈判主要包括：确定租赁的设备，租赁的类型，确定租金，设备的交货租赁期，终止设备的归还等。

案例分析

荷兰某精密仪器生产厂与中国某企业打算签订某种精密仪器的购销合同，但双方在仪器的价格条款上未达成一致，双方就此问题专门进行了谈判。谈判一开始，荷方代表就将其产品的性能优势以及目前在国际上的知名度做了一番细致的介绍，同时说明还有许多国家的企业欲购买他们的产品。最后，荷方代表带着自信的微笑，对中方代表人员说，根据我方产品所具有的以上优势，我们认为一台仪器的销售价格应该在 4 000 美元。

中方代表听后十分生气，因为根据中方人员掌握的有关资料，目前在国际上此种产品的最高售价仅为 3 000 美元，于是中方代表立刻毫不客气地将其掌握的目前国际上生产这种产品的十几家厂商的生产情况、技术水平及产品售价，详细地向荷方代表全盘托出。荷方代表十分震惊，因为根据他们所掌握的情况，中方是第一次进口这种具有世界一流技术水平的仪器，想必对有关情况还缺乏细致入微的了解，没想到中方人员准备得如此充分，荷兰人员无话可说，立刻降低标准，价格调到 3 000 美元，并坚持说他们的产品是世界一流水平的，是物有所值。

事实上，中方人员在谈判前就了解到荷兰这家厂商，目前经营方面遇到一定的困难，陷入巨额债务的泥潭。对他们来说，回收资金是当务之急，正四处寻找其产品的买主，目前也只有中国对其发出了购买信号。于是，中方代表从容地回答荷方代表，我们也绝不怀疑贵方产品的优质性，但是，我们外汇额度有限，只能接受 2 500 美元的价格。荷方代表听后十分不悦，说我们已经说过我们的产品是物有所值，而且需求者也不仅仅是你们一家企业，如果你方没有诚意的话，我们宁可终止谈判。中方代表依然神色从容说道，既然如此，我们很遗憾。

中方人员根据已经掌握的资料，相信荷方不会真的终止谈判，一定会再来找中方。果然没过多久，荷方就主动找到中方，表示价格可以再谈。在新的谈判中，双方都做出了一定的让步，最终以 2 700 美元成交。

（资料来源：刘园：国际商务谈判，北京：中国人民大学出版社，2019 年版）

本章小结

国际商务谈判是国际商务理论的主要内容和核心。它是指在国际商务活动中,不同国家之间的商务活动主体为满足某一需要或达到某一目标而进行的讨论和洽谈的商业活动的总称。

商务谈判涵盖国际商务谈判,国际商务谈判是商务谈判在国际范围内的应用。

国际商务谈判既具有一般商务谈判的共性,又具有国际商务谈判的特殊性。国际商务谈判的特殊性是指具有跨国性,具有较强的政策性,具有跨文化性,具有复杂、多变性,具有较大的困难性,谈判人员应具备更高的素质。国际商务谈判的基本原则是平等互利的原则,求同存异原则,效益原则,遵法守约原则。

国际商务谈判的类型主要有一对一谈判和小组谈判,纵向谈判与横向谈判,协商谈判(非合同谈判)、合同谈判与索赔谈判,买方谈判、卖方谈判与代理谈判,民间谈判、官方谈判与半官半民谈判。

国际商务谈判的内容包括:货物买卖谈判、技术贸易谈判、劳务合作与租赁谈判等及其所涉及的主要交易条件。

思考与练习题

1. 国际商务谈判与国内商务谈判相比有哪些不同?
2. 国际商务谈判有哪些特征和特殊性?
3. 国际商务谈判应遵循哪些基本原则?
4. 按不同的划分标准,国际商务谈判可分为哪些主要类型?
5. 纵向谈判与横向谈判各有何优劣?你认为哪一种是最佳的谈判方式?
6. 简述货物买卖谈判的主要内容及其特点。
7. 简要说明技术贸易谈判的主要内容。

第三章

商务谈判实务

学习目的与要求

掌握商务谈判包含的内容，了解商务谈判准备的必要性及应该从哪些方面进行准备，掌握谈判信息收集、谈判环境分析、谈判对手分析、谈判计划制订等。

引例

我国某冶金公司要向美国购买一套先进的组合炉，派一高级工程师与美商谈判。为了不辱使命，这位高工做了充分的准备工作，他查找了大量有关冶炼组合炉的资料，花了很大的精力，对国际市场上组合炉的行情及美国这家公司的历史和现状、经营情况等了解得一清二楚。谈判开始，美商一开口要价 150 万美元，中方工程师列举各国成交价格，使美商目瞪口呆，终于以 80 万美元达成协议。当谈判购买冶炼自动设备时，美商报价 230 万美元，经过讨价还价，压到了 130 万美元，中方仍然不同意，坚持出价 100 万美元。美商表示不愿继续谈下去了，把合同往中方面前一扔，说："我们已经做了这么大的让步，贵公司仍不能合作，看来你们没有诚意，这笔生意就算了，明天我们回国了。"中方工程师闻言轻轻一笑，把手一伸，做了一个优雅的请的动作。美商真的走了，冶金公司的其他人有些着急，甚至埋怨工程师不该抠得这么紧，工程师说："放心吧，他们会回来的。同样的设备，去年他们卖给法国只有 95 万美元，国际市场上这种设备的价格 100 万美元是正常的。"果然不出所料，一个星期后，美方又回来要求继续谈判了。工程师向美商点明了他们与法国的成交价格，美商又愣住了，没有想到眼前这位中国商人如此精明，于是不敢再报虚价，只得说："现在物价上涨得厉害，比不了去年。"工程师说："每年物价上涨指数没有超过 6%，一年时间，你们算算，该涨多少？"美商被问得哑口无言，在事实面前，不得不让步，最终以 101 万美元达成了这笔交易。

可见，只有加强信息的收集和处理，在谈判中才能够游刃有余，获得成功。

第一节 商务谈判的内容

商务谈判的内容指谈判双方要谈的交易条件。谈判的标的不同，谈判的内容也不相同。以产品买卖谈判为例，它主要包括商品的品质、价格、支付、数量、运输、保险、检验、索赔、仲裁、不可抗力等内容。

一、标的

标的，即谈判涉及的交易对象或交易内容。在货物买卖合同中，标的即指被交易的具体货物，并应为规范化的商品名称。

二、价格

价格是货物买卖谈判议题的核心，它直接关系交易各方的经济利益，也与其他交易条件有着密切的联系。因此，在确定商品价格时，要考虑的因素很多，如：市场供求规律、汇率变化趋势、交易商品的质量和档次、交易数量、包装要求、运输条件、交货方式和地点、企业的市场战略等。货物买卖谈判中的价格条款主要涉及以下内容：

(1)价格水平。价格水平即单价，它通常是在买卖双方报价的基础上经过讨价还价最终确定的，而且，价格水平的确定必须联系其他各项交易条件统筹考虑。

(2)价格计算的方式。货物买卖中通常采用固定价格，即在合同中明确规定交易价格并在合同期内不做调整；有时也采用非固定价格，即只规定作价原则或暂行价。这些均应进行具体磋商并达成一致意见。

(3)价格术语的运用。价格术语是贸易(主要是国际贸易)中习惯采用的，用以概括价格构成并说明交易各方权利与义务的专门用语。如：离岸价格(FOB)、到岸价格(CIF)、成本加运费价格(CFR)等。使用价格术语，有助于简化交易磋商的内容和规范交易各方责任，应在订立合同时根据交易需要予以运用。

在价格谈判中，可能涉及以下几个问题：

(一)贸易术语的选择

贸易术语主要是国际贸易中习惯采用的，用以概括价格构成，说明交易各方在货物交接方面的权利和义务。

1. FOB、CFR、CIF 三种贸易术语的价格构成

最常采用的贸易术语是 FOB、CFR 和 CIF 三种。这三种贸易术语仅适用于海上或内河运输。在价格构成中，通常包括三方面的内容：生产或采购成本、各种费用和净利润。

FOB、CFR 和 CIF 三种贸易术语的价格构成的计算公式如下：

FOB 价＝生产(采购)成本价＋国内费用＋净利润

CFR 价＝生产(采购)成本价＋国内费用＋国外运费＋净利润

即 FOB 价＋国外运费。

CIF 价＝生产(采购)成本价＋国内费用＋国外运费＋国外保险费＋净利润

即 FOB 价＋国外运费＋国外保险费。

2. FCA、CPT 和 CIP 三种贸易术语的价格构成

FCA、CPT 和 CIP 三种贸易术语，是国际商会为适应国际贸易的新发展而制定的贸易术语。它们的适用范围比较广，其价格构成也有三部分：生产或采购成本、各种费用和净利润由于采用的运输方式不同，交货地点和交货方式不同，有关费用也有所不同。

FCA、CPT 和 CIP 三种贸易术语的价格构成的计算公式如下：

FCA 价＝生产(采购)成本价＋国内费用＋净利润

CPT 价＝生产(采购)成本价＋国内费用＋国外运费＋净利润

即 FCA 价＋国外运费。

CIP 价＝生产(采购)成本价＋国内运费＋国外运费＋国外保险费＋净利润

即 FCA 价＋国外运费＋国外保险费。

(二)作价方法

常见的作价方法，主要有固定价格、非固定价格和部分固定、部分不固定价格等。

1. 固定价格

这种做法在贸易中采用普遍，具体做法是：交易双方通过协商就计量单位、计价货币、单位价格金额和使用的贸易术语达成一致，在合同中以单价条款的形式规定下来，例如：在国际贸易中，USD60.50 per Dozen CIF London(每箱 60.50 美元 CIF 伦敦)，其中 USD(美元)为计价货币，60.50 为单位价格金额，“per Dozen”为计量单位，“CIF London”为贸易术语。

采用这种方法时，合同价格一经确定，就要严格执行，除非合同中另有约定，或经双方当事人一致同意，任何一方不得擅自更改。固定价格的做法具有明确具体、便于核算的优点。但是，在这种方式下，当事人要承担从签约到交货付款乃至转卖时价格波动的风险。

2. 非固定价格

习惯上又称“活价”。具体做法是：交易双方在合同中只规定作价方式、方法，具体作价留待以后确定。

3. 部分固定、部分不固定价格

在一些长期分批交货的交易中，双方可以协商规定，对于近期内交货的部分采用固定价格，其余采用不固定作价方法。

(三)计价货币的选择

在国内贸易中，除法律另有规定外，必须用人民币作为计价货币。在国际贸易中，一般采用可以自由兑换的货币或美元作为计价货币。由于汇率的变动会直接影响交易双方的利益，因此，要争取有利于己方的计价货币作为成交货币。当不得不采用于己方不利的计价货币时，应将汇率变动的因素考虑到货物的价格中去。另外，佣金和折扣也是价格谈判中经常磋商的

条款。

三、品质

商品的品质又称质量，它包括内在质量和外在形态。它们是由商品的自然属性决定的，具体表现为商品的化学成分、物理性能和造型、结构、色泽、味觉等特征。商品的质量是决定其使用价值和市场价格的重要因素，是量度货物使用价值和价值的依据，也是货物买卖谈判中的主要交易条件。许多国家的有关法律规定，如果卖方所交货物的品质不符合合同的规定，即可视为违约，买方有权要求赔偿。因此，在谈判中必须对货物品质做出准确、全面的规定。根据货物特点和交易惯例，品质表示方法通常以样品、规格等级、品牌商标、产地名称、说明书和图样等为标准，并在表述品质标准时注意避免使用引起误解的概念。在当今市场竞争激烈的情况下，努力改进商品的质量，加速更新换代，提高适销性，已成为通过非价格竞争占领市场的有效手段。

商务谈判中对商品品质的磋商很少，或不可能对商品进行内在质量的实际测定和检验，而只是通过认定表示商品品质的方法来确定商品品质。通常用来表示商品品质的方法，可以概括为以实物表示和以文字说明表示两大类。

（一）实物表示

1. 看货买卖

看货买卖即根据现有商品的实际品质买卖。卖方在交货现场备有现货，则买方或其代理人检验货物，并按质论价。由于商品的品质是经买方“看货”后确认的。因此，只要卖方交付的是检验的商品，买方就无权对交货品质提出异议。

2. 凭样品买卖

样品是用以代表整批货物品质的少量实物。凡由双方约定以样品来说明商品的品质并作为交货品质依据的做法即为“凭样”买卖。在“凭样”买卖中，样品可由买卖的任一方提出，只要双方确认，卖方就要承担义务保证日后所交的整批货物的品质都要与样品完全一致，如交货品质与样品不符，买方即有权提出索赔或拒收。如果卖方对所交货物的品质无绝对把握，为防止日后的争执，可以在合同中订明“品质与样品大致相同”。

在实践中，对外寄送样品时，一般应一式三份，一份卖方留存，即“复样”，一份寄给买方，一份送商检机构或公证机构留存，以备将来交货或处理品质纠纷时核对。

（二）文字说明表示

1. 凭规格、等级或标准买卖

规格是一些用以反映商品品质的主要指标，如成分、纯度、大小、长短、粗细等。各种商品由于品质特点不同，其规格也各异。

等级是指同类商品按其规格上的差异，分成品质优劣不同的级别。凭等级买卖时，在列明等级的同时，最好一并规定每一等级的具体规格，以使买卖双方明确其具体的内容，便于履行合同,减少争议。

标准是指在一定范围内统一化、规范化了的规格,等级及检验方法。商品贸易中常用的有“国际标准”“国家标准”“行业标准”“企业标准”以及供需双方洽商的“协议标准”等。标准常随生产技术的发展而有所修改和变动,因此在援引标准时,应注明援引标准的年份,以免发生争议。

不同的规格、等级或标准,反映了不同的商品质量,并且决定了商品的生产成本,影响着商品成交的价格。所以,谈判双方用规格,等级或标准表示商品,并以此作为磋商的条件是比较准确的,为大多数贸易谈判所接受采用。

2. 凭商标牌号或产地名称买卖

商标和牌号是工商企业为自己生产或销售的商品所设计的专用标记和名称。在商场上行销已久,品质稳定并为消费者所熟悉的产品,其商标牌号已代表了一定的品质,因而,对于那些在用户中有很高知名度和赞誉度的产品和品牌,可凭商标和牌号进行交易。

还有一些商品受产地自然条件和传统工艺的影响,具有自己独特的风格、特色,受到消费者的欢迎。这些产品也可以以其产地名称来表示品质,如砀山梨、金华火腿等。

3. 凭说明书和图样买卖

这主要是在机电设备、仪器仪表产品的交易中,由于产品结构复杂,对材料、设计要求严格,用于说明其性能的数据较多,无法用几项简单的指标表示其品质的全貌,因此,除了说明商品的名称、商标牌号、生产厂家外,还要用说明书来具体介绍产品的构造、材料、形状、性能及其使用方法等;并且品质和技术数据以卖方提供的说明书为准。

买卖双方在磋商和订立品质条款时,除了要规定具体的表示品质的方法外,还应注意以下几点:

(1)条件应明确、具体。为了便于检验和明确责任,规定品质条件时,应力求明确、具体,不宜采用诸如“大约”“左右”“合理误差”之类的笼统含糊字眼,以免在交货品质问题上引起争议。

(2)要从产销实际出发,实事求是,防止品质条件偏高或偏低。

(3)对某些商品可规定一定的品质机动幅度,以避免因交货品质与买卖合同不符而造成违约,保证合同顺利履行。其中品质机动幅度可采用同行所公认的品质公差,也可通过协议规定一定的范围或一定的极限。

正确运用各种表示品质的方法。要视商品特性来选定表示品质的方法。此外,凡能用一种方法表示品质的,一般就不宜以两种或两种以上的方法来表示,以免给履行合同带来困难。

(4)条款的磋商应与商品价格条款紧密相连,互为钳制条件。

四、数量

商品交易数量也是货物买卖的主要交易条件,它既影响合同的总金额,又与单价直接相关。商品交易数量的多少,不仅关系到企业市场目标的实现,也关系到消费者的消费需求的满足程度。这就影响着贸易双方计划的完成,价格策略的制定和经济利益。许多国家法律规定,卖方所交货物的数量如果小于或大于合同规定,买方有权拒收。有关数量问题,谈判中应根据货物性质和交易需要选用适当的计量单位，如重量单位、长度单位、个数单位等。其中，重量最易引起纠纷，故须对毛重、净重及皮重的扣除方法等予以明确。

关于数量的磋商应注意以下几点：

（一）计量单位问题

商品的性质不同，采用的计量单位也不同。通常采用的有重量、个数、长度、面积、体积、容积等。需要注意的是，在国际贸易谈判中，由于各国采用的度量衡制度不同，同一计量单位所代表的数量也各不相同，如同为1吨，每公吨为1 000kg，每长吨（英制）为1 016kg、每短吨（美制）为907kg。因而在进行交易数量磋商时应尽可能在多方面依据世界各地有关度量衡制度方面的资料，在此基础上，熟悉对方习惯采用的有关计量单位，商讨采用通用的计量单位或换算成一致的计量单位。最好明确规定使用哪一种度量衡制度，以免造成争议。

（二）计重方法问题

常用的计重方法主要有按毛重计算和按净重计算。毛重是商品本身重量与包装物重量之和；净重则是商品本身的重量。由于净重不包括包装物的重量（皮重），所以按净重计算就是用毛重减去皮重。净重的直接计量除了用符合标准的度量衡衡量以外，还可按“公量”和“理论重量”计算。按“公量”计算，就是用科学方法抽去商品中的水分，再加上标准含水量求得重量。这种计算方法适用于经济价值较高而含水成分又极不稳定的商品，如生丝、羊毛等。按理论重量计算，就是对固定规格、尺寸的一些商品，如马口铁、钢板等，根据其“件数”即可推出重量。皮重计算又有四种方法：即按实际皮重、按平均皮重、按习惯皮重、按约定皮重计算。

（三）交易数量的溢短装问题

由于商品品种、性质的不同，一些交易商品如钢材、木材、矿石等的实际交货数量很难与合同规定的数量严格一致，会出现一些差距，这就是商品数量上的溢短装。这些商品的溢短装是客观存在的。为了保证合同的顺利履行，交易双方在磋商溢短装问题时必须处理好以下两个方面的问题：第一，溢短装数量的规定力争做到明确具体。常采用明确规定溢短装百分比的方法。第二，溢短装部分的作价一般有按原合同价，或交货时的市场价作价两种形式。交易双方必须就此达成一致意见，以免以后出现争议和纠纷。

（四）交易数量的避讳问题

商品交易的数量应尽量避免谈判对方对某些数字的忌讳。如中国香港忌用“4”，日本忌用“4”“9”，欧美忌用“13”等。

此外，与其他条款的衔接问题，要注意与其他谈判内容相互联系、相互统一。

五、包装

商品包装是指为保护商品的实体质量，方便装卸、储存、运输，采用一定技术、材料、容器盛装商品的行为总称。商品包装分为运输包装和销售包装,它不仅有利于保护货物的使用价值,也有利于实现和增值货物的价值。交易的商品不同,包装的种类、材料、成本、技术、方法也不同。货物买卖中,除少数散装货、裸货外,绝大多数货物需要包装。在货物的包装方面,买卖双方一般主要就包装材料、包装方式、包装标志和包装费用等方面进行磋商。为了合理选择商品包装和避免包装问题的纠纷,贸易双方在谈判时应注意以下几点:一是根据交易商品本身的特征明确其包装的种类、材料、规格、成本、技术和方法;二是根据谈判对方或用户对同类商品的包装种类、材料、规格上的不同要求和特殊要求及不同时期的变化趋势进行磋商并认定。在国际贸易中也有使用中性包装的,既不注明生产国别、地名、厂名,也不注明原有商标和牌号的包装。

在商品贸易中,尤其是国际商品贸易中各国、各地区、各民族和用户都有不同的风俗习惯,对包装的种类、材料、规格有不同的好恶程度。比如,美国、加拿大、日本等国对进口货物严禁用稻草、木丝、报纸做包装垫衬物;英国人视孔雀为祸鸟;日本人忌用荷花;法国人、比利时忌用墨绿色;伊斯兰国家忌用猪和类似的动物作图案;巴西、叙利亚忌用黄色。因此,要扩大商品销路,达成商品成交,在包装谈判中,应尊重对方的要求,明确约定包装的材料、规格等,以免产生不必要的麻烦。另外有些国家对进口货物的标签内容也有明确的规定。

六、商品运输

在商品交易中,交易的一方向另一方收取货款是以交付货物为条件的,而货物的交接又必须通过装运实现。所以,谈判双方如何交接货物,即如何确定运输方法、运输费用以及交货时间、地点,是非常重要的。

(一)运输方法

按运输工具划分,主要有公司、铁路、水路、航空和管道运输。按运营方式可分为自运、托运、联运和邮政运输等。按是否分批可分为零担、分批和整批装运。按是否直达确定可分为直达和转运。上述运输方式直接受自然环境、交通设施等的制约,在速度、方便程度、费用等方面都有着很大的不同。谈判中应根据商品的特点、货物的多少、装卸地点条件及运输距离、自然条件、货物投放市场或使用时间的缓急,商品自身价格高低,运输工具及设备的状况等因素全面衡量,综合分析,选定合理的运输方式。

(二)运输费用

运输费用的计算标准常用的有按货物重量、货物体积、货物件数、商品价格等。谈判中双方应全盘考虑,合理规划,科学选用合理的计算标准,尽可能减少运输费用的开支。另外,对装运中发生的装、卸、整理以及其他附加费用,交易双方在谈判中也应明确规定双方各自承担的费用范围和界限。

(三)装运时间、地点和交货时间、地点

它不仅直接影响买方能否按时收到货物,满足需求或投放市场并回收资金,还会因交付时

空的变动引起价格的波动及经济效益的差异。因而谈判中应综合分析各项条件，明确装运的时间、地点，不得含糊。

七、保险

保险是以投保人缴纳的保险费集中组成的保险基金用来补偿因意外事故或自然灾害所造成的经济损失，或对个人因死亡伤残给予物质保障的一种方法。保险的种类很多，我们这里磋商的主要是货物保险。在商品贸易中，由于货物在运输、装卸中可能会发生各种风险，为了避免损失，需要进行货物保险。货物保险谈判主要解决贸易双方的保险责任问题，即具体明确由谁来办理保险手续，投保什么险种，运输中的风险由谁承担，只有通过谈判来解决。

在货物保险谈判中贸易双方应尽量争取对己有利的条件，如作为买方，货运风险尽量由卖方承担；而作为卖方，货运风险尽量由买方承担等。另外，在谈判中必须注意两点：一是要与对外报价紧密联系；二是必须把握投保的基本原则，那就是既要货物风险能得到充分有效地保障，又要尽量节省保险费用开支。

八、交货

怎样使货物按照合同规定及时、完整地交付给买方，这是卖方的责任和义务，也是货物买卖谈判中的重要内容。在交货问题上，买卖双方主要应就货物运输方式、装运时间、装运地和目的地等进行磋商。其中，装运时间尤其重要，如果卖方未能在合同规定的时间内装运货物，即构成违约，买方有权撤销合同并要求赔偿。对买卖双方来说，交接货时间应争取与自己的生产计划和营销计划相吻合。

九、商品检验

商品检验，是指对交易商品的品种、质量、数量、包装等项目按照合同规定的标准进行检查或鉴定，通过复写，由有关检验部门出具证明，作为买卖双方交付货物，支付货款和处理索赔的依据。商品贸易由于商品储存时间、地点的变化和转移，商品运输、生产、装卸条件的差异有可能造成商品数量、质量上的问题，买方为了保证贸易商品在质量、数量、包装上与合同规定的一致性，就必须对交货商品进行检验。检验合格，是卖方履约的重要标志，也是买方支付货款的前提条件。许多国家的法律与有关国际公约都明确规定或默示了买方收到货物后的检验权利和卖方对所供货物不符合合同规定须承担的违约责任。因此，双方在谈判时，必须协商如何检验商品。商品检验谈判中应主要考虑以下几个问题：

（一）商品检验的内容和方法

商品的检验一般是对商品品种、规格、质量、数量、价格的检验，主要是对数量和质量的检验。数量检验比较简单，一般采取点数、称重的方法。质量检验除了采取视觉、味觉、嗅觉、触觉及一些简单操作方法检验商品的外观形态和内在性能外，主要是用仪器和科学的方法检验商品的内在性能。在进行商品质量检验时，一般是按比例抽样检验，也有对个别贵重、量少的商品全部检验。谈判时应确定交验产品的数量及费用的负担。

(二)商品检验的时间和地点

这两个问题容易发生纠纷,应当在谈判时慎重考虑。检验商品总需要一定的时间,而检验时间的长短直接关系到买卖双方的经济利益,因而应根据商品的性质和车站、码头、港口的情况合理、明确地加以确定:(1)以离岸品质和数量等为准;(2)以到岸品质和数量等为准;(3)以装运港的检验证明为依据,但货物到达目的港后买方有复验权并可依此索赔。在这三种方式中,第一种方式对卖方有利,第二种方式对买方有利,较能体现平等互利的是第三种方式,即先在卖方所在地检验,检验结果不是最终依据,而作为卖方向银行议付货款的依据,待货物到达买方所在地后,买方有复检权。其复检结果是最终的依据。如不符合合同的规定,买方可向卖方提出异议,并以此拒收或索赔。

(三)检验机构

检验机构是具有检验资格能力的执行者,并应与交易双方无利害关系。进行商品检验的机构有三类:国家设立的商检机构,私人、同业公会、协会开设的公证机构,厂商、使用单位设立的检验部门。在我国的商品贸易中,有些商品必须由商检部门强制进行法定检验,如中国商品检验局主要负责进出口货物的检验;一般商品检验中由贸易双方协商同意的检验部门检验。

(四)检验证书

检验证书,是指商检机构检验货物后就检验结果所出具的具有法律效力的文字鉴定证明。检验证书中应出具检验内容中的数量、重量、包装、规格、产地等有关数据。

十、支付

货款的支付,是货物买卖中的一项重要问题。在不同的支付条件下,尽管表面支付的价格总额不变,但对买方的实际支出和卖方的实际收入却可能有很大影响,所以,谈判各方都应努力争取对自身有利的支付条件。为此,须注意以下问题:

(1)支付手段。货物买卖中的支付手段分为现金结算和非现金结算两种。其中,大多数采用非现金结算,并应就采用的票据如汇票、本票、支票等做出明确规定。

(2)支付时间。支付时间的早晚影响到交易双方的实际收益和风险分担,须根据自身资金周转状况商定具体的支付时间,以免日后出现纠纷。对分期付款,须明确首付时间及金额和之后的分期次数及各期的时间与金额;对延期付款,应说明具体的付款时间和进度。

(3)支付货币。在国际货物买卖中,还涉及以何种货币计价和支付的问题。一般情况下,应选择兑换比较方便、币值也较稳定的货币作为计价和支付货币。由于普遍实行浮动汇率制度,在出口谈判中选用汇率呈上浮趋势的"硬货币",进口谈判中选用汇率呈下浮趋势的"软货币",则为有利。

(4)支付方式。货物买卖中涉及的支付方式主要有汇付、托收和信用证三种,每种方式又有多种具体形式。不同的支付方式为买卖双方带来的收益和风险也不同，谈判中应结合双方实力对比、对方资信状况和贸易惯例选择合适的支付方式。

十一、索赔、仲裁和不可抗力

商品贸易双方订立的合同应力求准确，但由于智力、时间等各种因素的影响，合同中条款时有含糊不清、缺漏不全等情况出现，甚至出现违约。为了防止争议、纠纷并妥善解决处理争议，除了认真磋商有关条款外，还应就索赔、仲裁和不可抗力等有关内容达成一致。

(一)索赔

索赔是一方认为对方未能全部或部分履行合同的义务时，向对方提出索取赔偿的要求。引起索赔的原因除了买卖一方违约外，还有由于合同条款规定不明确，一方对合同的某些条款理解与另一方不一致而认为对方违约。首先，索赔谈判应磋商是否违约，哪些条款违约。即磋商索赔双方所提供的事实与品质、检验等条款是否相吻合，出证机构是否符合合同规定。其次，磋商索赔期限，索赔期限是指索赔一方提出索赔的有效期限。其期限的长短，应根据交易商品的特点合理商定。最后，磋商索赔金额，包括违约金和赔偿金。只要确认是违约，违约方就得向对方支持违约金，以予惩罚。赔偿金常有补偿性质，如违约金还不够弥补对方的全部损失，则应赔偿补足。

(二)仲裁

仲裁，是指双方当事人在谈判中约定，在本合同履行过程中发生争议，经协商或调解不成时，自愿把争议交给双方约定的第三者(仲裁机构)进行裁决的行为。仲裁条款包括仲裁地点、仲裁机构、仲裁程序规则和裁决的效力等内容。仲裁地点，可在卖方所在地、买方所在地或双方约定的第三地。仲裁机构，国内贸易的仲裁机构是我国市级以上的工商行政管理局设立的经济合同仲裁委员会。国际贸易的仲裁机构有中国国际贸易促进委员会以及国际知名的仲裁机构。此外，还有特定的行业仲裁机构。仲裁谈判中一般应争取在本国或友好国家仲裁，但最后需经双方选定。仲裁程序规则，是指当事人和仲裁员在进行仲裁时遵循的行动准则。主要有提出仲裁申请，委托(定)仲裁员，进行答辩和仲裁审理，做出仲裁裁决，裁决效力和仲裁费用的支付等。明确仲裁决定是裁决的终局，否则，双方均可在收到仲裁决定书之日×日内到法院起诉，原仲裁决定即丧失法律效力。仲裁费用一般由败诉方承担。

(三)不可抗力

不可抗力，又称人力不可抗力，通常是指合同签订后，不是由于当事人的疏忽过失，而是由当事人所不可预见，也无法事先采取预防措施的事故，如地震、火灾、旱灾等自然原因和战争、政府封锁、禁运、罢工等社会原因造成不能履行或不能如其履行合同的部分或全部。在这种情况下，遭受事故的一方可以据此免除履行合同的责任或推迟履行合同，另一方无权要求其履行合同或向其索赔。在合同谈判中应制定不可抗力的条款，以防意外事故。为避免有不同解释，条款中应明确:不可抗力事故的范围;事故出现后果和发生事故后的补救方法、手续、出具证明的机构以及通知等。对外贸易出口商品时,条款内容应写明“因不可抗拒的事故造成延期或无法交货,卖方不负任何责任。”进口商品时,可写明:“因不可抗拒的事故造成延期或无法接受未装运部分的货物者,买方有权撤销装运或暂时中止合同而不负任何责任。”总的来说,在我国进出口合同中,关于不可抗力条款的规定方法主要有三种:概括式规定、列举式规定、综合式规定。

第二节　商务谈判的准备

一、谈判前的信息收集

谈判前的第一项准备工作是做好重点信息的收集,只有对交易的环境、对方的信息和自身的情况了如指掌,才能在与对手的情报战中赢得先机,才能在谈判中为己方添加筹码、达到谈判的双赢。谈判前信息收集的主要内容一般包括以下四个方面:

(一)了解谈判环境

谈判是在一定的法律制度和某一特定的政治、经济、文化环境中进行的。它们会直接、间接地影响谈判。

英国谈判专家 P. D. V. 马什在其所著的《合同谈判手册》中将对谈判有关的环境因素概括为以下几类:

(1)政治状况,即国家对企业的管理程度,涉及企业自主权的大小;经济的运行机制;对方当局政府的稳定性;政府与买卖双方之间的政治关系。

(2)宗教信仰,即该国占主导地位的宗教信仰是什么?在某些国家宗教影响很大,法律制度是根据宗教教义来制定的,人们行为是否被认可,要看是否符合这个宗教精神。所以在谈判中,要了解该国占主导地位的宗教信仰。

(3)法律制度,法律制度是什么?法律的执行程度,法院受理案件的时间长短等。要了解双方国家与本次谈判内容有关的法律规定。税收、进口配额、最低限价、许可证管理等方面的法律规定,都会对合同产生法律约束力。

(4)商业做法,即企业决策的程序如何?是否做任何事情都见诸文字?律师的作用如何?是否有工业间谍活动?谈判的常用语言是什么?如使用当地的语言,是否有可靠的翻译?合同文件是否可以用两种语言来表示?两种语言是否具有同等的法律效力等。

(5)社会习俗,即衣着、称呼方面,合乎规范的标准是什么?是否只能在工作时间谈业务?社交场合中是否应该带伴侣?是否所有的款待、娱乐活动都在饭店、俱乐部等地进行?送礼的方式、礼品的内容有什么习俗?有什么着装习惯?妇女是否参与经营业务,是否与男子具有同等的谈判权利?

(6)基础设施与后勤情况,如该国的劳动力数量、质量、邮电通信、交通运输状况。

(二)了解谈判对手

了解谈判对手是谈判准备工作中最为关键的一环,如果和一个事先毫无任何了解的对手谈判,会造成极大的困难,甚至会冒很大的风险。谈判对手的情况是复杂多样的,主要了解对方的资信情况、对方的资本、信用及履约能力、参加谈判人员的权限和谈判目的等情况。

1. 了解谈判对手的资信。了解谈判对手的资信情况:一是要了解对方是否具有签订合同的合法资格;二是要了解对方的资本、信用和履约能力。这包括:

(1)对对方合法资格的调查。首先,在对对方的合法资格进行调查时,己方可以要求对方提供有关的证明文件。如法人成立地注册登记证明、法人所属资格证明、营业执照,详细掌握对方企业名称、法定地址、成立时间、注册资本、经营范围等。还要弄清对方法人的组织性质,是有限公司还是无限责任公司,是母公司还是子公司或分公司。因为公司组织性质不同,其承担的责任是不一样的。对于对方提供的证明文件首先要通过一定的手段和途径进行验证;其次,对对方合法资格的调查还应包括对前来谈判的谈判者的代表资格或签约资格进行审查;在对方当事人找到保证人时,还应对保证人进行调查,了解其是否具有担保资格和能力;在对方委托第三者谈判或签约时,应对代理人的情况加以了解,了解其是否有足够权力和资格代表委托人参加谈判。

(2)对谈判对手资本、信用及履约能力的调查。首先,对谈判对手资本调查主要是调查对方的注册资本、资产负债表、收支状况、销售状况、资金状况等有关事件。其次,对谈判对手商业信誉及履约能力的调查,主要调查该公司的经营历史、经营作风、产品的市场声誉与金融机构的财务状况以及在以往的商务活动中是否具有良好的商业信誉等。对对方的资本、信用和履约能力的调查,资料来源可以是公共会计组织对该企业的年度审计报告,也可以是银行、资信征询机构出具的证明文件或其他渠道提供的资料。

2.(1)了解对方谈判人员的权限。谈判的一个重要法则是不与没有决策权的人谈判。一般来说,对方参加谈判人员的规格高,权限也就大;对方参加谈判的人员规格较低,权限也就小。我们要了解对方参与谈判的人员在多大程度上能独立做出决定。

(2)了解对方的谈判时限。谈判时限与谈判内容、谈判策略、谈判目标都有重要关系。时间越短,对谈判者而言,用以完成谈判任务的选择机会就越少,就比较被动;时间越长,就比较主动。了解对方谈判时限,就可以了解对方在谈判中会采取何种态度、何种策略,己方就可制定相应的策略。因此,要注意收集对手的谈判时限信息,做到心中有数。

3.(1)了解对方谈判人员谈判作风。谈判作风因人而异,千差万别。可以通过对谈判对手的年龄、职务、性格特征、谈判双方的实力对比等方面进行分析,通过在谈判中的观察或侧面了解等途径,对对手的谈判作风进行分析。通过了解谈判对手的谈判作风,可预测谈判的发展趋势和对方可能采取的策略。

(2)了解谈判对手对己方的信任程度。这主要是了解对方对己方的经营能力、财务状况、付款能力、谈判能力、商业信誉等方面的评价和信任程度等。

(3)了解对方谈判人员其他情况。要从多方面收集对方信息,以便全面掌握谈判对手。比如，谈判对手的谈判目标，所追求的核心利益；谈判对手人员的构成情况，即谈判成员内部的相互关系；谈判成员特别是主谈人的个人情况，包括谈判成员的资历、能力、信念、性格、心理类型、爱好与禁忌等。通过对这些情况的了解，可以更好地设计谈判方案，争取主动。

（三）对谈判者自身的了解

古人云："欲胜人者，必先自胜；欲论人者，必先自论；欲知人者，必先自知。"没有对自身的客观评估，就不会客观地认定对方的实力。谈判者一定要有自知之明。但是自我评估很容易出现两种偏向：一是过高估计自身的实力，看不到自身的弱点；二是过低评估自身实力，看不到自身的优势。因此，谈判者要对交易中己方的各项条件进行客观的分析。例如：本次交易对己方的重要性，己方在竞争中所处的地位，己方对有关商业行情的了解程度，己方谈判人员的经验等。通过对己方的各方面条件进行客观的分析，帮助我们弄清己方在谈判中的优势和劣势，以便有针对性地制定谈判策略。

（四）了解竞争情况

了解竞争对手的数目、生产规模、产品性能、产品策略、竞争产品的市场占有率等；竞争对手所使用的销售组织形式、分销渠道等；竞争对手的定价方法和策略；竞争对手所提供的售后服务、促销策略等；通过调查，使谈判者能够掌握竞争对手的基本情况，寻找他们的弱点，预测己方产品的竞争能力，在谈判中灵活掌握价格水平。

二、谈判组织的准备

（一）谈判组织的构成原则

1. 知识互补

知识互补包含两层意思：一是谈判人员具备自己专长的知识，都是处理不同问题的专家，在知识方面相互补充，形成整体的优势。例如，谈判班子里配备商务方面的人员，技术方面的人员，法律方面的人员，运筹策划方面的人员，金融方面的人员和翻译人员，就会组成一支知识全面而又各自精通一门专业的谈判队伍；二是谈判人员理论知识与工作经验互补。谈判队伍中既有掌握扎实理论知识的专家，又有丰富实践经验的谈判老手。专家可以发挥理论知识和专业技术特长，有实践经验的人可以发挥见多识广、成熟老练的优势。

2. 性格协调

谈判班子还应考虑一个合理的性格结构，即讲究性格协调。通过"性格的补偿作用"，达到人才的相互补充。例如性格外向与内向就是一个补充。性格外向的人，善于表达、反应敏捷、处事果断，但是性情可能比较急躁，粗心大意；性格内向的人，办事认真细致，说话比较谨慎，原则性较强，看问题比较深刻，善于观察和思考，但是他们不善于表达，反应相对比较迟钝，处理问题不够果断，灵活性较差。如果这两类性格的人组合在一起，分别担任不同的角色，比如，性格内向型的人安排内务工作，如资料、信息的整理和辅助谈判工作，外向型的人安排作为主谈人，以及了解情况或收集信息等交际性工作等，就可以发挥出各自的性格特长，达到优势互补。

3. 分工明确

谈判班子每一个人都要有明确的分工，扮演不同的角色。每个人都有自己特殊的任务，不能工作越位，角色混淆。遇到争论不能七嘴八舌、争先恐后地发言，要有主角和配角的分工。当然，分工明确的同时要注意有效协调、通力合作。

(二)商务谈判组织的构成

1. 商务谈判人员的配备

一个谈判小组必须配备一名主谈人，再根据需要情况配备助手和翻译。一般而言，对于较小型的商务谈判，谈判人员多由 2～3 人组成，有时甚至只由一个全权负责，这种小型的谈判对人的素质要求较高。

对于内容比较复杂的大型商务谈判，由于涉及的内容广泛，专业性强，资料繁多，组织协调工作量大，所以配备的谈判人员要比小型谈判多一些，有时甚至可达十几至几十人。还可以根据实际工作需要，把商务谈判组分成几个小组，如商务小组、技术小组、法律小组等，负责不同方面的谈判；也可以组织台上和幕后两套班子。

一般来说，在谈判中，各人的职责分工是：

(1)谈判队伍领导人。负责整个谈判工作，领导谈判队伍，有领导权和决策权。有时谈判领导人也是主谈人。

(2)商务人员。由熟悉商业贸易、市场行情、价格形势的贸易专家担任。负责合同条文以及合同价格运输、保险等条件的谈判，并拟出合同文本，负责对外联络工作，协助做好谈判组成员之间的组织协调工作。

(3)技术人员。由熟悉生产技术、产品标准和科技发展动态的工程师担任，在谈判中负责对有关生产技术、产品性能、质量标准、产品验收、技术服务等问题的谈判，也可为商务谈判中价格决策作技术顾问。

(4)财务人员。由熟悉财务会计业务和金融知识，具有较强的财务核算能力的财会人员担任。要对谈判中的支付条件负责，在支付方式、结算货币的选择方面向商务人员提供建议。

(5)法律人员。精通经济贸易各种法律条款，以及法律执行事宜的专职律师、法律顾问或本企业熟悉法律的人员担任。职责是对合同条款的合法性、完整性、公正性负责，依照要求，负责合同法律条文的谈判和文稿的草拟。

(6)翻译。由精通外语、熟悉业务的专职或兼职翻译担任，主要负责口头与文字翻译工作，沟通双方意图，配合谈判运用语言策略。

除以上几类人员之外，还可以配备其他一些辅助人员，但是人员数量要适当，要与谈判规模、谈判内容相适应，尽量避免不必要的人员设置。

2. 商务谈判人员的分工与配合

谈判人员的分工是指每一个谈判者都有明确的分工，都有自己适当的角色，各司其职。谈判人员的配合是指谈判人员之间思路、语言、策略的互相协调，步调一致，要确定各类人员之间的主从关系、呼应关系和配合关系。

三、谈判计划的制订

(一)谈判目标的确定

谈判目标是谈判本身内容的具体要求，是己方进行谈判的动机，是期望通过谈判而达到的目的。谈判目标一般可以分为三个层次：

(1)最理想目标，也叫期望目标。它是己方在谈判中追求的最高的目标，谈判者不必刻意追求。

(2)可接受目标。它是谈判中可以努力争取或者可以做出让步的范围，双方的讨价还价多在这一范围内展开。只有在万不得已时方可考虑放弃。

(3)最低目标，也叫临界目标。它是己方在商务谈判中的最低目标，没有讨价还价的余地，宁可谈判破裂，也不能放弃这一目标。

谈判目标的确定是一个非常关键的工作。首先，不能盲目乐观地将全部精力放在争取最高期望目标上，而很少考虑谈判过程中会出现的种种困难，造成束手无策的被动局面。谈判目标要有弹性，定出上、中、下限目标，根据谈判实际情况随机应变、调整目标；其次，所谓理想目标不仅有一个，可能同时有几个目标，在这种情况下就要将各个目标进行排队，抓住最重要的目标努力实现，而其他次要目标可让步，降低要求；最后，己方最低限度目标要严格保密，除参加谈判的己方人员之外，绝对不可透露给谈判对手，这是商业机密。如果一旦疏忽大意透露出己方最低限度目标，就会使对方主动出击，使己方陷于被动。

(二)谈判策略的部署

谈判目标明确了以后，就要拟定实现这些目标所采取的基本途径和策略。谈判策略包括多种策略，如开局策略、报价策略、磋商策略、成交策略、让步策略、打破僵局策略、进攻策略、防守策略、语言策略等，要根据谈判过程可能出现的情况，事先有所准备，心中有数，在谈判中灵活运用。

(三)谈判的时间安排

谈判总是在一定的时间内进行的。谈判时间适当与否，对谈判是否获得成功影响颇大，因此，谈判者进行谈判决策时，不能对谈判时间的选择掉以轻心。谈判时间的内涵有两重性：一指谈判可以开始的时间；二是指谈判应当结束的期限，即谈判截止时间。

谈判时间安排要遵循的两个原则：一是互利原则，除非特定情况，不能指望牺牲一方利益达成谈判目标，这一原则要求谈判力求安排在互利时间展开，这是一种积极的、进取的、建设性的谈判姿态，有利于双方取得共识，达成协议；二是己方有利原则，在互利时间难以实现即双方时间难以兼顾的情况下，应力争在己方时间谈判，尽可能避免在对方时间谈判。为此，可实施诱导策略以充分利用己方时间，如在一系列非正式场合或与对方预接触之中，明知对方谈判条件不成熟而承诺利益让步和优惠措施，然后采取速战速决的策略，以较小代价取得最大的谈判成果。

(四)谈判议题的确定

谈判议题就是谈判双方提出和讨论的各种问题。确定谈判议题首先要明确己方要提出哪些问题，要讨论哪些问题。要把所有问题全盘进行比较和分析：哪些问题是主要议题，列入重点讨论范围；哪些问题是非重点问题；哪些问题可以忽略。这些议题之间是什么关系，在逻辑上有什么联系；还要预测对方要提出哪些问题，哪些问题是需要己方必须认真对待、全力以赴去解决的；哪些问题是可以根据情况做出让步；哪些问题是可以不予以讨论的。一般应该重点解决以下两个问题：一是议题顺序。即安排谈判议题的先后顺序的方法是多种多样的，应根据具体情况来选择采用哪一种程序：可以首先安排讨论一般原则问题，达成协议后，再具体讨论细节问题；也可以不分重大原则问题和次要问题，先把双方可能达成协议的问题或条件提出来讨论，然后再讨论会有分歧的问题。二是议题时间。即每个议题安排多少时间来讨论才合适，应视议题的重要性、复杂程度和双方分歧的大小来确定。一般来说，对重要的议题、较复杂的议题、双方意见分歧较大的议题占用的时间应该多一些，以便让双方能有充分的时间对这些议题展开讨论。此外，还有谈判场所的安排，将在第八章商务谈判礼仪中重点阐述。

案例分析

美国人科肯受雇于一家国际性公司，担任很重要的管理职位，不久后他向上司请求见识一下大场面，尝试出国谈判业务，使自己成为一名真正的谈判者。机会终于来了，上司派他去日本，高兴得不得了，决心要使日本人全军覆没，然后再拿下其他国际团体。在出发之前，他做了大量的准备工作，包括看了一大堆关于日本人的精神、心理、文化传统方面的书籍。

一下飞机，两位日本朋友迎了上来，护送他上了一辆大型轿车。他舒服地靠在轿车后座的丝绒椅背上，日本人则僵硬地坐在前座的两张折叠椅上。

“为什么你们不和我坐在一起？后面很宽敞。”

“不，你是一位重要人物。你显然需要休息。”

“对了，你会说日语吗？在日本我们都说日语。”

“我不会，但我希望能学几句。我带了一本日语字典。”

“你是不是定好了回国的时间？我们到时可以安排轿车送你回机场。”

“决定了，你们想得真周到。”

说着他把回程机票交给日本人，好让他们知道何时去接他。当时他并没有在意，可是日本人就已经知道了他的谈判期限了。

日本人没有立即安排谈判，而是让这位美国朋友花了一星期游览了整个国家，把从日本天皇的皇宫到东京的神社都看遍了。介绍日本的文化，甚至让他了解日本的宗教。每天晚上花四个半小时，让他跪在硬板上，接受日本传统的晚餐款待。当他问及何时开始谈判时，日本人总是说，时间还很多，第一次来日本，先好好了解一下日本。

到了第十二天，他们开始了谈判，并且提早完成去打高尔夫球。第十三天，又为了欢迎晚会而提前结束。第十四天早上，正式重新开始谈判，就在谈判的紧要关头，时间已不多了，要送他到机场的轿车已到了。他们全部上车继续商谈。就在轿车抵达终点的一刹那，他们完成了这笔交易。结果这次谈判科肯被迫向日本人做出了较大的让步，而自己则惨败而归。

思考：(1)谈判前的准备工作具体包括哪些？(2)美国人科肯这次谈判失败的原因是什么？(3)假设你在谈判中遇到了同科肯同样的状况，你将如何反败为胜？

本章小结

商务谈判的内容是指谈判双方要谈的交易条件。谈判的标的不同，谈判的内容也不相同。以产品买卖谈判为例，它主要包括商品的品质、价格、支付、数量、运输、保险、检验、索赔、仲裁、不可抗力等内容。

古训说，"工欲善其事，必先利其器"，"知己知彼，百战不殆"。进行一场商务谈判，前期准备工作非常关键。谈判准备工作做得充分可靠，谈判者就会增强自信，从容应对谈判过程中的变化，处理好各种问题，在谈判中处于主动地位，为取得谈判成功奠定基础。事实证明，大部分重要的谈判工作是在准备阶段完成的。商务谈判准备工作一般包括谈判信息收集、谈判组织的准备、谈判环境分析、谈判对手分析、谈判计划制订等任务。

思考与练习题

1. 简述一般商品买卖谈判的主要内容。
2. 在谈判品质条件时，主要应注意哪些问题？
3. 在谈判数量条件时，主要应注意哪些问题？
4. 在谈判包装条件时，主要应注意哪些问题？
5. 在谈判价格条件时，主要应注意哪些问题？
6. 试分析谈判环境因素。
7. 简要说明谈判组织的构成原则。
8. 如何制订谈判计划？

第四章

商务谈判过程

学习目的与要求

掌握开局阶段、报价阶段、磋商阶段、结束阶段的内容、规律，并能够灵活运用相应的方法和技巧。

引例

曾经，美国对日本贸易逆差居高不下，达660亿美元，而这中间60%的逆差产生于进口的日本汽车。日本汽车大量进入美国市场，1年约400万辆。于是美日双方准备在美国就汽车贸易进行谈判。美国谈判方认为，日本汽车市场不开放，而日方却认为本国政府未采取任何限制措施。为了使谈判顺利，日本在谈判正式开始前就致力于改善谈判气氛。日本汽车制造业协会出钱在《华尔街日报》上做广告，广告标题是：《我们能多么开放呢?》接着文字说明："请看以下事实：一、对进口汽车、零件无关税；二、对美国汽车实行简便的进口手续；三、美国汽车免费上展台；四、销售商根据市场需求决定卖什么车。"之后，又总结出美国车在日本销售不好的原因：日本汽油昂贵，所以日本人只能买省油的小汽车，而美国出口的是大型车。广告最后得出结论："自由贸易才是成功之路。"日本汽车制造业协会做过市场调查，看过报纸的人都认为日本人讲得有道理，从而形成了谈判的良好气氛。

第一节　商务谈判的开局阶段

经过深入细致的准备，谈判者确立了谈判目标，拟定了谈判计划，接下来便是谈判双方进入面对面谈判的开始阶段，即谈判开局阶段。

谈判的开局又称非实质性谈判阶段，是指从谈判人员见面到进入具体交易内容的讨论之前，彼此介绍、寒暄，以及谈判一些非实质性的问题。从时间上看，它只占整个谈判过程中极小的一部分，在大型的谈判中，其控制在谈判总时间的5%以内；从内容上看，与谈判的主题关系不大，但它却非常重要。

一、创造良好的谈判气氛

在开局阶段，谈判人员的首要任务就是要为即将开始的谈判创造出一个合适的气氛。谈判实践表明，在谈判初期所营造的气氛，会对谈判的全过程产生持续的影响。作为第一印象，它为整场谈判确定了基调。

(一)谈判气氛的类型及特点

谈判气氛就是谈判双方人员进入谈判场所的方式、目光、姿态、动作、谈话等一系列有声和无声的信号，在双方谈判人员大脑中迅速得到的反映。大体有以下几种类型：

1. 热烈、友好的谈判气氛

在这种气氛下，谈判双方态度诚恳、真挚，见面时，态度积极，口气轻松，情感愉快，双方都对谈判的成功充满热情、充满信心。

2. 严肃、严谨的谈判气氛

通常双方已不是谈判新手，也非初次见面，双方自信而克己，平静如水而不声张，进入谈判场所速度适中。双方态度都极其认真严肃。每一方讲话、表态都思考再三，绝不盲从，会谈有秩序、有效率。

3. 冷淡、对立的谈判气氛

在冷淡、对立的谈判气氛下，双方见面不关心、不热情，谈判人员在谈判中表现出漫不经心、东张西望、私下交谈、打瞌睡、吃东西等。这种谈判进展缓慢，效率低下，会谈也常常因故中断。

4. 松弛、缓慢的谈判气氛

在这种气氛中，谈判人员精神不振，或入座时左顾右盼，显出一种可谈可不谈的无所谓的态度；谈判双方的关系不融洽，互相表现出的不是信任、合作，而是较多的猜疑与对立。

总的来说，热烈、友好的谈判气氛有着诚挚、合作、认真的特点，适合发展商务关系，谈判气氛良好。

(二)创造良好的谈判气氛应注意的问题

要想创造良好的谈判气氛，要把谈判的时间，环境等客观因素与谈判者自身的主观努力相结合，应该注意以下几方面的问题：

1. 谈判者积极、主动引导

创造良好谈判气氛的关键因素是谈判者的主观态度，谈判者要积极主动地与对方进行思想上的沟通，而不能消极地取决于对方的态度。例如，当对方严肃、冷淡时，应该率先露出笑容，主动地握手，主动地关切，主动地交谈，这都会有利于创造良好的谈判气氛。

2. 心平气和，以诚相待

谈判之前，双方无论是否有成见，身份、地位、观点、要求有何不同，一旦坐到谈判桌前，就意味着双方共同选择了以磋商与合作的方式解决问题。因此，谈判之初就应心平气和，以诚相待，这才能使谈判在良好的气氛中开场，这就要求谈判者抛弃偏见，全心全意地致力于谈判，绝不能在谈判之初就抱有对抗的心理，只有这样，才能有利于谈判工作顺利展开。

3. 从中性话题入题

谈判刚开始，良好的气氛尚未形成，最好先谈一些友好的或中性的话题。如询问对方的情况，以示关心；回顾以往可能有过交往的历史，可以简单地聊一聊双方过去的业务往来及人员交往，以密切关系；谈谈共同感兴趣的新闻，也可说一说双方人员在日常生活中的兴趣和爱好；幽默而得体地开开玩笑；等等。这都有助于缓解谈判开始的紧张气氛，达到联络感情的目的。在此基础上，再选择适当的时间，自然地将话题引入实质性谈判。

中性话题内容丰富，可以根据谈判的时间和地点，以及双方谈判人员的具体情况，信手拈来，脱口而出，显得亲切自然。不过，中性话题也有积极、消极之分。谈判者应当设法避免谈论令人沮丧的话题。例如："今天早上出门，十字路口出了车祸，司机受了重伤，交通堵塞了一个钟头，差点误了时间。"这无形中令人情绪低落。

4. 不要一开始就提出要求

如果一开始就提出要求，很容易使对方的态度马上变得比较强硬，谈判的气氛随之恶化，双方唇枪舌剑，寸步不让，易使谈判陷于僵局。由此可见，谈判尚未达成必要的气氛之前，不可不讲方式地提出要求。这不仅不利于培养良好的谈判气氛，还会使得谈判基调骤然降温。

5. 以幽默的语言表达

借助形象生动的媒介，风趣诙谐的语言风格与对方交谈，以打破对方的戒备心理，引起对方的好感和共鸣。

二、正确处理开局阶段的"破冰"期

（一）"破冰"期的特点

开局阶段通常被称为"破冰"阶段。谈判双方在这段时间内相互熟悉、了解，对于正式谈判的开始起到了铺垫作用和充分的准备。那么到底"破冰"期应该控制在多长时间才比较合适呢？这要根据谈判性质和谈判期限的长短来区别对待。一般来说，"破冰"期控制在谈判总时间的2%～5%是比较合适的。比如，长达4个小时的谈判，那么用10分钟的时间来"破冰"就可以了。如果谈判要进行好多轮，并要持续数日，则"破冰"的时间相应也要增加，可用整天的时间组织观光或去娱乐场所，以沟通感情、增进彼此之间的了解。

"破冰"期是走向正式谈判的桥梁。如何掌握好"破冰"期的火候，也是谈判者的一种艺术。"破冰"期长了，会降低谈判效率，增大成本投入，甚至会导致谈判者感觉单调乏味，产生适得其反的效果；"破冰"期短了，会使谈判者感到生硬、仓促，谈判起来没有"水到渠成"的感觉，达不到创造良好开端的目的。至于"破冰"期究竟进行到何种状态才算适宜，这不仅要以时间的长度加以考虑，更重要的是靠谈判双方的经验、直觉。

(二)“破冰”期应注意的问题

在“破冰”期中间,一般应注意如下几个问题:

1. 行为、举止和言语不要太生硬

谈判“破冰”期应是感情自然流露。谈判双方的言行、举止,都应当是随和而流畅的,切不可语言生硬、举止失度,如说话粗俗等不良行为。

2. 克服紧张情绪

许多性格内向,或没有经验的谈判者,由于心情紧张,在面对谈判对手时,手足无措,不知说什么好,结果使对方也很不自然。谈判者必须克服紧张情绪,不可唯唯诺诺,缩手缩脚。

3. 说话简洁、精练,不要啰唆

有些谈判者一句话重复很多遍,在这惜时如金的谈判桌前是最让人反感的,特别在谈判的一开始,马上会给人留下不好的印象。谈判者在“破冰”期内的用语必须注意效果,要简洁、精练。

4. 不要急于进入正题

在创造气氛中我们已经谈到,谈判者初见面时不宜急于切入正题,而应首先沟通感情、增进了解,否则便犯了“破冰”期之大忌。俗话说“欲速则不达”,谈判要循序渐进,不可心急。

5. 不要与谈判对方较劲

“破冰”期内的交谈,一般都是非正式的,通常采用慢谈的形式。因此,语言并不严谨。谈判者不可对对方的每一句话都斤斤计较,这会影响感情交流。不能一言不合,立即回敬、反唇相讥甚至拍案而起。这只能弄巧成拙、招致蔑视。

6. 不要举止轻狂

“破冰”期是展示双方气质、修养的第一回合。谈判是一种文明竞争的方法。你一开场的言谈、举止,形成对方对你的第一印象的判断,如果谈判者在谈判的一开局就举止轻狂,甚至锋芒毕露地炫耀自己,就会给对方留下非常差的印象,甚至招致对方的反感。

三、商务谈判开局阶段的方式

(一)谈判开局的基本方式

谈判开局的基本方式一般包括以下几个方面:

1. 协商式开局

协商式开局是指以协商、肯定的语言进行陈述,使对方对己方产生好感,创造对双方谈判的理解充满“一致性”的感觉,从而使谈判双方在友好、愉快的气氛中展开谈判工作。

2. 坦诚式开局

坦诚式开局是指以开诚布公的方式向谈判对手陈述自己的观点或意愿,尽快打开谈判局面。如:“王总,您好! 我们今天来主要是想就您关心的问题谈一下自己的想法,同时征求您的意见。”开宗明义,直截了当。

3. 慎重式开局

慎重式开局是指以严谨、凝重的语言进行陈述，表达出对谈判的高度重视和鲜明的态度，目的在于使双方放弃某些不适当的意图，以达到把握谈判的目的。如：“××先生，您好，对于您昨天提出的土地价款能否再少一点的问题，我们进行了认真的研究，感到在这方面我们还不能答复您，因为这涉及开发区的很多企业，我们是否可以采取另一种方式，先交50%，其余的等企业投资见效后用税款进行补交？您看如何？”

（二）谈判开局阶段的两种倾向

在谈判开局时，要把握竞争与合作的分寸。过分强调竞争的人分秒必争，使谈判开局就陷入尴尬；过分强调合作的人，由于迁就对方而使利益均沾失衡，难以达到谈判目标。因此，谈判开局的竞争与合作问题，就成为首要问题，要防止保守与激进两种倾向。

1. 防止保守

开局阶段的保守，将会导致两种局面：一是一拍即合，轻易落于对方大有伸缩的利益范围，失去己方原来应该得到的利益；二是谈判一方开始迁就对方，使对方以为你的利益要求仍有水分，而把你的低水平的谈判价值保守点作为讨价还价的基础，迫使你做出更多的让步。

2. 防止激进

如果谈判一方单纯考虑自己的利益，而忘记了谈判是双方或多方的合作。由于自己的要求过高而损害别人的利益，则会出现两种不利的局面：一是对方会认为你没有诚意以至破坏了谈判的必要性，因此，谈判者在开局阶段，不仅要力戒保守，而且也要防止因提出过高的要求而破坏谈判的气氛；二是对方为了抵制过高的要求，也会漫天要价，结果只能导致徒劳无功浪费时间。因此，在谈判的开局阶段，谈判者既要有一个高目标，又要防止不切实际地漫天要价。

四、开场陈述

开场陈述是指在开始阶段双方就本次洽谈的内容，陈述各自的观点、立场及其建议。它的任务是让双方能把本次谈判所要涉及的内容全部提示出来；同时，使双方彼此了解对方对本次谈判内容所持有的立场与观点，并在此基础上，就一些原则性分歧发表建设性意见或倡议。

（一）开场陈述的内容

开场陈述的内容是指谈判双方在开始阶段理应表明的观点、立场、计划和建议。主要包括：

（1）己方的立场。即己方希望通过洽谈应取得的利益，及准备采取何种方式为双方共同获得利益做出贡献；今后双方合作中可能会出现的成效或障碍，以及己方洽谈的方针等。

（2）己方对问题的理解。即己方认为本次会谈应涉及的主要问题以及对这些问题的看法、建议或想法等。

（3）对对方各项建议的回答。如果对方开始陈述或者提出某些建议，我们必须对其建议或陈述做出应有的反应。

(二)开场陈述的技巧

在开场陈述时,双方都不想把话说绝,也不会单方面让步。在这一阶段应该注意:

(1)说话要谨慎,不能把不想让对方知道的情况暴露在对方面前。谈判人员应注意言词和态度,不要因出言不逊或态度欠佳而引起对方的反感。这样会在谈判双方间筑起无形的墙,失去对方的配合。

(2)内容要把握要点,集中阐述己方想法;己方认为谈判控制在哪些范围合适;认为哪些问题较重要,应优先考虑;己方有什么希望,基本态度怎样;比较关心哪些问题;愿为谈判做哪些努力等。

(3)己方开场陈述后,应留时间给对方陈述。在对方陈述时,应注意倾听,并对对方的观点和意见进行整理;分析对手的谈判目的和意图,找出双方的共同点与不同点,以确定己方策略。

(4)陈述内容要得到对方的首肯。对方同意陈述内容就意味着在最初谈判阶段双方意见相合。

(5)在对方陈述时,通过己方的提问,探知对方在谈判中所持立场的坚定程度,以便在磋商中有的放矢地讨价还价。因此,要把对方陈述中的要点搞清,即使再三询问也不嫌多余。

(6)陈述既要简明扼要,内容要尽可能广泛,又要注意内在联系,以利于创造合作机会。

第二节　商务谈判的报价阶段

一、报价

报价是指谈判过程中一方或双方提出自己的价格和其他交易条件。报价得当与否对实现我方的谈判目标起着极其重要的作用。

(一)报价的形式

1. 书面报价

书面报价通常是指谈判一方事先提供了较详尽的文字材料、数据和图表等,将己方愿意承担的义务,以书面形式表达清楚,使对方有时间针对报价做充分的准备,使谈判进程更为紧凑。但书面形式在客观上易成为己方承担责任的印记,限制了己方在谈判后期的让步和变化。况且文字形式缺少口头表达的"热情",在翻译成另外一种文字时,精细的内容不易翻译。因此,对实力强大的谈判者,书面报价是有利的;双方实力相当时,也可采用书面报价;对实力较弱的对手则不宜采用书面报价。

2. 口头报价

口头报价具有很大的灵活性,谈判者可以根据谈判的进程,来调整变更自己的谈判战术,先磋商,后承担义务,没有义务约束感。但一些复杂的要求,如统计数字、计划图表等,难以口头阐述清楚。另外,如果对方事先对情况一无所知,其可能一开始并不急于展开谈判,直到了解了基本情况才进行谈判，从而影响谈判进度。

(二)报价时一般应注意的问题。

1. 报价要严肃、明确，切忌含糊其词

报价方必须要让对方准确无误地了解并相信我方报价的正确性以及他期望实现的可能性，尽量避免产生异议与误解(在一些重大的商务谈判中，有必要采用书面报价的形式)。这样才能达到提出报价的目的。

2. 报价要干练，不必做过多的解释或说明

如果你要使对方相信你的报价是符合情理的话，你就没有必要做过多的解释和说明。如果你主动向对方解释、评论你的报价，不仅会暴露你的意图、实力等秘密，而且会流露出你的信心不足。如果对方对你的报价有不清楚或不满意的地方，你不必担心，他会主动质疑的。

3. 报价要非常果断

只有报价果断，毫不犹豫，这样才有可能给对方一种诚实而又认真的伙伴形象。

二、讨价

讨价是指报价评论方在向报价解释方所做的各种解释说明进行批评之后，针对性或笼统性地向其提出改善技术或商业条件要求的行为。

讨价方式基本上分两种：笼统讨价与具体讨价。两种方式各有其用，应具体条件而生。笼统讨价是指从总体条件上或从构成技术或商业条件的所有方面提出重新报价要求的做法。该方式多用于第一次要价，一般在价格评论之后或交易复杂而又缺乏足够的可比资料时。具体讨价则针对分项报价内容，逐一要求对方重新报出改善价格条件的做法，常用于对手第一次或第二次改善价格之后，以及不易采用笼统讨价方式的报价，且对手坚持听取具体讨价的情况。

三、还价

还价是评论与讨价之后，被讨价人向讨价人要求给出具体价格意见，而讨价人对此要求做出具体回应的行为。

还价有从动式与主动式两种。从动式还价是指根据讨价方式而给出还价，主动式还价即按还价人的谈判策略而制定还价方式。同时，还价方式还可以分为总体还价和具体还价。总体还价即对全部价格条件的总和进行还价。具体还价则对所有价格内容逐项做出价格回应的做法。

四、议价

商务谈判的讨价还价之后，谈判者就要进行磋商议价。商务谈判议价的原则如下：

(1)判断价格危机，灵活弹性处理。如果对方口头上要求降价，却讲不出理由，那么这只是对方想探你的低价而已。可是如果对方以竞争对手的底价比较，甚至拿出意向书给你看时，在对手如此坦诚的情况下，你至少得象征性地降价了。

(2)要求对方出价,找出差距,采取相应措施。

(3)报价议价的次数不要超过三次。价格频繁地降落与直线下跌都会使对方要求越来越多,恨不得榨干你所有的利润。

(4)注意落价比率,宜越来越小。这会使对方意识到这已接近低价了。

(5)当对方希望了解我方的报价理由时,原则上只告诉对方最基本的内容,不必过多地解释和说明,否则言多必失。

(6)降价要有要求,促进交易快捷圆满地成交。不要因为对方要求降价而降价,这样并不会增加对方对你的好感。

第三节　商务谈判的磋商阶段

一、商务谈判磋商准则

磋商总体而言是指谈判各方价格解释、评论、讨价、还价和妥协的过程,磋商作为一个过程,有其准则。一般而言,磋商的准则包括逻辑次序、客观、礼节、沟通和重复。

(一)逻辑次序准则

逻辑次序即磋商中内含的议题先后的客观逻辑。逻辑次序决定着谈判目标启动的先后次序与谈判进展的层次。

1. 启动的先后次序

谈判内容具有整体性与个性,整体性要求纵观全局,个性则要求区分差异。个性是体现在整体性中的个性,而不是孤立的个性。两者之间相互依存,相互影响。在磋商阶段,如果不注意区分整体性与个性之间的关系、不分先后次序,想起什么就说什么,就会混乱不堪。

2. 进展层次

在逻辑次序中含有进展层次。在磋商过程中,谈判者既要在整体上注意逻辑次序,又要在次序上,注意进展的层次。

(二)客观准则

客观准则是指对磋商条件说理与要求具有一定的真实性。只有具备真实性的说理才会有说服的效果,只有符合实际的要求才会有回报的可能。

1. 说理的真实性

说理的真实性即说出的道理有真实感和可靠性。在磋商中一般通过推理与实证这两种方式来表明。

(1)推理。推理是指从分析表面现象及内部联系出发,归纳出对事物本质的判断和认识,在当对手不配合,不提供足够资料让谈判者了解真实情况时,推理就是解开真实情况的"金钥匙"。

(2)实证。实证即利用一切可供运用的真实资料说明问题。资料可以是文字、图片，也可以是众所周知的事实。事实胜于雄辩，谈判对手在实证面前一般会承认说理的实际性。

2. 要求的真实性

磋商过程中的任何要求应具有合理与可能性。这一原则集中体现在“量”的兼顾性和客观性上。具体地说，任何文字、立场、数字反映的要求均为“量”的要求，但是对“量”的要求，谈判双方各有其不同的衡量标准，“量”的合理性在谈判中融合了谈判双方的立场与要求，所以“量”有兼顾性。同时，“量”要有其客观性，不客观的量是不切实际的。

(三)礼节准则

谈判磋商既是争论也是协商，在激烈争论的同时，应该相互尊重、谅解妥协。这就要求谈判者保持礼貌的行为准则。既要约束个人性格，严格要求自己，又要在态度上、用语上具有礼貌，且让对方感到受到尊重，即便观点有分歧，也要不失风度与分寸。

(四)沟通准则

磋商过程实质上是谈判双方相互沟通的过程。没有充分的沟通，谈判就很难顺利进展下去，也就不会产生积极的效果；没有充分的沟通，就会在误解与成见中产生对立情绪。谈判者要善于沟通，既要善于传播己方的信息，又要善于倾听对方的信息。谈判者要注意维护自尊，加强自信，善于将理解传达给对方并且相互信任，才能达到良好的沟通效果。

(五)重复准则

对于问题的解决，或者磋商中针对对方尚未改善的条件，反复申诉自己的观点，以促使对方改变立场或做出妥协。

二、商务谈判让步规则

商务谈判中价格占有很重要的地位，但除此之外，报价还包括交货期、运输、付款方式、数量、质量、保证条件、服务条件等。让步应注意以下规则：

(一)永远不要接受对方最初的价格

有些谈判者看到对方第一次出价超出自己的期望值，常会立刻接受。但是这样做的结果会使对方有一种摸不着头脑的感觉，感到自己出价太低了，而在其他交易条件上苛求你，或者丧失了使对方进一步做出让步的可能性。总之，过快的接受对方的最初价格是极不明智的。

(二)永远不要轻易让步

每个谈判者必须牢记，做免费让步或未经讨论的轻率让步是谈判之大忌。轻易做出让步，对方往往不珍惜，反而会挑起对方的胃口，从而提出更加苛刻的要求。

(三)不要轻信他的话

如果对方声称由于某个原因、某个问题不能不妥协,不要轻信他的话,要设法试控他所说的话是否确实并以此权衡利弊,再作决断。

(四)最好不要在重要问题上先做让步

除了必要做出的让步以外,应先在较小的,不太重要的问题上做出让步,以争取对方在较大问题上做出让步来回报自己。最好不要在重要问题上先做让步。实践证明,在重要问题上先作让步的一方,往往是谈判终局的失败者。接受对方的让步时,不要感到不好意思或者有罪恶感,要先控制住情绪,了解对方让步的真实目的,告诉对方做出这个让步是何等聪明。

(五)不要一开始就接近最后的目标

谈判者总是最先提出最高要求,只有傻瓜才会一开始就提出最低要求。

(六)不要以为你的期望值已经很高了

你的要求可能会太容易达到,对方很可能有一套与你不同的标准价值。

(七)不要以为已经了解了对方的要求

应谨慎地假定你不了解对方的要求,然后耐心地试探和发现事情的真相,要对谈判将涉及的每个问题预先建立自己的期望目标。如果对谈判的所有问题没有做好充分的准备,不要急于开始谈判,否则可能会犯严重的错误。

(八)不要忘记自己的让步次数和幅度

因为让步次数和速度是你进一步谈判的力量。因此,要保持一份完整的记录,记下自己全部让步的次数和幅度。让步的形态不要表现得太明显。每个让步都应指向可能达成的协议,但不能让对方看清你真实的目标所在。

(九)要懂得让步的辩证法

前面所讲的让步形态也好,让步技巧也好,所举的具体数字也好,都要根据具体情况,做具体分析,不能一概而论,生搬硬套,必须知己知彼,依据谈判进展情况等,选择不同的让步方式,心中要牢记谈判的目的,争取最好的利益。

谈判场上崇拜精明、能干的人,所以不要企图通过让步赢得对方的好感,这种人往往不是被对方愚弄,就是被对方认为无能。相反,你在谈判场上针锋相对,谈判场下,就越能赢得谈判对手的尊重。

三、商务谈判僵局的处理

商务谈判僵局是指在商务谈判过程中,当双方对所谈问题的利益要求差距较大,各方又都不肯做出让步，导致双方因暂时不可调和的矛盾而形成对峙，而使谈判呈现出一种不进不退的僵持局面。当僵局出现以后，必须进行迅速的处理，否则会对谈判顺利进行产生影响。要突破僵局，必须对僵局产生的原因等问题进行透彻的了解和分析，才能正确地加以判断，从而进一步采取相应的策略和技巧，选择有效的谈判方案。

（一）商务谈判僵局产生的原因

在谈判进行过程中，僵局无论何时都有可能发生，任何主题都有可能形成分歧与对立。僵局表现的时机与形式、对峙程度的高低令人眼花缭乱。归纳起来，主要有以下几个方面：

1. 谈判一方故意制造谈判僵局

这是一种带有高度冒险性和危险性的谈判战略，即谈判的一方为了试探出对方的决心和实力而有意给对方出难题，迫使对方放弃自己的谈判目标而向己方目标靠近，使谈判陷入僵局，其目的是使对方屈服，从而达成有利于己方的交易。

故意制造谈判僵局的原因可能是过去在商务谈判中吃过亏，现在要给对方报复；或者己方处在十分不利的地位，通过给对方制造麻烦可能改变自己的谈判地位，并认为即使自己改变了不利地位也不会有什么损失。这样会导致商务谈判出现僵局。

一般情况下，许多谈判者往往不愿冒使谈判陷入僵局的风险，因为制造僵局往往会改变谈判者在谈判中的处境。如果运用得当，会获得意外的成功；若运用不当，会带来严重的后果。因此，除非谈判人员有较大把握和能力来控制僵局，否则不要轻易采用。

2. 立场观点的争执形成的僵局

讨价还价的谈判过程中，如果双方对某一问题各持自己的看法和主张，并且谁也不愿做出让步时，往往容易产生分歧。当双方越是坚持自己的立场，双方之间的分歧就会越大。这时，双方真正的利益被这种表面的立场所掩盖，于是，谈判变成了一种意志力的较量，当冲突和争执激化、互不相让时，谈判自然陷入僵局。

经验证明，谈判双方在立场上关注越多，就越不能注意调和双方利益，也就越不可能达成协议。甚至谈判双方都不需做出让步，或以退出谈判相要挟，这就更增加了达成协议的困难。纠缠于立场性争执是低效率的谈判方式，它撇开了双方各自的潜在利益，不容易达成明智的协议，而且由于相持不下，它还会直接损害双方的感情，谈判者要为此付出巨大代价。立场观点的争执所导致的谈判僵局，是比较常见的，因为人们最容易在谈判中犯立场观点性争执的错误，这也是形成僵局的主要原因。

3. 沟通障碍导致的僵局

信息沟通本身，不仅要求真实、准确，而且还要求及时迅速。但谈判实践中却往往由于未能达到这一要求而使信息沟通产生障碍，从而导致僵局。这种信息沟通障碍就是指双方在交流彼此情况、观点，洽商合作意向、交易的条件等的过程中所能遇到的由于主观与客观的原因所造成的理解障碍，主要表现为：双方文化背景差异所造成的沟通障碍；由于职业或受教育程度等原因造成的一方不愿接受另一方意见的沟通障碍等，这些都可能使谈判陷入僵局。

例如，某跨国公司总裁访问一家中国著名的制造企业，商讨合作发展事宜。中方总经理很自豪地向客人介绍说:“本公司是中国二级企业……”此时,翻译人员很自然地用“Second-Class Enterprise”来表述。不料,该跨国公司总裁听到后,原本很高的兴致突然冷淡下来,敷衍了几句立即起身告辞。在归途中,他抱怨道:“我怎么能同一个中国的二流企业合作?”可见,一个小小的沟通障碍,会直接影响到谈判的成败。

4. 人员素质的低下导致的僵局

谈判人员素质的高低往往成为谈判进行顺利与否的决定性因素。事实上,仅就导致谈判僵局的因素而言,不论是何种原因,在某种程度上都可归结为人员素质方面的原因所致。但是,有些僵局的产生,却往往很明显地由于谈判人员的素质欠佳,无论是谈判人员风格方面的原因,还是知识经验、策略技术方面的不足或失误都可导致谈判的僵局。

5. 谈判人员的偏见或成见导致的僵局

偏见或成见是指由感情原因所产生的对对方及谈判议题的一些不正确的看法。由于谈判人员对信息的理解受其职业习惯、受教育的程度以及为某些领域内的专业知识所制约。所以常会出现谈判人员对对方所讲的内容似乎完全理解,但实际上这种理解却很主观、片面,甚至往往与信息内容的实质完全相反的情况,从而导致谈判僵局。

6. 谈判人员的强迫导致的僵局

谈判中,人们常常由于采取强迫手段而使谈判陷入僵局。特别是涉外商务谈判,由于不仅存在经济利益上的相争,还有维护国家、企业及自身尊严的需要。因此,某一方越是受到逼迫,就越是不会退让,谈判的僵局也就越容易出现。比如在国际业务交往中,有些外商常常要求我方向派往我国的外方工作人员支付高薪报酬,或要求低价包销由其转让技术所生产的、市场旺销产品,或强求购买其已淘汰的设备,如此等等,都属强迫行为。如果我方不答应,就反过来以取消贷款、停止许可证贸易等相威胁。诸如此类,都是导致僵局出现的原因,因而形成形形色色的僵局。

7. 合理要求的差距导致的僵局

由于谈判双方各有自己的利益需求。这样的话,当双方的利益需求虽然合理但差距太大且双方都迫切希望从这笔交易中获得所期望的利益,从而不肯做进一步的让步,那么谈判就很难进行,僵局也就不可避免地产生了。在商务谈判中,即使双方都表现出十分友好、真诚与积极的态度,但是如果双方对各自所期望的收益存在很大差距,不能形成共识,那么谈判就会搁浅。当这种差距难以弥合时,双方的合作目标就相去甚远,僵局即会产生。

8. 环境的改变导致的僵局

当谈判的外部环境,如市场供求状况、价格、政府政策、技术条件等因素发生变化时,谈判的一方不愿按原来的承诺签约,也会导致僵局的产生。

(二)打破谈判僵局的策略

僵局一旦产生,谈判的双方需要有一个冷静的态度。一不必害怕僵局,二不必回避僵局。常见的谈判僵局处理,应注意坚持“淡化、转化、客观化”的原则。其基本的道理,是淡化双方的矛盾点,并且能够有意识地将谈判双方的矛盾冲突点转移到一种新的思路上,使双方能够从更高、更客观的一个领域来重新审视大家的分歧，从而找到新的题解或答案。

例如，我国在加入 WTO 的过程中，经历了辛辛苦苦谈判八年的情形，多次面对僵局，又多次主动地打破僵局，终于在 1999 年 11 月 10 日以圆满的结局终结了这场马拉松式的谈判。

常见的打破谈判僵局的策略如下：

1. 转移议题

有时谈判之所以出现僵局，是僵持在某个议题上。这时，可以把这个议题避开，磋商其他的议题。这样有两点好处：一是可以争取时间先进行其他议题的谈判，避免长时间的争辩耽误时间；二是当其他议题经过谈判达成一致之后，对有分歧的议题产生正面影响，再回过头来谈陷入僵局的议题时，气氛会有所好转。例如，双方在价格条款上互不相让，僵持不下，可以把这一问题暂时抛在一边，洽谈交货日期、付款方式、运输等条款。如果在这些问题的处理上，双方都比较满意，就可能坚定了解决问题的信心。

2. 利用调节人

当谈判双方严重对峙而陷入僵局时，双方信息沟通就会存在严重障碍，互不信任，甚至互相敌视，而且，有些谈判如索赔谈判要求务必取得成果，而不能中止或破裂，这时由第三者出面斡旋可以为双方保全面子，使双方感到公平，信息交流可以畅通起来。调节人充分听取各方解释、申辩，能很明显发现双方冲突的焦点，分析其背后所隐含的利益分歧，据此寻求这种分歧的途径。

在这里，调节人可以起到以下的作用：提出符合实际的解决办法；出面邀请对立的双方继续会谈；不带偏见地倾听和采纳双方的意见；综合双方观点，提出妥协的方案。

最好的调节者或仲裁者往往是和谈判双方都没有直接关系的第三方。一般要由具有经验丰富、社会地位较高、学识渊博和品格高尚的人士担当。总之，调节人的威望越高，越能获得双方的信任，越能缓和双方的矛盾，达成谅解。

3. 寻找替代方案

谈判中一般存在多种可以满足双方利益的方案，而谈判人员经常简单地采用某一方案，而当这种方案不能为双方同时接受时，就会形成僵局。在谈判准备期间就应该准备多种可供选择的方案。一旦一种方案遇到障碍，就可以提供其他的备用方案供对方选择，使“山重水复疑无路”的局面转变成“柳暗花明又一村”的好形势。例如，甲乙双方在取得土地使用权的谈判中，双方原来坚持的立场都是合理的，而当双方越过所坚持的立场，去寻找潜在的共同利益时，就能找到许多符合双方利益的方案，僵局就可以突破。

4. 运用休会

休会是谈判人员为控制、调节谈判进程，缓和谈判气氛，打破谈判僵局而经常采用的一种基本策略。它是谈判人员调节情绪、控制谈判过程、缓和谈判气氛、融洽双方关系的一种策略技巧。

谈判出现僵局，双方情绪都比较激动、紧张，会谈一时也难以继续进行。这时，提出休会是一个较好的缓和办法，东道主可征得客人的同意，宣布休会。这样可以达到以下目的：

(1)缓和谈判一方或双方的紧张情绪。

(2)仔细考虑争议的问题,分析交易条件的变动,应付谈判出现的新情况。

(3)召集各自谈判小组成员,集思广益,商量解决问题的办法。

(4)检讨原定的策略是否得当。

(5)讨论双方可能的让步。

(6)讨论如何对付谈判对手的要求,阻止对手提出尴尬问题。

5. 以硬碰硬

当对方提出不合理条件,特别是在一些原则问题上表现得蛮横无理时,要以坚决的态度据理力争。因为这时如果做出损害原则的退让和妥协,不仅损害己方利益和尊严,而且会助长对方的气焰。己方要明确表示拒绝接受对方的不合理要求,揭露对方故意制造僵局的不友好的行为,使对方收敛起蛮横无理的态度,自动放弃不合理的要求。也可以离开谈判桌,以显示自己的强硬立场。如果对方想与你谈成这笔生意,他们会再来找你;这时,他们的要求就会改变,谈判的主动权就掌握在你的手里。

6. 更换谈判人员

当谈判僵持的双方已产生对立情绪,并不可调和时,可考虑更换谈判人员,或者请地位较高的人出面,协商谈判问题。

谈判中出现了僵局,并非都是双方利益的冲突,有时可能是谈判人员本身的因素造成的。比如,由于谈判人员的性格、知识水平、生活背景、民族习惯、随便许诺、随意践约、好表现自己、对专业问题缺乏认识等因素,导致谈判人员产生成见,造成僵局。并且虽经多方努力仍无效果时,可以征得对方同意,及时更换谈判人员,消除不和谐因素,缓和气氛,则可能轻而易举地打破僵局。更换谈判人员,是为了保持与对方的友好合作关系,所以,这是一种迫不得已的、被动的做法,必须慎重用之。

在商务谈判中,究竟采用何种策略应该由谈判人员根据当时当地的谈判背景与形势来决定。一种策略可以有效地运用于不同的谈判僵局之中,但一种策略在某次僵局突破中运用成功,并不意味着在其他同样类型的谈判僵局中也适用。只要僵局构成因素稍有差异,各种策略的使用效果都有可能是迥然不同的。关键还在于谈判人员的素质和己方的谈判实力。那些应变能力强、谈判实力强,又知道灵活运用各种策略的谈判者一定能够成功处理所有的谈判僵局,从而实现谈判目标。

第四节 商务谈判的结束阶段

一、商务谈判终结的判定

商务谈判何时应该终结?这是谈判者在商务谈判结束阶段要考虑的重要问题,因为过早或过晚结束谈判可能都要付出相当大的代价。谈判者必须正确判定谈判终结的时机,谈判双方才能减少谈判损失,增大谈判收益。

(一)以谈判所涉及的交易条件来判定

以谈判所涉及的交易条件,诸如商业、法律、技术、数字的等条件解决的状况,来衡量全场谈判是否终结的做法。

1. 分歧量

这是指以双方交易条件中尚余留的分歧量为判断依据。例如,从交易条件看,所剩的分歧量极少时,无论是关键性条件,还是次要条件,均可视谈判已进入终结阶段。

2. 成交底线

这是指以谈判条件是否进入成交底线,来判定谈判是否终结阶段。成交底线是指可以接受的最低交易条件,是达成协议的下限。交易涉及的各方面均存在下限、中限和最佳交易条件的具体要求。谈判者所做的一切努力就是力保下限、争取中限和最佳交易条件。当对方已接受己方内定的成交底线时,谈判就进入终结阶段。

3. 一致性

这是指交易条件全部或基本上达成一致,尚余个别问题需要做技术处理的情况。当谈判达到这种状态时,可以判定谈判终结就要到来。例如,有的交易涉及高技术限制问题。在其他交易条件达成一致后,交易双方要对这个十分敏感的问题做技术处理。首先应由双方专家以双方认可的文字,共同拟定具有约束力的文件,然后上报双方上级签字。其时间应在达成其文字协议之时,其保密程度要高于其他相关的协议文件。这些问题如不适当处理,势必会在其他内容签约后,成为严重问题。

(二)以时间来判定

谈判的过程必须在一定时间内终结,当谈判时间即将结束,谈判自然也就进入终结阶段。时间判定准则有如下三种标准:

1. 双方约定的谈判时间

在谈判开始前,谈判双方就确定了所需的时间。整个谈判的人员及程序安排均依此而行,当谈判已经接近所定的时间时,谈判自然也就进入终结阶段。

2. 单方限定的谈判时间

单方限定谈判时间的长短是判定谈判终结的另一标准。单方限定时间的动机是多方面的。这些动机有可以明示的,也有不可明示的,故单方限定时间内,不一定都要说出原因,只是以请求、通告形式明示即可。

单方限时的谈判一般情况下按照时限而结束谈判,有时在尚未达成协议,而双方又有诚意继续谈判时,终局也可视为暂时告一段落。

3. 第三方给定的时间标准

在竞争性的谈判中,谈判有第三方参与,此时谈判的时间除了双方的需要外,还受第三方的影响,此即为第三方给定的谈判时间。第三方谈判的进度是自己判定交易成败的参考因素。应该指出的是,第三方给定谈判时间是间接给定时限,因为第三方无权对你限制谈判时间,而是通过你的对手反映它的要求。

例如，你的对手说：××即将给我方最终报价。贵方何时报出最优惠的条件，一般来讲，具有诚意的谈判对手会明示第三方最后阶段的时间，即明示最后谈判期限。总之，第三方的竞争对谈判终结会有影响，有时甚至起到决定性影响。

(三)以谈判策略来判定

由于谈判策略实施后决定谈判必然进入终局，即为谈判终局策略。谈判终局策略对终结具有特殊的影响力。它表现为一种最终冲击力量，具有终结的信号作用。常见的终结性策略有边缘政策、折中进退、一揽子交易和冷冻政策。

1. 边缘政策

所谓边缘政策，即在谈判中以谈判破裂相威胁，从而达到向对手施压的目的。其特征是凶、狠、分量重，孤注一掷，成败在此一举。故边缘政策可以作为谈判终结的标志。

2. 折中进退

所谓折中进退策略，即根据双方立场和条件的差距之和取中间条件作为双方共同进退或妥协以解决最后谈判的策略。例如，谈判双方经过多次磋商互有让步但还存在残余问题，而谈判费时已久，为了尽快达成一致，谈判的一方提出一个方案，即各自以相同幅度做出退让，如果对方也赞成这一建议，即可判定谈判终结。

3. 一揽子交易

所谓一揽子交易，顾名思义，就是为双方谈判至最后或临近预定谈判结束时，以各自坚持的条件做整体的进退交换，以求达成协议的策略。总体条件的交换具有决战的味道，所以，可视其为判定谈判终结的标志。

4. 冷冻政策

所谓冷冻政策，即暂时中止谈判的做法。在谈判中，或者由于条件差距太大，但双方又有成交的需要而不愿谈判破裂，或者由于谈判标的还有可比较、可选择其他机会，而需腾出人手来加以利用，或者由于特殊困难(例如许可证、外汇、人事的重大变故等)，而谈判双方又有成交诚意，此时，谈判双方可采用冷冻政策来暂时中止谈判。

二、商务谈判结束的方式

(一)成交

成交即谈判双方达成协议，交易得到实现。其前提是谈判双方经过多次磋商达成共识。成交本身一般有两种情况：

1. 完全成交

相对原谈判内容而论的全部成交，即凡对供货量、范围不做修改，仅就交易的条件进行谈判，达成成交协议的为完全(全部)成交。

2. 部分成交

相对原谈判的交易标的而言，经过谈判，仅就其中部分内容达成成交协议，即为部分成交。实际上，在成套项目或大宗交易谈判中，经谈判，双方常常对供货内容或数量、交货期，根据双方的可能做出调整，当达成交易时，已非原来标的全部内容。

(二)中止

中止谈判是双方因某种原因未能达成全部或部分成交协议，而由双方约定或单方要求暂时终结谈判的方式。在解决最后分歧时发生中止，就是终局性中止。中止可以分为有约期中止与无约期中止。

1. 有约期中止

有约期中止谈判是指双方对中止谈判的时间予以约定的中止方式。有约期中止的特点是双方给了一个“约期”，因此，是一种谈判终结的积极手法，其目的是促使双方创造条件最后达成协议。

2. 无约期中止

无约期中止谈判，即在中止谈判时，双方对恢复谈判的时间无任何约定。无约期中止是典型的冷冻政策。此外，因双方对造成中止的原因不能控制时，也会采取无约期中止的做法，例如涉及国际协议的批准，国家政策突变，经济形势恶化等超越谈判者意志之外的重大事件时，谈判双方就难以约定具体恢复谈判的时间了。

(三)破裂

谈判破裂是指双方经过最后的努力仍然达不成协议，或友好而别，或愤然而去，从而结束谈判。谈判破裂的前提是双方已无任何磋商余地，至少在谈判范围内的交易已无任何希望，谈判再进行下去已经毫无意义了。谈判破裂是谈判中不可避免的现象。从某种意义上讲，谈判的破裂次数比成交的次数更多，不过，明智的谈判者在失败时，力求将损失减少到最低程度。谈判破裂可分成友好破裂结束谈判和愤然破裂结束谈判两种方式。

1. 友好破裂结束谈判

友好破裂结束谈判是指双方互相体谅对方面临的困难，讲明难以逾越的实际障碍而结束谈判的做法。在友好破裂方式中，双方只是坚持的交易条件和利益，双方的态度始终是友好的。例如，甲方说：“很抱歉，虽然我方经过许多努力，且贵方也反复研究，但双方差距仍然很大，看来，这笔交易很难成功。假如贵方有新的条件，我们还可以再谈；若实在有困难，就不勉强贵方做这笔交易，我们可以在别的方面继续合作。”“我十分愿意日后与贵方再度合作，为促进双方的交易进行新的谈判。”友好破裂结束谈判的特征是：态度友好，分寸得当，尊重对方，立足长远。

2. 愤然破裂结束谈判

愤然破裂指双方或单方在一种不冷静的情绪中，结束未达成一致的谈判。造成愤然破裂的原因有很多，如对对方的态度强烈不满、情绪激愤；根本不想再做这笔生意，出口恶气，图一时之快，轻视对手；在对待交易上，不注意利益等实质性内容，较多责怪对方言语、态度及行为；

在个性上，自尊心太强，性格暴躁，处事直率；等等。然而，不论是何种谈判破裂，毕竟不是好事。即便策略性破裂，也要慎之又慎。尤其是挑起谈判破裂者，更易被动。所以，在破裂情况下，首先要尽力使双方情绪冷静下来，尽量以友好破裂结束谈判；其次要摆事实讲道理，要以理服人、以情感人、以礼待人。

三、商务谈判结束的原则

谈判终结的方式可能各异，谈判终结的原则却基本相同。其基本原则如下：

（一）“不二性”原则

谈判终结的“不二性”原则，是指当谈判结束时，双方达成的协议或破裂、中止的状态不得改变。“不二性”原则有两个特征：明确与不变。所谓明确，即指与交易相关的一切条件，无论从听觉上、视觉上、感觉上，以及实际利益上，当事人或第三方不会产生任何不同的理解。所谓不变，是指双方交易相关的一切条件达成协议后，绝不反悔，即承担信用约束、法律约束的义务。

（二）“条法性”原则

谈判终结的“条法性”原则，指双方所达成的各种交易条件，以相应的法律形式表述，使之具有法律的约束力。为确保谈判终结达到“条法性”原则要求，必须满足以下三个条件：即口头协协议文字化、文字协议格式化、文本一体化（对文本进行逻辑整理、排序、穿插引证，使之成为合约不可分割的有效组成部分，并使双方不同文字的文本从格式到文字意思完全一致）。

（三）情理兼备性原则

谈判终结的情理兼备原则，是指终结谈判不论其方式如何，都应具有友善与客观的效能。尽力创造友好气氛，尽力阐明理由，使对方感到深受尊重，成交固然可喜，破裂也要坦然面对。

（四）彻底性原则

终结的彻底性原则，是指结束谈判时所论及的交易内容要全面，各内容论及的深度要透彻，不能再出现未尽事宜。

案例分析

20 世纪末，中外合资重庆某房地产开发有限公司总经理张先生，获悉澳大利亚著名建筑师尼可·博谢先生在上海做短暂停留。张总经理认为，澳大利亚的建筑汇聚了世界建筑的经典，何况尼可·博谢是当代著名的建筑设计师。为了把正在建设中的金盾大厦建设成豪华、气派，既方便商务办公又适于家居生活的现代化综合商住楼，必须使之设计科学、合理，不落后于时代新潮。具有长远发展眼光的张总经理委派高级工程师丁静副总经理作为全权代表飞赴上海，与尼可·博谢先生洽谈，请他为金盾大厦设计一套最新方案。

丁静女士一行肩负重负，风尘仆仆地赶到上海。一下飞机，便马上与尼可·博谢先生的秘书联系，确定当天晚上在一家名为银星饭店的会议室见面会谈。

下午5点，双方代表准时赴约，并在宾馆门口巧遇。双方互致问候，彬彬有礼地进入21楼的会议室。

根据张总经理的指示精神，丁静女士一行介绍了金盾大厦的现状。她说："金盾大厦建设方案是在七八年前设计的，其外形、外观、立面等方面有些不合时宜，与跨世纪建筑的设计要求存在很大差距。我们慕名远道而来，恳请与贵公司合作。"丁静女士一边介绍，一边将事先准备好的有关资料，如施工现场的相片、图纸，国内有关单位的原设计方案、修正资料等，提供给尼可·博谢一行。

尼可·博谢在我国注册了"博谢联合建筑有限公司"。该公司是多次获得大奖的国际甲级建筑设计公司，声名显赫。在上海注册后，尼可·博谢很快赢得了上海建筑设计市场。但是，内地市场还没有深入进来，该公司希望早日在内地的建筑设计市场上占有一席之地。由于有这样一个良好的机会，所以尼可·博谢一行对该公司的这一项目很感兴趣，他们同意接受委托，设计金盾大厦8楼以上的方案。

可以说，双方都愿意合作。然而，根据重庆某公司的委托要求，博谢联合建筑设计有限公司报价40万元人民币。这一报价令人难以接受。尼可·博谢公司的理由是：本公司是一家讲求质量、注重信誉、在世界上有名气的公司，报价稍高是理所当然的。但是，鉴于重庆地区的工程造价，以及中国内地的实际情况，这一报价已是最优惠的了。

据重庆方面的谈判代表了解，博谢联合建筑设计有限公司在上海的设计价格为每平方米6.5美元。若按此价格计算，重庆金盾大厦25 000平方米的设计费应为16.26美元，根据当天的外汇牌价，应折合人民币136.95万元。的确，40万元人民币的报价算是优惠的了。"40万元人民币，是充分考虑了内地情况，按每平方米16元计算的。"尼可·博谢说道。但是，考虑到公司的利益，丁静还价："20万元(人民币)"。对方感到吃惊。顺势，丁静女士解释道："在来上海之前，总经理授权我们10万元左右的签约权限。我们出价20万元，已经超出了我们的权力范围……如果再增加，必须请示正在重庆的总经理。"双方僵持不下，谈判暂时结束。

第二天晚上，即7月26日晚上7点，双方又重新坐到谈判桌前，探讨对建筑方案的设想、构思，接着又谈到价格。这次博谢联合建筑有限公司主动降价，由40万元降为35万元。并一再声称："这是最优惠的价了"。

重庆方面的代表坚持说："太高了，我们无法接受！经过请示，公司同意支付20万元，不能再高了！请贵公司再考虑考虑。"对方谈判代表嘀咕了几句，说："鉴于你们的实际情况和贵公司的条件，我们再降5万元，30万元好了。低于这个价格，就不行。"重庆方面的代表分析，对方舍不得丢掉这次与本公司的合作机会，对方有可能还会降价，重庆方面仍然坚持出价20万元。过了一会儿，博谢公司的代表开始收拾笔记本等用具，一言不发，准备退场。眼看谈判陷入僵局。

这时，重庆某公司的蒋工程师急忙说："请贵公司的代小姐与我总经理通话，待我公司总经理决定并给我们指示后再谈，贵公司看这样好不好?”由于这样提议，紧张的气氛才缓和下来。

7月27日，代小姐等人打了很多次电话，与重庆某公司张总经理联系。在此之前，丁静副总经理已与张总经理通话，向张总经理详细汇报了谈判的情况及对谈判的分析和看法。张总经理要求丁静女士一行："不卑不亢，心理平衡!”所以当代小姐与张总经理通话时，张总经理做出具体指示：在双方报价与还价的基础上，二一添作五。

重庆某公司出价25万元。博谢公司基本同意，但提出8月10日才能交图纸，比原计划延期两周左右。经过协商，当天晚上草签了协议。7月28日，签订正式协议。

思考：(1)在谈判过程中，双方主要运用了哪些谈判策略？(2)谈判是如何开局和报价的？(3)在谈判过程中，谈判代表会受到哪些限制？(4)面对丁女士使用权力有限策略，如果你是尼可·博谢一方的代表，该如何应对？

本章小结

谈判的开局是指从谈判人员见面到进入具体交易内容的讨论之前，彼此介绍、寒暄，以及谈判一些非实质性的问题。在开局阶段，谈判人员的首要任务就是要为即将开始的谈判创造出一个合适的气氛；掌握好“破冰”的火候和开局的方式并做好开场陈述。

商务谈判的报价是指谈判过程中一方或双方提出自己的价格和其他交易条件。报价阶段主要有报价的形式、讨价、还价和议价。

磋商是谈判双方面对面讨论、说理的阶段，是实质的协调与较量。商务谈判磋商阶段涉及商务谈判磋商准则、商务谈判让步规则和商务谈判僵局的处理。

谈判者必须正确判定谈判终结的时机，谈判双方才能减少谈判损失，增大谈判收益；商务谈判结束有成交、中止和破裂三种方式，谈判的结果一般要争取第一种方式。另外，要把握谈判结束的原则。

思考与练习题

1. 简述创造良好的谈判气氛应注意的问题。
2. 在“破冰”期中间，应注意哪几个问题?
3. 简述开场陈述的技巧。
4. 报价时一般应注意哪些问题?
5. 简述商务谈判磋商准则。
6. 简述让步应注意的事项。
7. 简述商务谈判僵局产生的原因。
8. 如何判定商务谈判终结?
9. 简述商务谈判结束的方式。

第五章

商务谈判的策略

学习目的与要求

掌握谈判人员在经济谈判、劳务谈判过程中为实现特定的谈判目标而采取的各种方式、措施、技巧、战术、手段，并且能够艺术地进行策略组合运用，了解谈判在签约过程中应当注意的问题。

引例

江西省某工艺雕刻厂原是一家濒临倒闭的小厂，经过几年的努力，发展为产值200多万元的规模，产品打入日本市场，战胜了其他国家在日本经营多年的厂家，被誉为“天下第一雕刻”。有一年，日本三家株式会社的老板同一天接踵而至，到该厂订货。其中一家资本雄厚的大商社，要求原价包销该厂的佛坛产品。这应该说是好消息。但该厂想到，这几家原来都是经销韩国、台湾地区产品的商社，为什么争先恐后、不约而同到本厂来订货？他们查阅了日本市场的资料，得出的结论是：本厂的木材质量上乘、技艺高超是吸引外商订货的主要原因。于是该厂采用了“待价而沽”“欲擒故纵”的谈判策略。先不理会那家大商社，而是积极抓住两家小商社求货心切的心理，把佛坛的梁、榴、柱分别与其他国家的产品做比较。在此基础上，该厂将产品当金条一样争价钱、论成色，使其价格达到理想的高度。首先与小商社拍板成交，造成那家大客商产生失落货源的危机感。那家大客商不但更急于订货，而且想垄断货源，于是大批量订货，以致订货数量超过该厂现有生产能力的好几倍。

本案例中该厂成功的关键在于其运用了恰当的谈判策略。首先，该厂产品确实好，而几家客商求货心切，在货比货后让客商折服；其次，是巧于审势布阵。先与小客商谈，并不疏远大客商，而是牵制大客商，促其产生失去货源的危机感。这样订货数量和价格才能大幅增加。

由此可见商务谈判中策略的重要性，它是一种心理柔道，是谈判人员在商务谈判过程中为实现特定的谈判目标而采取的各种方式、措施、技巧、战术、手段、进行组合运用的总称。它具有可操作性、实战性、针对性、灵活性等特点，它是谈判者的“筹码”和“资本”。能够艺术地实施商务谈判策略，可以有效地掌握商务谈判的全局动向。

第一节　商务谈判的开局与摸底策略

一、营造良好的开局策略

开局策略是谈判者谋求谈判开局中有利地位和实现对谈判开局的控制而采取的行动方式或手段。

（一）一致式开局策略

一致式开局策略是指在谈判开始时为使对方对己方产生好感，以“协商”“肯定”的方式，创造或建立起对谈判的“一致”的感觉，从而使谈判双方在愉快友好的气氛中不断将谈判引向深入的一种开局策略。这种开局策略的心理基础是：人们通常会对那些与其想法一致的人产生好感，并愿意将自己的想法按照那些人的观点进行调整。

在谈判开始时以一种协商口吻来征求谈判对手的意见，然后对其意见表示赞同和认可，并按照其意见开展工作。这样做有时能使对方忘掉彼此的争执，愿意去做己方建议他去做的事，收到意想不到的效果。运用这种方式应该注意的是，拿来征求对手意见的问题应该是无关紧要的，对手对该问题的意见不会影响己方的利益。另外，在赞成对方意见时态度不要过于献媚，要让对方感觉到自己是出于尊重，而不是奉承。

一致式开局策略适宜在高调气氛和自然气氛中运用，不宜在低调气氛中使用。因为，在低调气氛中使用这种策略容易使自己陷入被动。一致式开局策略如果运用得好，可以将自然气氛转变为高调气氛。

（二）保留式开局策略

保留式开局策略是指在谈判开始时，对谈判对手提出的关键性问题不做彻底的、确切的回答，而是有所保留，从而给对手造成神秘感和危机感，以吸引对手步入谈判。注意采用保留式开局策略时不要违反商务谈判的道德原则，即以诚信为本，向对方传递的信息可以是模糊信息但不能是虚假信息；否则，会将自己陷入难堪的局面之中。

保留式开局策略适用于低调气氛和自然气氛，而不适用于高调气氛。保留式开局策略还可以将其他的谈判气氛转为低调气氛。

（三）坦诚式开局策略

坦诚式开局策略是指以开诚布公的方式向谈判对手陈述我方的观点或想法，尽快打开谈判局面。坦诚式开局策略比较适合于有长期合作关系、以往双方都比较满意的情况。在此背景下，双方彼此比较了解，不用太多的客套，直接坦率地提出自己的观点、要求，反而更能使对方对己方产生信任感。采用这种策略时，要综合考虑多种因素，例如，谈判者的身份、与对方的关系、当时的谈判形势等。

坦诚式开局策略有时也可用于谈判实力弱的一方。当己方谈判实力明显不如对方谈判实力，并为双方所共识时，坦率地表明己方的弱点，让对方加以考虑，更表明己方对谈判的忠诚，同时也表明对谈判的信心和能力。

坦诚式开局策略可以在各种谈判气氛中进行。

（四）投石问路式开局策略

投石问路策略，意在打探对方商品成本、价格、谈判态度方面的信息时用之。该策略在战术上讲叫作火力侦察，从心理学上讲是合理的心理冲撞。谈判者使用一定的方法，如询问，然后根据对手的应答及应答表现来分析对方的谈判信息，做出己方的谈判决策。

常见的探问方法，如让步式询问："假如我方把订货增加（减少）一倍，你的价格可以（改变）优惠多少？"

给予好处式询问："假如我与贵方签订一年合同，你的方案会有什么改变？"

己方有利式询问："如果我们采取分期付款方式呢？"

比如某客商想向某企业订购 2 800 辆摩托车，他想分析对方的生产成本、设备费用的分摊情况、生产力及价格政策等。于是，他分别要求卖主告诉他，如果购买 30 辆、300 辆、3 000 辆和 5 000 辆摩托车，各以什么样的价格成交。这就是他使用了投石问路之法。卖主出于想多销快销多盈利的动机，报价自然呈相应下降的趋势。这样一来，精明的客商就会从卖主的逐步下降的价格的趋势获得相应的价格信息，从而达成交易的最为有利的条件。

（五）试水温式开局策略

这是一个常识性的手段，说的是一个人在跳入游泳池之前，先要有一个试水温的过程，以保证整体的适应。当年尼克松总统曾准备向国会提交一份保证收入的计划，他先采取放几只"试验气球"的方法，看看大众的反应。总统顾问丹尼尔·莫里汉在电视上说，他赞同这个为美国着想的保证收入计划。不过他不是代表美国政府说话。尼克松总统知道了大众不反对这个建议后，才向国会提出。

商业上降低价格的情况是很常见的。买主和卖主经常使用一个降低价格的"诱饵"信息以知道对方将在这笔交易上花多少钱。然后才决定自己的下一个步骤。这个试探性的动作，发出的信息可以是真，也可以是假。所以，需要谈判参与方能够培养自己的鉴别力和对局势的控制力，来确保谈判利益的获得，谈判目标的实现。但应当知道一个起码的常识，即对轻易获得的信息资料一定要保持高度的警惕。

（六）挑剔式开局策略

挑剔式开局策略是指开局时，对对手的某项错误或礼仪失误严加指责，使其感到内疚，从而达到营造低调气氛，迫使对方让步的目的。

二、谈判的摸底策略

谈判的摸底，是一项基本的工作。其要义在于考察对方是否诚实、正直，是否值得信赖，能否遵守诺言；其次了解对方对这笔交易到底抱多大的诚意与合作意向，这笔交易对方的真实需要到底是什么；再次，要努力了解对方的谈判、经济、作风，对方的优势、劣势。通过摸底，及时调整己方的谈判计划与策略。

摸底策略的一般表达，大体上有直陈式、曲问式、诱导式等方式。

(一)真诚交换式摸底

有时，在开局交换 4P 活动之后，就可以直接坦诚表达己方合作意图，并期望对方的合作。比如表达事实，介绍公司的资料，表达一些客观存在的事情。用以只是互换信息、达到交流的目的。这段时间不宜过长，越长越没有味道。

比如："请问贵方还需要我方提供哪些售后服务?""贵公司对我方产品质量有什么看法?"等等。这些坦诚交换式的沟通，属于开放式的询问，友好地表达己方情义，向对方主动传达善意。

(二)发问式摸底

在谈判伊始，人们往往会对己方的情况藏而不露，不轻易亮出底牌。恰如聪明的拳击运动员上场比赛，一般不会主动出击，而是在对方的攻势中寻找对手的破绽或者软肋，再后发制人。老练的谈判高手往往不急于在谈判中先表态，特别是在数目、期限、条件和价格诸问题上，故意让对方先行一下。这样做的目的，一是出于礼貌，显示对对方的尊重。二是有意要在对方的言语中窥视对手的心理活动，分析其谈判策略并调整自己的谈判思维和调节自己的谈判计划。

针对此种技法，不妨主动提出一些假设性的问题，对对方进行摸底打探。如"探测性气球"发问：

甲方："我们听说贵公司的生意不错，库存的 2/3 已经销往海南方面了……"

乙方："什么呀，只是有一些到了福建方面……"

(三)迂回式摸底

谈判人员根据对手的不同个性及不同心理，有时会采取一定的战术性迂回式摸底方法借以打探对手的谈判底线，以便采取相应的对策。

当然，谈判的摸底战术不是某一种确定的技巧，有时是正式谈判前的市场调查与分析，有时则是谈判桌前的各种心理较量，需要谈判人员具有机敏思维和灵活多变的方法方能获得谈判的主动权。

例如，20 世纪 80 年代，珠海特区光纤公司与美国 ITT 公司正式在一份合同上签了字。根据这份合同，光纤公司引进的 ITT 型光导纤维成套设备及购买的技术专利都达到了同时期先进水平，更为引人注目的是，把美方的报价压下了 186 万美元。中方主谈手庄敏女士也因而被港澳商界誉为“谈判女强手”。此次谈判成功的一个重要原因在于之前为了掌握行情，庄敏及其同伴先后同 12 家公司进行了摸底性谈判。

在这一过程中，庄敏他们发现，想同中国做光纤生意的外商很多，存在着一定程度上的竞争。于是他们决定利用这种竞争来压价，在确定选择 ITT 为合作伙伴之后，他们还同时拉上英国的 STC 公司谈判。这两家是兄弟公司，STC 是从 ITT 分出去的，但为了各自的利益，手足相煎，形同水火。但同时，ITT 公司代表团的业务能力相当高明，特别是主谈手莫尔，谈判几乎不用语言，全用数字，所有计算无一差错，庄敏及其同伴由于牢牢地把握住了行情，因此，没有表现出任何惶恐和被动，同时又巧妙地利用了 ITT 与 STC 两家之间的矛盾，很快促使 ITT 同中方成交。

第二节 价格谈判策略

价格，是商务谈判的核心。事关双方切身利益，其本质上是谈判双方交易利益的再分割。

一、影响价格的因素

商品价格，是商品价值的货币表现。除了商品本身的价值、货币的价值以及市场的供需情况成为影响商品价格的重要因素以外，影响价格的直接因素主要市场行情、利益需求、交货期要求、产品的复杂程度、附带条件和服务、产品和企业的声誉、交易的性质、销售的时机、支付方式等。

同时，商品价格又是由许多因素决定的，并处于相互联系、不断变化之中。这说明，在市场经济的条件下，价格是一个复杂的、动态的机制。

商务谈判中，如果对方迫切需要某原材料、设备、技术，即“等米下锅”，于是，谈判的交货因素便成为谈判价格的影响因素。此时，某方只注重价格的高低，而不考虑交货期，就可能要吃亏了，此时谈判对手便可能钻空子。比如，某远洋运输公司向外商购买一条旧船，外商开价 1 000 万美元，该公司要求降低到 800 万美元。谈判结果，外商同意了 800 万美元的价格，但提出推迟交船 3 个月；该公司认为价格合适，便答应了对方的要求。哪知外商又利用这 3 个月跑了运输，利润 360 万美元。显然，该远洋运输公司并没有在这场谈判中赢得价格优势。

影响谈判价格的因素，还有交易双方的谈判价格范围。这种谈判价格存在一定的合理范围，作为价格的限度，应当为谈判双方所重视。所以，交易的双方应根据各种因素，自行确定自己的价格临界目标，设计各自的理想目标，并使交易价格确定在双方可协议域内交易。

在图 5.1 中，S 为卖方(Seller)的保留价格或临界价格目标，B 为买方(Buyer)的保留价格或临界价格目标。S1 为卖方的初始报价(即价格越高越好，因为，卖方出售其商品，受其成本和其他因素的影响)，S2 是卖方的理想价格。这里，卖方的初始报价就是一种策略性的高价。显然，买方购买卖方的商品，受其价值和其他因素的影响，不可能多高的价格都购买，不可能没有一个最高的上限(即保留价格，或最高买价)如 B。这是买方在谈判中的保留价格或临界点。

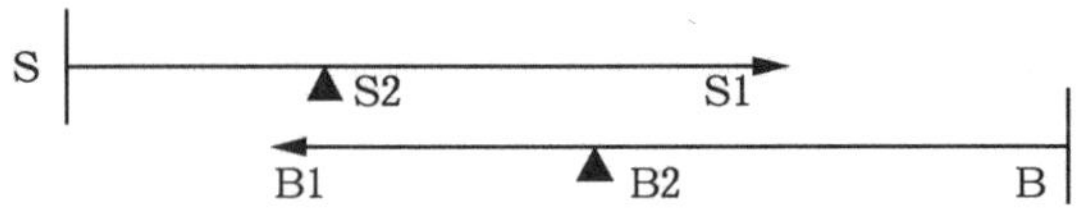

图 5.1

图 5.1 中,作为买方,希望把卖方的价格压回去,总希望买价越低越好,也会提出 B1 即策略性报价,其次才退到 B2 理想价格。买或卖都受对方保留价格的牵制。图 5.1 中有一个前提:B>S,即买方的最高买价必须高于卖方的最低售价,只有在这种情况下,价格谈判才有可能进行。

然而,在价格谈判中,双方的保留价格往往是隐蔽的、不宣告的。交易双方只能根据各种因素和信息,自行确定自己的价格临界点,同时估算对方的价格临界点 B 或 S。而价格谈判的现实依据,只能是双方的初始报价。

需要强调的是,交易双方共同接受的成交价格,尽管必须处在价格谈判的合理范围,但这并不意味着双方的利益分割是均等的,成交价格往往可能是价格谈判中盈余分割的非对称性。造成这种非对称性的因素很多,其中主要有:双方需求的不同,双方地位和实力的不同,尤其是双方谈判策略运用的不同等。所有影响因素将导致双方在价格谈判中让步的不平衡性,从而最终形成谈判中盈余分割的非对称性。现实表明,价格谈判的合理范围,不仅是交易双方价格谈判的策略依据,而且也是谈判的艺术舞台。

二、报价策略

(一)谈判的报价

发盘(Offer)是外贸术语,国内通常称为发价或报价。谈判的报价,直接影响价格谈判的开局、走势和结果。发盘人,可以是买家也可以是卖方,发盘,可以是虚盘,也可以是实盘。报价策略的运用,主要涉及报价起点策略、报价时机策略、报价表达策略、报价差别策略、报价对比策略、报价分割策略。

报价标志着价格谈判的正式开始,也标志谈判者的利益要求的“亮相”。报价是价格谈判中一个十分关键的步骤,它不仅会给谈判对手以利益的信号,从而成为能否引发对方交易欲望的前奏,而且在实质上对影响交易的盈余分割和实现谈判目标具有举足轻重的意义。因此,合理的报价往往是:通过反复分析与权衡,力求把握己方可能获取得的利益与被对方接受的概率之间的最佳结合点。可以说,如果报价的分寸把握得当,就会把对方的期望值限制在一个特定的范围,并有效控制交易双方的盈余分割,从而在之后的价格磋商中占据主动地位。反之,报价不当,就会要么助长对方的期望值,甚至使对方有机可乘;要么会吓跑对方,从而使己方陷入被动境地。

(二)常见的报价策略

在价格谈判中,常见的报价策略有以下几种战术:

1. 报价起点策略

价格谈判的报价起点策略,通常是:作为卖方,报价起点要高,即“出最高的价”。对此,人们也形象地称为“狮子大张口”。而作为买方的报价则会相反,即“出最低的价”。

谈判双方报价起点的这种“一高一低”的战术说明,谈判双方在提出各自的利益要求时,一般都含有策略性虚报的部分。这种做法,其实已成为商务谈判中的惯例。从心理学的角度看,任何人都有一种要求得到比自己预期得到的还要多的心理倾向。大量的实战事实以及研究结果表明,高喊价易高成交,而低出价则会低成交。这种现象,恰恰符合人们通常信奉的:“一分价钱一分货”这个道理。

2. 报价时机策略

机会、时机,在战术上是非常重要的条件,做得不好,提前打了,火候未到;晚了,又丧失机遇。因此,把握谈判报价时机,有时会决定谈判活动的成败。有时,卖方的报价比较合理,但并没有使买方产生交易欲望,原因往往是此时买方正在关注商品的另一个问题,像产品的使用价值、产品的质量、有效期等诸如问题。所以,价格谈判中,应当首先让对方充分了解商品的使用价值和为对方带来的实际利益,待对方对此发生兴趣后再来谈价格问题。经验表明,提出报价的最佳时机,一般是对方询问价格时,因为这说明对方已对商品产生了交易欲望,此时报价往往水到渠成。

倘若在谈判开始的时候对方就询问价格,这时最好的策略应当是听而不闻。因为此时对方对商品或项目尚缺乏真正的兴趣,如果过早报价会增加谈判的难度。这时应当首先谈该商品或项目能为交易者带来的好处和利益,待对方的交易欲望已被调动起来再报价为宜。当然,对方坚持即时报价,也不能故意拖延,否则,会使对方感到不受尊重或者反感,此时应善于采取建设性的态度,把价格同对方可获得的好处和利益联系起来。

总之,报价时机策略,往往体现着价格谈判中相对价格原理的运用,体现着促进价格的转化工作。

3. 报价差别策略

同一商品,报价往往可能会有不同。因为,客户性质、购买数量、需求急缓、交易时间、交货地点、交付方式等方面的不同,会形成不同的购销价格。这种价格差别,体现了商品交易中的市场导向,在报价策略中应给予重视。例如,对老客户或大批量需求的客户,为巩固良好的客户关系或建立起稳定的交易联系,可适当实行价格折扣;对新客户,有时为开拓新市场,也可给予适当让价;对某些需求弹性较小的商品,可适当实行高价策略;若对方“等米下锅”,价格则不宜下降;旺季较淡季,价格自然较高;交货地点,远程较近程应有适当加价;支付方式,一次付款较分期付款或延期付款,价格须给予优惠等。

4. 报价对比策略

有经验的谈判老手,在价格谈判中会使用报价对比策略。这样一方面可以增强报价的可信度和说服力,另一方面也会产生诱导对手朝我方引导的方向去思考。报价对比可以从多方面进行。例如,将本商品的价格与另一可比商品的价格进行对比,以突出相同使用价值的不同价格;将本商品及其附加各种利益后的价格与可比商品不附加各种利益的价格进行对比,以突出不同使用价值的不同价格;将本商品的价格与竞争者同一商品的价格进行对比,以突出相同商品的不同价格等。

5. 报价分割策略

这种报价策略,主要是指分割报价术,为的是迎合买方的求廉心理,将诸多商品细化,然后按照最小的计量单位报价。日本商人是比较善于此法的。从心理上,总体费用相对于个别单价总是给人以少而低廉的感觉。采用分割报价策略,能使买方对商品价格产生心理上的便宜感,容易为买方所接受。一是可以较小单位报价,例如,将大米每吨 1 000 元报成每公斤 1 元;二是用较小单位商品的价格进行比较,如"每天少抽一支烟,每天就可定一份报纸"。

三、价格解释

(一)价格解释的含义及其作用

在做出报价之后,有经验的买方会让卖方做出价格解释。价格解释,是指卖方就其商品特点及其报价的价值基础、行情依据、计算方法等所做的介绍、说明或解答。价格解释对于双方都具有重要作用。从卖方来看,可以利用价格解释,充分表白所报价格的真实性、合理性,增强其说服力,软化买方的要求,以迫使买方接受报价或缩小买方讨价的期望值;从买方来看,可以通过价格解释,了解卖方报价的实质和可信程度,掌握卖方的薄弱之处,估量讨价还价的余地,进而确定价格评论应针对的要害。

(二)价格解释的主要思路

价格解释的内容应根据交易的具体项目来确定。价格解释的原则是:有理、有利、有节。最主要的价格解释思路是:问而作答,不问不答,避实就虚,能说勿写。

1. 问而作答

报价后,对买方提出的疑点和问题,应当给予坦诚、肯定的答复,不可闪烁其词、吞吞吐吐。否则,会给人以不诚实之感。为此,卖方应在报价前,充分掌握各种相关资料、信息,并对买方可能提出的问题进行周密的分析、研究和准备,采用恰当的比较法,如同类项目或规格的优势、特点、新点等项做解释,以表明报价的真实、可信。

2. 不问不答

谈判心智说明,言多常有一失。所以,对手没有问及到的问题,一般不必回答,以免言多语失或自找麻烦,可以让对方仔细阅读相关资料或者说明书,说一些众所周知的事宜。

3. 避实就虚

价格解释中,应多强调自己货物、技术、服务等的特点,多谈一些好讲的、不成问题的问题。若买方提出某些不好讲的产品质量、技术特点、服务问题时,应尽量避其要害或转移视线,有的问题也可采取“拖”的办法：先诚恳记下买方的问题，承诺过几天给予答复，过几天人家不问就算了，问的话再变通解答。

4. 能说勿写

价格解释，能用口头解释的，不用文字写；实在要写的，写在黑板上；非要落到纸上的，宜粗不宜细。这样，会有再解释再修改、否定的退路，维护己方的主动。否则，白纸黑字，具体详尽，想再解释、更改，就很被动了。

四、价格评论

所谓价格评论，是指买方对卖方所报价格及其解释的评论和论述，即针对其“虚头”挤压出对方报价水分。

要想搞好价格评论，从买方来看，要查找出卖方的价格解释中的不实之词，指出其报价的不合理之处，从而在讨价还价之前先压一下“虚头”、挤一挤“水分”，为之后的价格谈判创造有利条件。价格评论的技巧，要注意讲究：既威猛又有分寸，既占理又服人，既要自由发挥又要严密组织，评论中再侦察与侦察中再评论结合。例如，可要求卖方出具出价标准，包括商品各个环节的价格标准，分析其价格标准中的合理或者不合理的因子，从而使对方的报价趋向(合理)己方满意的程度。

(一)善于提问，敢抓辫子

谈判对手无论怎样筹划价格解释，作为买方，其应对策略应当是善于提问。即不管卖方怎样闪烁其词，也要善于提出各种问题，或单刀直入，或迂回侧击，设法把问题引导到卖方有意躲避或买方最为关心之处，迫使卖方解答，以达到买方的目的。这时，不要轻信自己的耳朵，不必眼见为实。要从鸡蛋里面挑骨头，找到对方的缺点进行攻击，有时哪怕是自己也有心理认同的方面，仍然要嘴硬。但是，这种攻击，应掌握节奏，就是评论时不要像“竹筒倒豆子”，一下子把所有问题合盘托出来，而是要一个问题接一个问题地发问、评论，把卖方一步一步地逼向被动，使其不降价就下不了台。

(二)攻心为上，以理服人

对于买方的价格评论，卖方往往以种种理由辩解，而不会轻易就范认输。因为，认输就意味着必须降价，并有损自己的声誉。所以，买方若要卖方俯首称臣，必须充分说理、以理服人。而买方手中的“价格分析材料”“卖方解释中的漏洞”等就是手上的理。同时，既然是说理，评论中虽攻击猛烈，但态度、语气切忌粗暴，而应心平气和。只有在卖方死不认账、“无理搅三分”时，方可以严厉的口吻对其施加压力。一般来说，卖方也要维护自己的形象，谋求长期的交易利益，不会拉开架式蛮不讲理。相反，只要你抓住其破绽，他就会借此修改价格，以示诚意。而此时买方也应适可而止，不必“穷追猛打”，过早把谈判气氛搞僵。只要有理在手，待评论后讨价还价时再逐步达到目的。

(三)团队协作,认真谋划

在价格谈判中,买方参加谈判的人员虽然都可以针对卖方的报价及解释发表意见、加以评论,但是,鉴于卖方也在窥测买方的意图,摸买方的"底牌",所以,绝不能每个人想怎么评论就怎么评论,现时是要事先精心谋划、"分配台词",整个团队有分工、有协作,然后在主谈人的暗示下,其他人员适时、适度发言。在"严密组织"下,使对方感到买方内部立场一致,以加强对卖方的心理压力。

五、价格磋商

经过双方的初始报价与还价之后,价格磋商即将开始。如前所述,商务谈判由于存在谈判成交空间(Zone of Possible Agreement,ZOPA),其中,包含了交易双方的价格目标的三个层次:临界目标、理想目标、最高目标。由此,双方讨价还价的范围便在这里展开。

(一)讨价策略

讨价策略的运用,包括讨价方式、讨价次数、讨价技巧等。讨价方式,可以分为全面讨价、分别讨价和针对性讨价三种。全面讨价常用于价格评论之后对于较复杂的交易的首次讨价;分别讨价常用于较复杂交易对方第一次改善报价之后,或不便采用全面讨价方式的讨价。例如,全面讨价后,将交易内容的不同部分,按照价格中所含水分的大小分为水分大的、水分中等的、水分小的三类,再分别讨价;或者不便全面讨价的,如技术贸易价格,按具体项目分为技术许可基本费、技术资料费、技术咨询费、人员培训费和设备费等,再分别讨价;针对性讨价常用于在全面讨价和分别讨价的基础上,针对价格仍明显不合理和水分较大的个别部分进一步讨价。讨价的次数,常常是"事不过三",即针对某一个项目不应该多次紧逼着做讨价,需要讲究一些心理技巧。从常见的讨价技巧有以理服人,相机行事,投石问路等。

应该认识到其价格解释总会有这样那样的矛盾,只要留心,不难察觉,所以,当以适当方式指出报价的不合理之处时,报价者大多有所松动。如会以"我们再核算一下""我们与生产厂商再研究研究""这项费用可以考虑适当降低"等为遁词,对报价做出改善。此时,即使价格调整的幅度不是很大,或者理由也不甚合乎逻辑,作为买方,也应表示欢迎。而且,可以通过对方调整价格的幅度及其解释,估算对方的保留价格,确定进一步讨价的策略和技巧。

(二)还价策略

还价策略的精髓在于:后发制人。在经过一次或几次讨价之后,为了达成交易,买方就要根据估算的卖方保留价格和己方的理想价格及策略性虚报部分,并按照既定策略与技巧,提出自己的反应性还价,其目的绝不在仅仅提供与对方报价的差异,而是要致力于给对方造成压力与影响或改变对手的期望。

在实施还价方式时,谈判者要确保自己的利益要求和主动地位,首先应善于根据交易内容、所报价格以及讨价方式,采用不同的还价方式,多用总体还价、分别还价、单项还价等。

还价起点的确定，是十分关键的内容。还价的起点策略，通常为低起点原则、针对虚头原则。起点要低，能给对方造成压力并影响和改变对方的判断及盈余要求，能利用其策略性虚报部分为价格磋商提供充分的回旋余地和准备必要的交易筹码，能够促成最终成交价格和实现既定的利益目标。但是，还价不能太低。还价起点要接近成交目标，至少要接近对方的保留价格，以使对方有接受的可能性。否则，对方会失去交易兴趣而退出谈判，或者己方不得不重新还价而陷于被动。

常见的还价策略有：

1. 吹毛求疵策略

吹毛求疵策略，是指处于谈判劣势的一方，对谈判中处于有利的一方炫耀自己的实力大谈其优势时，采取避让态度，反而寻找对方的弱点，伺机打击对方的士气。其做法通常是："横挑鼻子竖挑眼"、"言不由衷"，而且是"委曲求全"。

吹毛求疵策略可以动摇卖方的自信心，迫使卖方接受买方的还价，从而使买方获得较大的利益。需要注意的是："吹毛求疵"不能过于苛刻，应近乎情理和取得卖方的理解；否则，卖方会觉得买主缺乏诚意，甚至会被卖方识破。

2."花生米"策略

"花生米"策略指的是把积少成多作为还价的一种方法，是指为了实现自己的利益，把整个目标项目分解细分，耐心地一项一项地谈、一点一点地取，像吃花生米一样一粒一粒地吃掉，达到聚沙成塔、集腋成裘的效果。"花生米"策略的可行性在于：

(1)人们通常对微不足道的事情不太计较，比如对区区蝇头小利不太在乎，也不愿为了一点儿利益的分歧而影响交易关系，这样，买方便可以利用这种心态将总体交易内容进行分解，然后逐项分别还价，通过各项获得的似乎微薄的利益，最终实现自己的利益目标。

(2)细分后的交易项目因其具体容易寻找还价理由，使自己的还价具有针对性和有根有据，从而易于被卖方接受。

3. 最大预算策略

运用"最大预算"的技巧，通常是在还价中一方面对卖方的商品及报价表示出兴趣，另一方面又以自己的"最大预算"为由来迫使卖方最后让步和接受自己的出价。例如，经过讨价，卖方已将某货物的报价由 10 万元降至 8.5 万元，买方便说："贵方这批货物我们很想购买，但是，目前我公司总共只有 7.8 万元的购货款了，如果能按这个价格成交，我们愿今后与贵方保持合作关系"。这样，买方采用"最大预算"的技巧做出了 7.8 万元的还价，实现了交易。

第三节　让步与拒绝策略

在商务谈判中，为了达成协议，让步是必要的，它是一个理智的取舍过程，一个高明的谈判者应该知道在哪里放弃。对于存在利益差异的谈判双方来说，在资源有限的条件下，为达成一致而做出让步是不可避免的。但是，让步不是轻率的行动，必须慎重处理。成功的让步策略可以起到以局部小利益的牺牲来换取整体利益的作用，甚至在有些时候可以达到"四两拨千斤"

的效果。

一、让步类型

让步按不同的标准划分，可分为不同的类型。

(一)按照让步的姿态分类

(1)积极让步。以某些谈判条款上的妥协来换取主要或基本方面利益的让步。以下情况可采用积极让步：谈判一方具有谈判实力优势；收集掌握了充分的资料，拥有比较准确的相关数据；事先制订了科学合理的让步计划和让步幅度。

(2)消极让步。谈判双方中一方单独退让部分利益以求打破僵局、达成交易的让步。

以下情况可采用消极让步：谈判一方实力较弱，有求于人；急于达成交易；报价的水分、虚头被对方识破。

(二)按照让步的实质分类

(1)实质让步。在利益上做出真正让步，旨在以己方的让步换取对方的合作与让步。

(2)虚置让步。让步只是一种形式，而没有任何实质让步内容。此方式可以分散对方注意力而拖延谈判时间，让对方在某些方面做些松动。

(3)象征让步。在双方僵持不下时一方先做出让步。根据情况己方可以考虑先做出次要问题上的让步，让对方感觉己方的诚意，对方往往也会做出让步。

(三)按照让步的主次分类

(1)主要让步。在主要问题方面做出较大让步。主要让步一般是在谈判最后期限之前做出的让步，让对方有足够的时间来思考。

(2)次要让步。在次要问题上做出的让步。在准备谈判目标的时候，要界定好哪些是主要内容，哪些是次要内容，同时在谈判开始要设定让步的底线，争取在次要问题上让步。

二、让步的方式

美国的谈判学家霍华德·雷法将让步方式称为“谈判舞蹈”(Negotiation Dance)，即交易双方在讨价还价的交换中，同时也做出一些必要的让步，不断地把双方价格差距缩小，直至在价格谈判的合理范围之内确定一点，“谈判舞蹈”的舞步方告停止。最终形成双方满意的成交价，实现谈判目的。

常见的让步方式有八种。例如，卖方初始报价 160 万元，理想价格为 100 万元。卖方为达到预期目标，需做出的让步为 60 万元(160－100)。假定双方共经历四轮让步，常见的让步方式可归结为八种(参见表 5.1)。

表 5.1 霍华德·雷法的"谈判舞蹈"

序号	第一轮让步	第二轮让步	第三轮让步	第四轮让步	让步方式
1	0	0	0	60	冒险型
2	15	15	15	15	等额型
3	8	13	17	22	诱发型
4	22	17	13	8	希望型
5	40	12	6	2	妥协型
6	59	0	0	1	危险型
7	50	10	−1	1	虚伪型
8	60	0	0	0	低劣型

(一)冒险让步方式

它的特点是在价格谈判的前期和中期,无论买方做何表示,卖方始终坚持初始报价,不愿做出丝毫的退让。而到了谈判后期才迫不得已做出大的退让。这种让步方式容易使谈判形成僵局,甚至可能导致谈判的中断。

(二)等额让步方式

这是一种以相等或近似相等的幅度逐轮让步的方式。这种方式的特点是使买方每次的要求和努力都能得到满意的结果,但也会因此刺激买方坚持不懈的努力,以取得卖方的继续让步。而一旦停止让步,就很难说服买方。

(三) 诱发让步方式

这是一种让步幅度逐轮增大的方式。在实际价格谈判中,应尽量避免采取这种让步方式。因为这样会使买方的期望值越来越大,并会认为卖方软弱可欺,从而助长买方的谈判气势,很可能使卖方遭受重大损失。

(四)希望让步方式

这是一种让步幅度逐轮递减的方式。这种让步方式的特点在于:一方面表现出卖方的立场越来越强硬;另一方面又会使买方感到卖方仍留有余地,从而始终抱有继续讨价还价的希望。

(五)妥协让步方式

这是一种开始先做出一次大的退让,然后让步幅度逐轮急剧减少的方式。这种让步方式的特点是,它既向买方显示出卖方的谈判诚意和妥协意愿,同时又巧妙地暗示卖方已做出巨大的牺牲和尽了最大的努力，进一步的退让已近乎不可能。

（六）危险让步方式

这是一种开始让步幅度极大，接下来则坚守立场、毫不退让，最后一轮又做了小小的让步的方式。这种让步方式，充分表明了卖方的成交愿望，也表明进一步的讨价还价是徒劳的；但开始的巨大让步也会大幅度地提高买方的期望，虽然之后卖方态度转为强硬会很快消除这一期望，可是，买方很高的期望一旦立即化为泡影往往难以接受，从而影响谈判的顺利进行。另外，开始就做出巨大让步，可能会使卖方丧失在较高价位成交的机会。

（七）虚伪让步方式

这是一种开始做出大的让步，接下来又做出让步，之后安排小小的回升，最后又被迫做一点让步的方式。这是一种较为奇特和巧妙的让步技法，往往能操纵买方心理。它既可表明卖方的交易诚意和让步已达到极限，又可通过"一升一降"使买方得到一种心理上的满足。

（八）低劣让步方式

这是一种开始便把自己所能做出的全部让步和盘托出的方式。这种让步方式不仅会在谈判初期大大提高了买方的期望值，而且也没有给卖方留出丝毫的余地。而后几轮完全拒绝让步，既缺乏灵活性，又容易使谈判陷入僵局。其次，开始即做出全部让步，也会使卖方可能损失不该损失的利益。

从表 5.1 所示的八种让步方式可以看出：不同的让步方式传递着不同的信息，对对方形成不同的心理作用，也对谈判进程和结果具有不同的影响。在实际的价格谈判中，较为普遍采用的让步方式，是上面第四种"希望型"和第五种"妥协型"的让步方式。它们的特点是，让步的幅度是逐轮递减的，以此向对方暗示正在逼近让步的极限值，同时，为顺利达到或接近双方的成交价格铺平了道路。

最后需要说明，由于交易的内容和性质不同，双方的利益需求和谈判实力不同，以及其他各方面因素的差异，价格谈判中的让步方式不存在固定的模式，而通常表现为多种让步方式的组合。

让步策略的运用都要注意遵循一些基本的原则。这些原则大体是：

(1)所做的让步，是战略性让步，整体性的。不做无所谓的让步，不轻易让步。

(2)在重要的关键性问题上要力争使对方先做出让步。

(3)注意把握让步的时机。

(4)不要答应做出与对方同等幅度的让步。

(5)适当让步，可以同步于对方的让步。

(6)一次让步的幅度不宜过大，让步的节奏也不宜过快。

(7)让步之后如觉得不妥，可以寻找合理的借口推倒重来。

总之，所做的让步，要能够使对方获得了一定利益或者好处，让他们感觉到己方的诚意，以促使最后的谈判目标实现。

三、促使对方让步的策略

(一)车轮战策略

车轮战策略是指在谈判某个议题或几个议题的过程中,由主谈人和助手或几名助手轮番上阵与对手辩论,形成一种人数、气势、论理的强势,同时形成不同态度造成的心理压力,迫使对手疲于应战、精神沮丧,从而做出退让的做法。

(二)"扮红白脸"策略

"扮红白脸"策略是指在谈判中,时而以白脸,时而以红脸的形象出现,通过态度的变化干扰对方的谈判意志,以求得谈判优势的做法。该策略是谈判手精神上的定位移动,通过这种移动攻击的也是对手的精神。其表现形式是又打又拉,软硬兼施,使对手不能定其意,从而达到软化对手立场的目的。

(三)货比三家策略

货比三家策略是指在交易谈判中,为了使对方处于竞争地位或被选择地位,将与竞争或与同行的对手同时请来谈判,以选其中一家的做法。

该策略是买方经典策略,其实卖方也可以使用。只不过从营销的角度看买方是"上帝",而"上帝"的权利体现在选择。当卖方商品有竞争力,市场地位强时,卖方也有选择的权利。

该策略强调比较,把对手的货或条件与别人的货或条件比优劣。至于是两家比,还是三家甚至四家比,是次要条件,但至少要有两家(含对手)。

(四)声东击西策略

声东击西策略系指在谈判中通过转移对方对自己真实意图的注意力,以求实现预定谈判目标的做法。该策略与兵法三十六计中的"声东击西"计策相同,均以"东""西"两物为标,以忽东忽西为行,以有声与无声为影,为的是使对手产生错觉,失去判断力,从而实现谈判预定目标。

该策略中,"声东"部分为虚张声势的进攻。"击西"才是实实在在的目的。而"声东"部分在谈判的组织中占了较大的成分。如序幕、高潮谈判部分均围绕"声东"进行,直到尾声才转入"击西"——决战目的地。

(五)最后通牒策略

最后通牒策略是指在谈判进行到一定阶段(多为中后期),通过提出一个新的让步条件作为决定合同成败的最后妥协条件,并逼对方对此做出答复的做法。该策略硬在"不可谈判",即抛出己方新的让步条件后不再与对方讨价还价。对方必须答"是"或"否"。行,就签约;不行,就再见。谈锋极为犀利，气势也大。

最后通牒策略以极强硬的形象出现，人们往往不得已而为之。它的最后结果是可能中断谈判，也可能促使谈判成功。因为一般来说，谈判各方都是有所求而来的，谁都不愿白白地花费精力和时间空手而归。特别是在商务谈判中，任何商人、企业家都知道，自己一旦退出谈判，马上就会有许多等在一旁的竞争者取而代之。

使用最后通牒策略必须谨慎，它实际上把对方逼到了毫无选择余地的境地，容易引起对方的敌意。

（六）针锋相对策略

针锋相对策略是指在谈判中，对于对方所言的论点和证据，以毫不妥协的态度逐一予以否定、驳斥，使对方感到阻力巨大，成功渺茫，进而动摇谈判意志，放弃原要求的做法。该策略塑造了谈判手“鹰”派形象。谈判态度强硬，不容妥协，像人们常说的顽固形象。该形象在运用“红白脸”的策略时需要；在对手心理脆弱时也需要，所以应用的范围较广，效果也不错。

该策略在一定阶段并不考虑对方的论点正确与否，只考虑己方是否应该退让。假如不到退让的时机，即使微小的退让，也坚决不让。

（七）欲擒故纵策略

欲擒故纵策略是指对于志在必得的交易，故意通过各种措施让对手感到自己满不在乎的态度，从而压制对手在谈判中要价的胃口，使己方以预想条件成交的做法。

战争中，该策略有惑敌、麻痹对手的意思。商务谈判中，主要目的在掩盖己方谈判的真实意图，谨防被对手利用压制己方成交条件。两种情况如出一辙——虚与惑，以此为武器获得行动的胜利或达到目标。

该策略是基本谈判策略，运用较多。由于该策略既有守的功夫，又讲究攻的技巧，所以其功效较大，为谈判手必修之策略。

该策略直接打击的是对手的自信心，追求的是对手的积极反应——担心自己的地位。其虚假态度、迷惑对手的信息，均应围绕对方心理活动而用。

四、拒绝策略

拒绝就是不让步，谈判中实施拒绝策略不是宣布谈判破裂，而是否定对方的进一步要求。为了在谈判中争取到对自己有利的谈判地位，我们常常需要对对方说“不”，又不能因此而导致谈判破裂，就需要一定的策略。

（一）权力有限策略

权力有限策略是指谈判者为了达到降低对方条件、迫使对方让步或修改承诺条文的目的，采取转移矛盾，假借其上司或委托人等第三方之名，故意将谈判工作搁浅，让对方心中无数地等待，再趁机反攻的一种策略。

从某种意义上说，受了限制的权力才会成为真正的力量，一个受了限制的谈判者要比大权独揽的谈判者处于更有利的状态。例如，可以优雅地向对方说“不”，因为未经授权，这往往使对方大伤脑筋，迫使对方只能根据他们所拥有的权限来考虑问题。如果对方急于求成，虽然明知会有某种损失，也不得不妥协拍板；否则，就会冒谈判失败的风险。

(二)疲劳战策略

疲劳战策略是指通过有意安排的超负荷、超长时间的谈判，或故意作单调冗长的陈述，使对手从身体上、精神上感到疲劳，或因疲劳而造成漏洞，或因厌倦而动摇立场的做法。

在兵书中，作为胜负之道，有“以逸待劳”之说，言劳师易败之理。谈判作为既用脑又费神的活动，劳逸问题就更显得有文章可做了。

(三)休会策略

休会策略是指谈判进行到某一阶段或出现僵局，双方情绪都比较激动、紧张，会谈一时也难以继续进行，谈判双方或一方提出中断会议、休息一会儿的做法。这时，双方可借休会时机冷静下来，仔细考虑争议的问题；也可以召集各自谈判小组成员，集思广益，商量具体的解决办法。当双方再按预定的时间、地点坐在一起时，会对原来的观点提出修正的看法。这时，僵局就会较容易打破，推动谈判的顺利进行。

(四)以退为进策略

在我国军事上，常常使用“以退为进”的战术。像古代孙膑和庞涓之战中孙膑使用的减灶法，隋唐时期的罗家枪法和宋代的杨家枪法中都有一招“回马枪”术，都是以退为进的招数。

这样的战术，讲的是“避其锋芒，先让一步，后发制人”的策略，利用智慧谋划取得胜利。在商务谈判桌上，买卖双方心理较量、语言碰撞、策略并举，讨价还价恰如战场。人们通常会使用“退一步，进两步”的制胜方法。

例如，美国一家大航空公司要在纽约城建立航空站，想要求爱迪生电力公司以低价优惠供应电力，但遭到电力公司的拒绝，并推托说公共事务委员会不批准，因此谈判陷入窘境。后来航空公司索性不谈判了，声称不依靠电力公司而决定自己建设发电厂，电力公司一听到这消息，立刻改变原先的态度，主动请求公共服务委员会从中说情，表示给予这类新用户优惠价格。

(五)绵里藏针策略

常言道“急中风，慢郎中”，说的是那些自信能够对局势有所把握的人，往往会遇事不惊，处事不乱，在谈判中能够冷静应对事态，妥善地处理各种问题，从而占据谈判主动。

通常的谈判场合，双方所摆出的阵营中往往有首席代表与次要的代表、前台代表和后台代表之分，一方的主谈判在回答问题时，通常要看一看副谈判的态度或者副谈判的某种暗示，即使他们心里想的是迅速谈成交易，也总是表现出一种从容不迫的神态，努力放慢谈判的节奏，做到不急不躁、沉着应战。美国前总统卡特在他忙于筹备总统竞选时，他的母亲积极支持自己的儿子。一天，有位女记者找到了卡特母亲的房间，问道："您的儿子向选民们说，他如果说了谎话，大家就不要投他的票。您敢说卡特从来就没有说过谎吗？"卡特的母亲回答："也许我的儿子说过谎，但都是善意的。"女记者立刻追问："什么是善意的谎话呢？"卡特母亲看了一眼这个不怀好意的女记者，说："你不记得几分钟之前，当你跨进我的房间门槛时，我对你说你非常漂亮，我们见到你很高兴。"

谈判对手的进攻，有时很猛烈，有时又是别有用心，如果使用绵里藏针技巧，既能够有效地避开对手的锋芒，又不是消极应付，仍不失其风度和形象。这种方式与"沉默是金"的战术有时是异曲同工。

第四节　签订协议中的策略

谈判双方经多次谈判，就经济交往中的各项重要内容完全达成协议以后，为了确认彼此各方的权利和义务，一般都要签订经济契约，即通过合同的形式来确立、变更、终止其经济权利义务关系。商务谈判合同的种类很多，常见的主要涉及有购销合同、包销合同、代销合同、联营合同、进出口合同等形式。

一、商务谈判合同的种类

（一）购销合同

购销合同是指供方出售商品给需方，需方接受商品并按规定支付价款的协议。购销合同是买卖合同，出售商品的一方称为卖方，接受商品的一方称为买方。购销合同适用于所有从事生产制造商业经营和服务的部门、企业相互之间的交易，其适用范围十分广泛，形式也多种多样。

签订购销合同时应注意的问题：一是要尽量采用产品的标准名称和能用名称，注明产品的标号、商标、款式、产地，以及某种级别的质量标准；二是要标明产品的数量和计量单位，其中还应明确允许的正负尾差、运输中的自然损耗和验收时的合理超欠幅度；三是标明包装的标准及相关规定；四是尽量写明产品的价格，如单价、等级价和运费等；五是要明确规定产品的交货期限和验收具体要求，如交货的车站、码头等；六是要明确规定产品货款的结算方式；七是要列出具体的违约责任和赔偿办法。

（二）包销合同

包销合同一般是指那些规定了买卖双方对某种商品在一定的地区和一定的期限内互有专营权的合同。即是在上述条件规定下给予第三者销售的权利；而买方也只有向卖方购买，不得向第三者购买；同时买方在购回商品后，自行销售，自负盈亏。这种合同与一般商品买卖合同的区别是，它有商品专营权、包销范围和包销期限等规定。由于这种合同交易时期较长，卖方在规定的期限内分批交货，因而在价格条件上涉及一次性作价或是分批作价的问题。正确签订包销合同关系到双方企业在一个较长时期内的合作关系与经营效果。

(三)联营合同

联营合同一般是指两个或两个以上的经济组织相互约定联合经营一定的经济事业所签订的合同,在流通领域里,有为举办工商联营、农商联营、商贸(外贸)联营、商商联营而签订的合同,其业务内容有联购、联销、产销联合、内外销联合等。联营合同要经协作主管部门批准,并经工商行政管理部门核准登记。签订联营合同必须明确规定:联营的宗旨及内容,联营的各方面的名称和所有制性质,联营各方面的投资额,联营收益的分享和亏损的负担,联营的方式,联营的期限,联营各方分工及责任等。

(四)进出口合同

进出口合同包括进口合同和出口合同。在我国对外贸易的出口业务中,从合同的内容详简情况来看,常采用的出口合同有销售合同和销售确认书两种。销售合同的内容比较全面,除包括产品的标准名称、规格、包装、单价、装运港和目的港、交货期和付款方式、运输标志和商品检验等条件外,还有异议索赔、仲裁、不可抗力等条件。对双方的权利和义务以及发生争议时的处理,均有详细的规定。所以对大宗商品或者成交金额比较大的商品交易,一般采用这种合同。

销售确认书是一种简式合同,只包括名称、规格、包装、单价、装运港和目的港、交货期和付款方式、运输标志和商品检验等条件。而议异索赔、仲裁、不可抗力等条件一般都不列入。它适用于涉及金额不大、批次较多的轻工业产品和小土特产品的交易。

这两种合同在法律上具有同等效力,双方签字后,必须遵守执行。

二、要约和承诺

经济合同签订的过程,也就是谈判双方对合同内容进行讨论、协商,为谋求各自经济利益并取得一致意见的过程。它是经济谈判一方以缔结合同为目的,向对方提出签订经济合同的建议、要求或一种意思表示。提出要约的一方称为要约人,对方称为受要约人,又称承诺人。要约人在提出要约时,除表示签订谈判合同的愿望外,依法还必须明确提出合同的主要条款,以供谈判对方考虑是否同意签约。这个过程概括起来,一般要经过要约和承诺这两个主要步骤。实际上,签约往往是由多次性的要约和承诺过程构成。

(一)要约

如前所述,要约,在国际贸易中称发盘,是一种法律行为,在报价到达对方时发生法律效力,对要约人有法律约束力。如果要约中规定了答复期限,要约人在规定期限内要受约束。只要在规定期限内收到对方表示接受提议的答复,要约人就有与对方订立经济合同的义务。同一标的的合同,在这个期限内,要约人不得与第三人提出同样提议或与第三人订立此项合同。否则,由此给对方造成的损失就要负赔偿责任。但是,在下列三种情况下,要约人可以不受原要约的约束：

(1)在规定期限内收到对方拒绝接受要约的答复，或者谈判对方做出了改变原要约主要条款的答复；

(2)对方超过期限才做出同意就要约进行谈判的答复；

(3)虽然对方是在规定期限内做出同意要约的答复，但是要约人收到答复时已经过期，并且将此情况通知了对方。

如果要约人没有规定答复期限，用口头方式提出时，在对方立即接受要约的情况下，要受要约的约束；用文字形式提出要约时，在合理期限内要受要约约束。不受约束的要约，要约人不承担法律责任。

(二)承诺

承诺即接受要约，在国际贸易中称还盘，或叫接受提议，也就是受要约人按照要约所指定的方式，对要约的内容表示完全同意。所谓完全同意，是指接受要约人(承诺人)对于要约(提议)中所提出的各项条款都表示赞同。要约一经承诺，合同即告成立。承诺是一种法律行为，承诺人要承担合同履行的义务。

在谈判中对提议(要约)提出的修改、部分同意或者附有条件的接受，则不能认为是接受提议(承诺)，应当看作是拒绝原要约而提出新的要约，这是因为它已改变了原提议的内容。

作为有效的承诺，必须具备下列条件：

1. 承诺必须由受要约人做出

经济合同必须要由具有法人资格的企事业等单位出面签订，而法人的活动是由它的法定代表进行的。但在现实的经济活动中，企业的经理或厂长并不都是亲自同其他单位谈判签订合同，而往往是授权本企业所属职能部门负责人或专业人员负责签订合同。有些谈判还可以委托其他法人或律师代签经济合同，所以受要约人包括法人代表及其取得委托单位委托书的代理人。除此之外，任何第三人即使知道要约内容，并参加了谈判全过程，对此做出同意的表示，都不能算作承诺，不能成立合同。

2. 承诺必须在要约的有效期间内进行

如果要约规定了有效期限，承诺的时间迟于要约的有效期限就不是有效的承诺。

3. 承诺必须与要约内容一致

承诺是受要约人愿意按照要约的内容与要约人订立合同的一种表示；因此，承诺的内容应当与要约的内容相一致。如果受要约人在承诺中将要约内容加以扩充、限制或变更，这就不是承诺而是一项新的要约或反要约，它必须经过谈判，使原要约人接受新的要约，即获得原要约人的承诺，方能成为合同。

4. 承诺的传递方式必须符合要约所提出的要求

谈判中要约人在要约中可以对承诺的传递方式做出具体规定，受要约人在承诺时如果擅自改变传递方式，承诺就不能成立。如果要约人在要约中没有规定具体的传递方式，承诺人一般应按要约所采用的传递方式办理。

承诺也可以撤回。承诺的撤回必须在生效前撤回，一旦生效，合同即告成立，承诺人就不得撤回其承诺，如果撤回已生效的合同，就是单方撕毁合同，就要承担法律责任。

谈判签约都必须经过要约和承诺这两个步骤，经过反复谈判协商，取得一致意见，达成协议。法律另有规定的除外。

三、签订经济合同应该避免的错误

经济谈判的成功要用经济合同保证，但由于经济谈判和经济活动的复杂性，双方协商的意见不一定能完整准确地反映在经济合同上，经济合同履行中往往就会出现问题和纠纷。所以，应当注意避免在签订经济合同时犯以下几方面的错误：

（一）避免合同条款不全，规定不明确

1. 必须明确质量要求与标准

《中华人民共和国经济合同法》明文规定：质量条款是经济合同必须具备的主要条款。谈判双方在签约时，必须充分协商，明确具体地规定产品质量标准。因此，在合同中必须写明执行的标准代号、编号和标准名称。对成套产品，应对附件的质量要求，做出明确的规定。有些特殊商品，国家还规定了特殊的质量要求。

一旦在合同条款中缺乏质量要求与标准，或合同虽规定了产品质量要求，但要求不具体，发生问题时，双方各执己见，则问题无法解决。如在一个购销合同中，质量标准条款中规定："质量标准按产品说明书"，这就失误了。因为"产品说明书"有许多种。有专门说明质量的；有专门说明使用方法的；有专门介绍装配方法的。应根据"产品说明书"的具体情况来定。产品的包装质量仅写成"外观完好"是不够的。包装质量不仅包括外观完好，而且还应具有一定的防震、防湿、防腐蚀的能力。

2. 必须明确价款的规定

在现实生活中，价款不清是最容易发生争执之处。针对某种产品的价格，必须标明是国家有关物价管理的规定，或者说明是经双方协定后的价格。如因对产品有特殊技术要求或者需要提高或降低价格的都应经双方商定。或者还可在合同中注明："按谈判双方最后商定的价格（或物价主管部门批准的价格）结算，多退少补。"有的合同价款写"估算价"，订立"开口合同"。在实际交货时，供方单方面决定新价格；因事先未经谈判协商一致，合同中又未作具体规定，遭对方拒付，发生纠纷。这种情况在购销合同中时有发生。

3. 必须明确交货期

根据国家有关法律规定，应当按照谈判双方协议规定的交货时间按时交货，延期交货的供方应向需方偿付违约金；擅自提前交货的，需方有权拒收。之所以做这样的规定，是因为在实践中有些单位的仓库有限，如供方擅自提前交货，就会使货物无处存放，造成损失。同时也会打乱需方的工作计划。交货期条款应起到准确制约供方交货行为的作用，交货期不明确很容易引起纠纷。有的合同将 2012 年四季度交货简称为 12/4 或 12/4G，这算是四季度还是四月份呢？有的合同虽明确交货期为第几季度，却又加上争取提前完工的要求，如 2011 年三季度

交货，争取二季度完工；有的写 2011 年三季度交货，8 月完工等。到正式交货时，双方各执一词，引起纠纷。

4. 必须写明确切的验收方法、地点

验收是一项严肃的法律制度，它包括验收时间、验收的方式、提出异议的期限三项基本内容。这三项基本内容是相辅相成、缺一不可的。它们分别从各自不同的角度，在确保商品质量、明确违约责任等方面发挥着自己的作用。如在合同中简单地写成“以样品为准”就是错误的。根据这一条款，当事人既不知道何时开始验收，也不知道用什么方式进行验收(如用多大的抽样比例)，合同的标准是什么？也不知道提出异议的期限是什么？如果谈判双方商定以样品作为质量标准，正确的做法应该是谈判双方共同验证质量标准，进行详细记录后，由双方共同互封。验收时，应首先共同检查封存情况，然后开封。如果发现有拆封现象，则该封存样品作废。

合同写成“由双方当面验收确定”也是不科学的。因为，质量标准是多方面的，有些是可以“当面验收确定”的，例如物品的外观、颜色等。有些则不能“当面验收确定”，如写“到厂验收”，到哪个厂、如何验收都不明确。

5. 必须明确合同的结算办法

“货到付款”是经济合同中常见的错误用语。它没有说明付款的确切时间，也没有说明是现金支付还是通过银行办理转账结算。那么，需方可以据此无限期地拖延付款。其他经济合同应根据其技术经济特点，在支付方式条款中注明时限和结算方式。按照《中国人民银行结算办法》付款单位的承付包括验单付款和验货付款两种方式，在这两种不同的承付方式中，付款单位(需方)和收款单位(供方)的权利义务是不同的。一般购销合同，如果是“验单付款”，那么付款的期限为 3 天，从付款单位开户银行发出承付通知的次日算起。付款单位在承付期内，未向银行表示拒绝付款，银行视为同意承付，并在承付期满的次日上午(例假顺延)将款项主动从付款单位账户内拨出，按收款单位指定的划款方式，划给收款单位。如果是“验货付款”，则支付期限为 10 天，从运输部门向付款单位发出提货通知的次日算起。由此可见，不同的承付方式对谈判双方权益的影响是不同的。笼统地把“结算方式”写成“通过银行转账结算”是不合适的。应具体注明是“验单付款”还是“验货付款”。

6. 合同条款用词不能含糊、模棱两可

经济合同具有法律的严肃性，一经签订就具有法律效用。合同用语的起码要求是要准确具体，反对一切抽象的笼统的表达和含糊不清的用语。如一贷款协议的“借款用途”条款中，写成“购置设备等”，这个“等”就使借款用途得到无限扩大，使贷款方失去了监督检查和制约借款方的依据。还有些合同写上什么“马上”“争取”“尽力”“尽快”等词，这些词都是画蛇添足，在发生争执时，都能成为推诿的口实。

此外，“签约地”是当前许多经济谈判容易遗漏的一个项目。缺少“签约地”项目，不利于迅速、准确、合法地解决合同纠纷，不利于确认谈判双方的权利义务和制裁违约行为。

(二)避免签订经济合同的主体不明确或不合法

我国《经济合同法》规定，只有“法人之间”才能订立经济合同，只有法人才能成为经济合同法律关系的主体。但是,目前一部分经济合同中签订经济合同的主体却不是法人。

有的合同主体不明确。如某羊毛购销合同中,开始出现了四个当事人,即甲方的“××实业贸易公司”“××工农商联合公司”;乙方的“××联合企业公司”“××开发公司”。而在合同最后,签章的却又是一个单位,即甲方的“××实业贸易公司”,乙方的“××联合企业公司”。这样从合同文本上,我们就不能一目了然地认清这四者之间的关系,也不易辨明谁是该合同真正的主体。所以,这份合同的主体名称的签署是混乱的、不明确的,它不符合法律规定。

有些合同上盖有“销售科”甚至“生产组”的图章。“销售科”和“生产组”不是法人,没有资格签订经济合同,以它们的名义订的合同是无效的。另外,有的单位签约人员在携带合同专用章外出签合同时,往往不持本单位签发的委托书。严格地说,他因此而不具备法人代表的资格,也不具备委托代理人的资格,不能代表本企业签订合同;如果签订了,这样的合同也应当视为无效合同。这种现象很普遍。

(三)避免合同违约责任表述不正确

我国《经济合同法》中用了很大篇幅,对违约责任做了明确而具体的规定,不同类型的经济合同,违约的内容也有所不同。但在实际的签约中,往往靠“君子协定”,而不规定谈判双方违约应负的经济责任、法律责任。倘遇紧俏物资尤其如此,只能迁就对方。一旦合同发生纠纷时,双方彼此意见很难一致,情况就很难处理。

例如某工程承包合同中的违约责任写上:“工程未经验收,发包方提前使用或擅自动用,其后的质量问题,承包方概不负责。”这一项规定与国家现行的法律规定是不符合的。《建筑工程承包合同条例》规定:“工程未经验收,发包方提前使用或擅自动用,由此而发生的质量或其他问题,由发包方承担责任。”这就是说,建筑工程未经验收,发包方提前或擅自动用虽然不对,如果质量问题不是由此造成的,承包方还应承担相应的责任。所以,这句话的表述是不准确的。

也有个别合同的违约责任的规定是以谈判一方(往往是强的一方)有利与否及有利程度而定。只规定对方单方面的违约责任,有意回避而不写自己的违约责任,像“解释权在自己方”。这类“格式合同”或者“格式条款”显然违反了平等互利的原则,也容易引起合同纠纷。

(四)避免草率签订,任意中止合同

合同由于出现价格差错、写错地点,漏写交货日期、标的单价、运输方式和付款方式而引起纠纷的情况不少。还有些合同,在资金、货源、运输、产品销路不落实的情况下,就草率签订,随后又任意中止或单方面撕毁合同,从而埋下纠纷的隐患。有些单位看到产品销路好,就盲目订购大批原材料和零配件,一旦产品滞销就拒收毁约,此类情况时有发生。还有些因客观条件的变化给合同的签订和履行带来一定的困难。例如:行政下达新的指标影响已经签订的部分经济合同的履行;物资供应上存在缺口,以致使合同承约一方的企业难以得到确实的物质条件保证;运输力量不足,基建项目调整等,使个别合同无法履行,造成的损失往往无法赔偿。但造成合同中止的绝大多数是谈判双方的主观原因造成的。我们应该积极地从中总结经验教训,把合同订得完备科学,以便于全面有效地履行。

(五)合同条款互不衔接,相互之间发生矛盾

经济合同种类很多,各类合同因谈判双方的经济目的和具体要求不同而各不相同。但是不管哪种合同,一般由约首、正文和约尾三个部分组成。“约首”,是合同的首部,用来反映合同的名称、号数,签约的日期、地点,双方的名称、地址,以及序言等内容。“正文”也就是谈判双方协议的具体内容,是合同的核心部分。它包括标的、数量和质量;价款或者酬金;履行的期限、地点和方式;包装和验收方法;违约责任等主要条款。“约尾”,是合同的尾部,用来反映合同文字的效力、份数、附件及其效力,以及双方签字盖章等。一份完整、有效的合同,一般要求各主要条款完整相互衔接,如果出现其中一项条款与另一项条款相抵触的现象,实际上就是两款条款相互否定,一旦发生纠纷,各执一词,互相扯皮。因此,在签约时,不仅各条款要完备,不可漏签,而且要保证各条款不发生矛盾。有时某些合同还会附带一些附件,对合同的条款做进一步解释或规定,同样也具有与合同同等的法律效力。

除上述外,签约礼仪也是不容忽视的。相关礼仪将在第八章有专项论述。

案例分析

西方竞争者都爱把建立在假设基础上的真实意图小心翼翼地隐藏起来。美国谈判学家、著名商务谈判代理人杰勒德称这种惯用伎俩为“隐蔽的假设”,并把发现它和利用它定为谈判要旨,以求最终制服对手实现谈判目的。

杰勒德曾经代理的一宗谈判是投资家 I. W. 阿贝尔对《食品》杂志的收购。

阿贝尔曾因相继成功地收购旅馆、自动洗衣店、电影院、实验机构和食品公司而在商业界颇有名声。这一次,他看中阿瑟 · J. 戈德堡编辑出版的《食品》杂志,是想通过收购叫戈德堡为自己做事,并以戈德堡为核心将《食品》发展成系列专业丛刊。阿贝尔认为,如果收购成功,不仅可在杂志出版上获得丰厚利润,并能利用手中的杂志替自己的食品公司造舆论、做宣传,拓宽食品销路。

经过两次午餐聚会,杰勒德了解到,戈德堡恃才孤傲,向来不相信不懂行的“局外人”。杰勒德还了解到,戈德堡已年近 50,创业锐气渐失,不再想品味独立经营者所面临各种风险的乐趣,也厌倦了琐碎的管理事务,而且妻子和孩子都需要他的关心和爱护,他担心再像以往那样加班加点开夜车,以致出现“家庭危机”。

杰勒德仔细分析了这些情况后认为,戈德堡称得上是一个出色的主编。倘若对他许以全面指挥杂志的重权,配以听从调遣的发行经理,全面除去所有琐碎杂务,付与高额收购费和年薪,使之名利双收,利用隐蔽假设,在谈判中暗设迫其就范的条款,有可能全部兑现预定目标。

大计已定,杰勒德即向戈德堡放出气球做试探:“投资家阿贝尔虽对杂志的编辑出版业务一窍不通,但却非常钦佩《食品》编辑者的卓著才能,相信与你这样的一个指挥全局的行家合作,双方肯定能获得直接的、看得见的好处,阿贝尔将不提合作的先决条件,甘愿为合作的对方提供方便。”如此优惠的许诺,霎时激活了戈德堡心底的隐蔽假设,他早就盼望能有一个办法,

免掉琐事纠缠、消除生活的后顾之忧，一接到探询便做出反馈："我可以考虑杂志一部分所有权的出让。"于是双方约定3天后正式会谈。

谈判开始，杰勒德不露痕迹地先给戈德堡造成一种错觉，似乎与杰勒德谈就是与阿贝尔谈。他开门见山地说："我希望和你达成协议，但我觉得任何一项协议的达成之初，就是兑现直接的好处之时。"说罢便掏出一张15万美元的支票。

戈德堡看了一眼支票，心想有了资金保障，也就有了使家庭生活优越、稳定的坚实基础。但因支票的金额还不是自己满意的心理价位，便说："我想这不会是你开出的最高价格吧？而且，我喜欢做一笔直接的、'干净的'交易，就是说，我们用现款结算。"

杰勒德点点头说："当然，收购价格可以再协商，我们都不是脑袋里塞满利润、心里打着小算盘、斤斤计较金钱的商人，只要你开出一个合理的最低接受价格，我们之间是不会有几轮讨价还价的谈判的。"

戈德堡一面想着满意价位，一面盘算着在谈判桌上如何使之更高，只是看着杰勒德，一言不发。

杰勒德接着说："请允许我向你推荐一个发行事务经理。他是我们食品公司的主管，特点是能干、肯干，一切听从差遣。你如果认为他不中用，可以到我们企业的其他部门挑选，直至满意为止。"说完递上比尔的人事材料。

戈德堡接过材料，查阅之后没有表示异议，只想寻找开价的机会。

杰勒德笑了笑说："比尔的任务是让你摆脱一切杂务。因为，我们需要你充沛的创造力，不能让别的事务、其他任何工作或是对退休的考虑而削弱这种创造力。"

戈德堡看了看杰勒德说："这一点我同意。现在让我们先来谈谈杂志转让的金额吧，这是合作的前提。"他急欲提出心中盘算好的价格。

"价格要谈。而且在涉及转让期的长期利益方面，我们要更多地扯到钱。因此我们现在不妨先协商一下杂志的转让期限，如果定为5年，你不反对吧？"

"这与我预想的期限是一致的。"戈德堡同意道。

"在转让期内你的年薪是6万美元，但要在5年内把《食品》杂志发展为专业丛刊。"杰勒德提出了附加条件。

"如果不出意外的话，我想这并不困难。"戈德堡应道。

杰勒德认为，此刻该是形成既成事实的时候了。他于是说："如果同意的话，请你把我们协商中的一致之处，列成转让合同的条款。然后我们再扯到钱，保证在这方面通情达理。"戈德堡相信对方的诚意，提笔书写。

在戈德堡照办之后，杰勒德说："请你开个价吧。"

"20万美元。"戈德堡斩钉截铁地说。

杰勒德耸了耸肩，面有难色地说："坦率地说，这个价格未免高了吧，而且委托人没有赋予我加价的权限，他认为15万美元足够了。不过，我可以说服阿贝尔接受你的开盘，但你得为我提供方便，就是先收取15万美元支票，其余金额得接受食品公司股票，并按公司惯例在合伙期内不做转让。"

“不，我乐意现款结算。”无意于股市生意的戈德堡坚持己见。

“戈德堡先生，我想说一个众所周知的事实，阿贝尔食品公司股票是优质股，这几年正在不断增值，红利早已高出银行利率，成为股民争夺的热门，你现在就可以打电话问一下。如果是真的，你为什么不考虑以部分转让费用于投资呢?”杰勒德劝说道。

“我懂得怎样用自己的钱，不想接受公司股票的附加条件。”戈德堡依然不肯松动。

杰勒德接着说：“谈判的现在，我没有在任何一点上要求你做出妥协或让步，仅仅劝你改换一下收取5万美元的方式，这对你不仅没有损害，而且反会增值，它难道竟会是不可逾越的谈判障碍吗?”

戈德堡凭直觉感到附加的5万美元支付方式中肯定隐藏着什么，只是一时摸不清、想不透，也说不出反对的理由。

杰勒德看出戈德堡心中的矛盾所在，进而游说道：“阿贝尔需要你的创造力，还需要你对合作的真诚态度。我想你拥有阿贝尔公司的股票，是表示将与公司的长远利益休戚与共。这既是阿贝尔所需要的诚意，也是我说服他同意加价的依据。”这番话看似恳求，其实是引诱对手上钩。

戈德堡沉思良久，长吁了一口气之后提笔写了这一条。谈判就此结束，各方得到了各自需要的东西：戈德堡得到了隐蔽假设中的资金保障，摆脱了乏味事务和对杂志编辑的控制；阿贝尔得到了一宗有价值的资产和难得的人才，杰勒德得到的是暗度陈仓之计的实施。

从这则案例我们不难看出，杰勒德通过谈判前细致的调查，掌握了戈德堡的心理，在谈判中对症下药，使双方各得其所，戈德堡减少了独立经营的风险，减轻了工作压力而有许多时间同家人在一起，将杂志交给了他信任的人，而且还能由自己来维持它的创造性等，而阿贝尔得到以有限的资金做到了别人难以做到的事，取得了这份杂志的拥有权，并得到了一位专业人士的信任和帮助，取得了最终的胜利。

本章小结

商务谈判策略，是对谈判人员在商务谈判过程中为实现特定的谈判目标而采取的各种方式、措施、技巧、战术、手段进行组合运用的总称，具有可操作性、实战性、针对性、灵活性等特点。

商务谈判的策略可以归纳为开局阶段的策略如一致式开局、保留式开局、坦诚式开局、投石问路式开局等；摸底阶段的策略如坦诚交换式摸底、发问式摸底、迂回式摸底等；价格谈判阶段的策略如谋划报价策略、精雕价格评论策略；讨价还价中的让步与拒绝策略如货比三家、声东击西、最后通牒、针锋相对、权力有限、以退为进等策略。同时，在签订协议中必须避免合同条款不全、合同主体不明确、不合法、合同违约责任表述不正确、草率签订、任意中止合同、条款互不衔接、相互矛盾等问题。

思考与练习题

1. 谈判在开局时应注意哪些策略？

2. 什么是报价？报价的基础和策略有哪些？举例说明。

3. 商务谈判中，什么情况下我们自己让步，什么情况下我们让对方让步？如果需要我们或对方让步，可以选择什么策略？

4. 商务谈判中，你如何拒绝对方又不至于使谈判破裂？

5. 签订协议时应该注意哪些问题？

第六章

商务谈判语言技巧

学习目的与要求

了解商务谈判语言技巧的内涵,掌握商务谈判中提问、应答和倾听技巧,熟悉肢体语言的表达和运用。

引例

美国一位著名谈判专家有一次替他邻居与保险公司交涉赔偿事宜。谈判是在专家家中的客厅里进行的,理赔员先发表了意见:“先生,我知道你是交涉专家,一向都是针对巨额款项谈判,恐怕我无法承受你的要价,我们公司若是只出100元的赔偿金,你觉得如何?”

专家表情严肃地沉默着。根据以往经验,不论对方提出的条件如何,都应表示出不满意,因为当对方提出第一个条件后,总是暗示着可以提出第二个,甚至第三个。

理赔员果然沉不住气了:“抱歉,请勿介意我刚才的提议,我再加一点,200元如何?”

“加一点,抱歉,无法接受。”

理赔员继续说:“好吧,那么300元如何?”

专家等了一会儿道:“300? 嗯……我不知道。”

理赔员显得有点惊慌,他说:“好吧,400元。”

“400? 嗯……我不知道。”

“就赔500元吧!”

“500? 嗯……我不知道。”

“这样吧,600元。”

专家无疑又用了“嗯……我不知道”,最后这件理赔案终于在950元的条件下达成协议,而邻居原本只希望要300元!

从这个例子可以看出，谈判结果的达成需要谈判人员综合运用听、谈、肢体语言等各种沟通的技巧。掌握谈判技巧，就能在对话中掌握主动，获得满意的商务结果。成功的商务谈判就是通过运用适当的谈判技巧，做好商务伙伴的说服工作，当双方的主要利益点和诉求都得到满足时，交易就会达成。

商务谈判的过程是谈判者的语言交流过程。语言在商务谈判中犹如桥梁，占有重要的地位，它往往决定了谈判的成败。因而在商务谈判中如何恰如其分地运用语言技巧，谋求谈判的成功是商务谈判必须考虑的主要问题。本章主要介绍商务谈判语言类别和影响因素、有声语言和无声语言的技巧。

第一节　商务谈判语言概述

一、商务谈判语言的类别

商务谈判语言各种各样，从不同的角度，可以分出不同的语言类型。

(一)按语言表达方式分类

商务谈判语言按语言的表达方式分为有声语言和无声语言。

有声语言是指通过人的发音器官来表达的语言，一般理解为口头语言。这种语言借助人的听觉交流思想、传递信息。无声语言是指通过人的形体、姿势等非发音器官来表达的语言，一般解释为行为语言。这种语言借助于人的视觉传递信息、表示态度。在商务谈判过程中巧妙地运用这两种语言，可以产生珠联璧合、相辅相成的效果。

(二)按语言表达特征分类

商务谈判语言按语言表达特征分为专业语言、法律语言、外交语言、文学语言、军事语言等。

商业法律语言是指与交易有关的技术专业、价格条件、运输、保险、税收、产权、企业法人与自然人、商检、经济和法律制裁等行业习惯用语和条例法规的提法。商业法律语言的特征是刻板性、通用性、严谨性。

商业法律语言是商务谈判的基础语言，由于经济利益多以商业、法律语言来表述，所以形成了其语言的刻板性，简单、明确、毋庸置疑。如果交易在不同领土、民族之间进行，增加共同语言的有效办法是：将工商业习惯用统一的定义和用词来表达，甚至其表达的形式也加以符号化、规格化，从而使其语言具有通用性。

典型的商业法律语言有：国际商会编写的《2000 年国际贸易术语解释通则》明确了“装运港船上交货、成本加运费加保险费、货交承运费等定义及表达方式。一系列国际协定(如《跟单信用证统一惯例》《托收统一规则》《关税与贸易总协定》《国际货物买卖合同及国际货物买卖法》等)也给商业法律语言提供了语汇。常讲到的有“工业产权”“技术转让”“物权与所有权”

“买方信贷”“所有权与风险转移”“进口、转口、易货、补偿贸易、合作生产、合资经营、来图(来样、来料)加工、经销代理、寄售、拍卖”等贸易形式用语，还有贸易业务中的“滞销、畅销、抢手、水货、倾销”“市场垄断、竞争”“货比三家”“独此一家，别无分店”“汇率浮动，币值坚挺”“电汇、信汇、托收、信用证、保函”等。

外交语言是指商务谈判中所有委婉、礼貌的表达方式的用语。外交语言的特征是可能性、圆滑性、缓冲性。商务谈判人员虽不是外交官，但外交官的风度及训练有素的谈吐在谈判场合会给人以高雅之感。外交是人类文明的一个重要组成部分，它有其特殊的、令人瞩目的文化。涉外谈判领域向来与外交关系紧密相连。这样外交文化就必然对商务谈判有影响，并在其中占有不可缺少的一席之地。

典型的外交语言有：“很荣幸能与您共同谈判该项目”“有关谈判议程悉听尊便”“愿我们的工作能为扩大双方合作做出贡献”“此事可以考虑”“有待研究”“我已讲了我所能讲的意见”“请恕我授权有限”“可以转达贵方要求”“此事无可奉告”“请原谅，我有为难之处，不能满足贵方愿望”“既然如此，深表遗憾”“贵方做法不像我们两国政府所提倡的行动准则”“我已再三提醒了贵方，一切后果由贵方自负”“您的言行已违背贵国政府对我国的友好精神”“坚持贵方立场是您的权力，但谈判失败的责任则由您自己负”“我们谈判的大门是敞开的，贵方请示过后，可以随时和我们联系”“您说了我想说的意思”“我没有这么说，这是您的说法”……

文学语言是指在谈判中使用的优美动人的修辞。文学语言的特征是优雅、诙谐、生动、形象和富有感染力。鉴于人们受民族文化的熏染及个性的爱好，文学语言自然而然地被谈判者所引入，并具有很大的魅力。

文学语言具有制造良好气氛、化解紧张谈锋、增强感染力的作用。谈判者把经济利害明显的话题以文学语言表达，自然会使其“文雅”或者“诙谐”，从而获取轻松而不生硬，虽难却不使人介意的效果。由于谈判者的民族、出生地、经历不同，文化修养不同，采用的民族文化、地域文化、民间文化的语言常常色彩鲜明、生动异常，其情其意十分感染人。尤其像“文化人演讲”似的语言锦绣、声调抑扬顿挫，会有令人倾倒的魅力。

典型的文学语言有：“平分秋色”“浑水摸鱼”“得寸进尺”“春风化雨”“山重水复疑无路，柳暗花明又一村”“友谊桥梁的架设者”“播种友谊”等。

军事语言是指在商务谈判中运用的军事术语，即简明、坚定的语言。在商务谈判中难免产生激烈对峙的局面，而且有的对手“吃硬不吃软”，从谈判的效果出发，军事语言就不可缺少。军事语言的特征是干脆、简明、坚定、自信。

商务谈判始终围绕着债权与债务、得与失进行。在失去其内在平衡时，谈判者容易急躁，甚至表现粗暴，从两个方面(攻者与防者)促使军事语言进入谈判领域，主要是强化态度、从心理上打击对手，起着动员、压制、威慑的作用，也用来振奋参加谈判人员的工作精神。军人不拖泥带水，在生死面前镇定自若，有一种一往无前的英雄气概。复杂的商务谈判充满了心理战。无论双方虚实如何，简明、干脆的表达可减少泄露机密的可能性，并烘托出谈判者坚定的立场、不畏惧谈判结果的自信态度，这会促使对方思考其现在的立场是否正确。军事语言排斥了模棱两可、犹豫不决，给双方创造了决战气氛，加速了谈判进程。尽管军事语言表现出冷酷无情，但鉴于它特殊的优点，只要时机成熟，谈判者还会把它作为喜爱的工具予以运用。

典型的军事语言有："价格防线""成本低限的摸底或侦查""集中突破""知彼知己，百战不殆""闪电战术""走马换将""各司其职""声东击西""兵不厌诈""顺手牵羊""以攻为守""以退为进""坚守阵地""避实击虚""以逸待守""出其不意，攻其不备"等。

二、影响商务谈判语言运用的因素

各类谈判语言在谈判沟通过程中具有不同的作用，因此，合理、有效性运用谈判语言是谈判语言沟通中的重要问题。合理地运用谈判语言就是有效地组合各种谈判语言，使谈判语言系统的功能达到最大化。谈判语言运用问题，是以对谈判语言运用的影响因素分析为前提的。影响谈判语言运用的因素是：谈判内容、谈判对手、谈判过程和谈判目的。

（一）谈判内容

不同的谈判内容，也即谈判过程中不同的谈判议题，对谈判的语言要求差异较大。在谈判开局阶段的相互介绍中，双方通常是使用交际语言和文学语言来相互交换信息，以交际语言的礼节性和文学语言的生动及感染力渲染出良好的谈判开局氛围；在涉及谈判价格及谈判合同等谈判实质性议题时，谈判语言要起缓冲作用，一些军事语言作为支持力量；在涉及谈判分歧时，多以交际语言、文学语言的运用为主，插入适当的商业与法律语言。运用交际语言和文学语言是为了缓解谈判气氛，以交际语言的缓冲性和文学语言的优雅、诙谐性缓解心理压力，降低对立程度，适时地运用商业法律语言以明确阐述自己的观点、立场和条件。在分歧面前，军事语言应谨慎运用，适当地以有节制的军事语言对付对方的出言不逊、傲慢无礼也有必要。

（二）谈判对手

谈判对手对谈判语言运用的影响，与谈判对手的心理与行为状态以及对所用语言的反应有关，即谈判对手的心理与行为状态、谈判对手对所用语言的反应是确定谈判语言运用的依据。因此，分析谈判对手对谈判语言运用的影响，就需要考虑谈判对手特征、谈判双方实力对比、与谈判对手关系这三个涉及谈判对手的因素。

谈判对手特征是谈判对手具有的社会的、文化的、心理的与个性的特性，如社会角色、价值取向、性格、态度、性别、年龄等特征。谈判者社会的、文化的、心理的与个性的特征是形成并引起谈判者心理与行为状态变化的主要因素，这就要求谈判者必须依据对手特征做出自己的语言选择。在谈判中，双方的实力对比既影响双方在特定谈判氛围中呈现出的行为与心理状态，也制约着一方对另一方所用语言的反应。

（三）谈判进程

谈判过程的不同阶段，语言运用的差异一般呈现为：在谈判开局阶段，以文学语言、交际语言为谈判语言的主体，旨在创造一个良好的谈判氛围。在谈判进入磋商阶段后，谈判语言主体宜为商业与法律语言，穿插文学语言、军事语言。

谈判磋商阶段涉及的是谈判实质性问题，双方将就谈判议题、交易条件等进行辩论或磋商，因此，谈判基础语言应为商业与法律语言。但在阐述观点时，又可用文学、军事语言，以求制造有利的谈判气氛。

在谈判终结阶段，谈判的中心议题是签订协议，因此，适宜运用军事语言表明己方立场和态度，并辅之以商业法律语言确定交易条件。

(四)气氛

谈判的结果从本质上讲是没有输赢之分。但是谈判的各方都尽力地设法在谈判过程中争取优势，即从各自的角度去区别地接受谈判的条件，不可避免地会产生谈判过程的顺利、比较顺利与不顺利的现象，从而也导致了不同的谈判气氛。谈判者应该把握各种谈判气氛，正确地运用谈判语言以争取谈判过程中的主动。如遇到在价格问题上争执不休时，可以考虑动用幽默语言、威胁劝诱性的语言；在谈判的开始与结束时用礼节性的交际语言等。

(五)双方的关系

谈判的双方就关系来讲，如果是经常接触并已成功地进行过多次交易，那么双方不仅互相比较了解，而且在谈判中戒备、敌对心理比较少，这时除了一些必要的礼节性的交际语言外，则应该以专业性的交易语言为主，配之以幽默诙谐性语言使相互间关系更加密切；而对于初次接触或很少接触、或虽有过谈判但未成功的双方来讲，应该以礼节性的交际语言贯穿始终，以使对方感到可信，从而提高谈判兴趣，在谈判中间以专业性的交易语言来明确双方的权利、义务关系，用留有余地的弹性语言来维持与进一步地发展双方关系，使对方由不熟悉转变为熟悉进而向友好过渡。

(六)时机

谈判中语言的运用很讲究时机。时机是否选择得当，直接影响语言的运用效果。如何把握好时机，这取决于谈判者的经验。就一般情况而言，当遇到出乎本方的意料，或者一下子吃不准而难以直接地具体明确地予以回答的问题时，应选择采用留有余地的弹性语言；当遇到某个本方占有优势、而双方又争执相持不下的问题时，可以选择采用威胁劝诱性语言；当双方在某一问题上争执激烈，有形成僵局或导致谈判破裂时，不妨运用幽默诙谐性的语言；当涉及规定双方权利、责任、义务关系的问题时，则应选择专业性的交易语言。

三、正确运用谈判语言技巧的原则

(一)客观性原则

谈判语言的客观性是指在商务谈判中，运用语言技巧表达思想、传递信息时，必须以客观事实为依据，并且运用恰当的语言，向对方提供令人信服的依据。这是一条最基本的原则，是其他一切原则的基础。离开了客观性原则，即使有三寸不烂之舌，或者不论语言技巧有多高，都只能成为无源之水、无本之木。

坚持客观性原则，从供方来讲，主要表现在：介绍本企业情况要真实；介绍商品性能、质量要恰如其分，如可附带出示样品或进行演示，还可以客观介绍一下用户对该商品的评价；报价要恰当可行，既要努力谋取己方利益，又要不损害对方利益；确定支付方式要充分考虑到双方都能接受、双方都较满意的结果。

从需方来说，谈判语言的客观性，主要表现在：介绍自己的购买力不要水分太大；评价对方商品的质量、性能要中肯，不可信口雌黄，任意褒贬；还价要充满诚意，如果提出压价，其理由要有充分根据。

如果谈判双方均能遵循客观性原则，就能给对方真实可信和"以诚相待"的印象，就可以缩小双方立场的差距，使谈判的可能性增加，并为今后长期合作奠定良好的基础。

(二)针对性原则

谈判语言的针对性是指根据谈判的不同对手、不同目的、不同阶段的不同要求使用不同的语言。简言之，就是谈判语言要有的放矢、对症下药。提高谈判语言的针对性，要求做到：

(1)根据不同的谈判对象，采取不同的谈判语言。不同的谈判对象，其身份、性格、态度、年龄、性别等均不同。在谈判时，必须反映这些差异。从谈判语言技巧的角度看，这些差异透视得越细，洽谈效果就越好。

(2)根据不同的谈判话题，选择运用不同的语言。

(3)根据不同的谈判目的，采用不同的谈判语言。

(4)根据不同的谈判阶段，采用不同的谈判语言。如在谈判开始时，以文学、外交语言为主，有利于联络感情，创造良好的谈判氛围。在谈判进程中，应多用商业法律语言，并适当穿插文学、军事语言。以求柔中带刚，取得良效。谈判后期，应以军事语言为主，附带商业法律语言，以定乾坤。

(三)逻辑性原则

谈判语言的逻辑性，是指商务谈判语言要概念明确、谈判恰当，推理符合逻辑规定，证据确凿、说服有力。

在商务谈判中，逻辑性原则反映在问题的陈述、提问、回答、辩论、说服等各个语言运用方面。陈述问题时，要注意术语概念的同一性，问题或事件及其前因后果的衔接性、全面性、本质性和具体性。提问时要注意察言观色、有的放矢，要注意和谈判议题紧密结合在一起。回答时要切题，一般不要答非所问，说服对方时要使语言、声调、表情等恰如其分地反映人的逻辑思维过程。同时，还要善于利用谈判对手在语言逻辑上的混乱和漏洞，及时驳倒对手，增强自身语言的说服力。

提高谈判语言的逻辑性，要求谈判人员必须具备一定的逻辑知识，包括形式逻辑和辩证逻辑，同时还要求在谈判前准备好丰富的材料，进行科学整理，然后在谈判席上运用逻辑性强和论证严密的语言表述出来，促使谈判工作顺利进行。

(四)规范性原则

谈判语言的规范性,是指谈判过程中的语言表述要文明、清晰、严谨、准确。

第一,谈判语言,必须坚持文明礼貌的原则,必须符合商界的特点和职业道德要求。无论出现何种情况,都不能使用粗鲁的语言、污秽的语言或攻击辱骂的语言。在涉外谈判中,要避免使用意识形态分歧大的语言。

第二,谈判所用语言必须清晰易懂。口音应当标准化,不能用地方方言或黑话、俗语之类与人交谈。

第三,谈判语言应当注意抑扬顿挫、轻重缓急,避免吞吞吐吐、词不达意、嗓音微弱、大吼大叫、感情用事等。

第四,谈判语言应当准确、严谨,特别是在讨价还价等关键时刻,更要注意一言一语的准确性。在谈判过程中,由于一言不慎导致谈判走向歧途,甚至导致谈判失败的事例屡见不鲜。因此,必须认真思索,谨慎发言,用严谨、精练的语言准确地表述自己的观点、意见。

第二节　有声语言技巧

一、提问技巧

提问是商务谈判中经常运用的语言技巧,谈判者通过巧妙而适当的提问可以摸清对方的需要,把握对方的心理状态,并能准确表达己方的思想,其目的是了解情况、启开话题、以利沟通。不同的目的,提出不同的问题;对同一问题,也可以用不同的方法、从不同的角度进行发问。

有一名教士这样问主教:“在祈祷的时候我可以抽烟吗?”毫无疑问,他的请求给主教以祈祷不专心、对上帝不恭的感觉,自然会断然遭到拒绝。另一名教士也问主教:“在抽烟的时候我可以祈祷吗?”主教会想,他休息时仍不忘祈祷上帝,自然这名教士得到了肯定的答复。换一种问法、换一个角度,便走进了一片新天地。商务谈判者应掌握发问的一些基本知识,熟悉“问”的各种技巧。

(一)几种常用的提问类型

1. 封闭式提问

通过提问能在一定范围内引出肯定或否定问题的答复。例如,“您同意这个价格吗?”“条件就是这些,您决定了吗?”“您是否认为售后服务没有改进的可能?”

2. 开放式提问

通过提问在广泛的领域内引出的广泛答复,通常无法以“是”或“否”等简单字句答复。例如,“您的意思是……”“您对当前市场销售状况有什么看法?”等。

3. 证实式提问

针对对方的答复重新措辞，通过提问使对方证实或补充原先的答复。例如，“根据总经理的叙述，我可得出……您看是否正确？”“根据您刚才的陈述，我理解……是这样吗？”

4. 引导式提问

引导式提问对答案具有强烈的暗示性，是反义疑问句的一种。它具有不可否认的引导性，几乎使对方没有选择的余地，只能产生与发问者观念一致的反应。例如，“说到现在，我看这样……您一定会同意的，是吗？”“在交货时，难道我们不考虑入境的问题？”

5. 选择式提问

选择式提问的目的是将自己一方的意见摆明，让对方在划定的范围内进行选择。由于选择式提问一般都带有强迫性，因此在使用时要注意语调得体，措辞委婉，以免给人留下专横独断、强加于人的不好印象。例如，“只有今天可以，您说上午还是下午？”“现在只是接货方式还没定下来，您愿意空运还是陆运？”

6. 借助式提问

借助式提问可凭借权威的力量去影响谈判对手。被借助者应是当事人了解并能对其产生积极影响的人或机构，否则就会影响其效果，甚至适得其反。例如，“我们这种产品是国际首创，经过美国哈佛大学凯特等几位教授的共同鉴定，已达到国际先进水平。现在我们就谈谈产品的价格吧。”“我们请教了某某顾问，对该产品的价格有了较多的了解。请您考虑，是否把价格再降低一些？”

7. 探索式提问

探索式提问是针对双方所讨论的问题要求进一步引申或说明的一种方法。它不仅起到探测、发掘更多信息的作用，而且还显示出发问者对问题的重视。例如，“我们负责运输，贵方在价格上是否再考虑考虑？”“我们想增加订货，您能否在价格上更优惠些？”

8. 协商式提问

协商式提问是为了使对方同意自己的观点，采用商量的口吻向对方发出的提问。这种方式语气平和，对方容易接受，即使对方没有接受自己的条件，但是谈判的气氛仍能保持融洽，双方仍有继续合作的可能。

(二)提什么问题

在商务谈判中，要达到的目的不同，所提出的问题必然不同；同一问题，可以用各种不同的方法提出来。以下是对几种问题的有效提问：

1. 想要获得资料的提问

以下提问能给对方提供回答方向，获取自己所需的信息：

你对于我们的产品有什么不满意的地方？

请告诉我为什么它值这个价钱？

请你解释给我听好吗？

最近的税率是多少？

最近你的车子保养有没有问题？

你有没有看过我们的最新产品？

你的意见是这样的……对不对？

我们曾经做过调查，你知道我们发现了什么吗？

你有没有注意到，本公司曾被《财富》杂志列为全美 20 个管理最优的公司之一？

你是否调查过本公司的信用？你尽可以去调查。

你有没有看过轮胎消费者最近所提出的报告？

我知道了，你是不是担心我们所卖的裤子会缩水？

你知不知道，我们将会专门派一位设计师和你们的工程师一起研究？

2. 能刺激思考的提问

以下提问能引起他人的注意，为他人思考提供既定的方向：

请你考虑签订一份两年的合同好吗？

你怎么想到这个观念的？

你有把握吗？

你能不能考虑这个交易呢？

你有没有考虑过增加生产，扩大交易额？

你曾经做过房地产的买卖吗？

通货膨胀是个问题，不是吗？

假如我大批订货，你能不能充分供应呢？

对这个建议，您有何看法？

如我购买的数量增加，您肯打多少折扣？

您如何决定那些价格？

如果我们分期付款，您打算加收多少利息？

3. 不客气的提问

一个不客气的提问，往往包含了使听者厌恶的语气，或者包含了问者对听者已有的偏见。对此类问题，最好先一笑了之，然后把对方的意思弄清楚，再慢慢向对方解释。例如：

你们的会计制度是否仍旧不行？

你是否又问了我一个不客气的问题？

你那位令人不满的老板最近怎样了？

你的材料成本为什么这么高？

你什么时候知道这个问题的？

这么一团糟的情况，谁该负责呢？

4. 含糊不清的提问

一个语意含糊不清的提问，也就是一个可以做多种解释的问题。问这种问题的人，很可能是想套出对方的话或者连他自己也搞不清是什么意思。遇到此类问题，在未了解之前，千万不要轻易回答。例如：

你的报价是怎样算出来的？那样看起来好像不对，不是吗？成本看起来好像很高，不是吗？

你能够做得比这个更好，不是吗？

5. 引导性的提问

引导性的提问能够使对方一个接一个地回答，直到他自动证实了询问者的观点。也可以在引导性的提问里安排一些陷阱，以证实对方是否说实话。例如：

我是否得到了最优惠的价格？为什么没有？老板是谁？是谁做了这样的决定？为什么要做这样的决定？（然后再以这些问题导出：那根本不是你们老板所说的话。）

你的成本是否包含研究费用？在哪儿？它是如何分摊的？但是你曾经说过，我们所交易的产品并不需要作新的研究，为什么要把它包含在我们的成本里呢？

你如何处理利息？为什么要这样处理？为什么我要负担这些费用呢？我一向都是准时付钱的。

你卖给他多少钱呢？哦，这和他告诉我的数目可不一样。

你有没有较小的式样呢？价钱怎样？根据是什么？如果与大的比较起来，这个小的应该怎样计价才对？

对这个烘干机，你能提供什么样的保证？噢！我不了解这些。

它们彼此之间有什么差别吗？为什么会有这样的差别？别人也提供这样的服务，你为什么要多收我这些费用呢？

冰箱的质量过关吗？所有冰箱的质量都能过关吗？冰箱的开箱合格率是多少？

6. 反诘的提问

反诘提问是用来加重语气的，并不是真正的问句，本身并不期待任何回答。例如：

你真的希望我相信吗？

你是不是永远都准备得这样充分，或者只是我们太幸运了？

请你让我一个人静一静好吗？

你相不相信，我刚好把那份资料带来了？这不是一个巧合吗？你想想看，我的老板对于这件事会怎么说呢？

那么，何时该以反诘来回答一个问题呢？只要你了解问题，或者希望有更多思考的时间，便可以用反诘回答问题。

7. 坦白的提问

坦白的提问是指含有某种意见或能制造出某种和谐气氛的问题。例如：

告诉我，你至少要买多少个？

你和我都知道那是对的，不是吗？

你能不能信任我呢？你能告诉我真相吗？

那是很合理的，不是吗？

我每次都做亏本的生意，这实在令人难以相信，不是吗？

不过我都记在这里了！

我们的价格如此低廉，您一定会感到惊奇，不是吗？

8. 结束性的提问

具有结束性的提问是一个结论或一个承诺,能够暂时或永远冻结讨论。这种问题往往能够迫使对方决定完成交易或者促使谈判破裂。例如:

接受这个价格,不然就算了。

你想要哪一种,蓝的还是红的?

你要订多少货?

你知不知道下个星期一价格就要上涨了? 要买就得赶快。

你希望我们现在就开始动工吗?

你对于这种样式有没有兴趣?

这个建议你认为怎样? 你看不出来吗? 这对你当然是有利的。

这是唯一的出价吗?

那是不是你最后的出价了?

我已看过我的成本资料,你想要求我在亏本的情况下把货物卖给你吗? 办不到。

不要说了,你难道看不出来已经说得够清楚了吗? 事情就是这样的,你不相信我?

你知不知道,我已提供给你一个很好的交易?

(三)提问的时机

提问的时机很重要。掌握提问的时机,可以控制谈话的引导方向。

1. 在对方发言完毕后提问

在对方发言的时候,一般不要急于提问,打断别人的发言是不礼貌的,容易引起对方的反感,当对方发言的时候,你要认真倾听,即使你发现了对方的问题,很想立即提问,也不要打断对方,可先把发现的和想到的问题记下来,待对方发言完毕再提问。这样不仅体现了自己的修养,而且能全面完整地了解对方的观点和意图,避免操之过急,曲解或误解对方的意图。

2. 在对方发言停顿、间歇时提问

如果谈判中因对方发言过长、不得要领、纠缠细节或离题太远而影响谈判进程,那你可以在对方发言停顿、间歇时提问,这是掌握谈判进程、争取主动的必然。

例如,当对方停顿时,你可以借机提问:"您刚才说的意思是?"或者也可以这样"细节问题我们以后再谈,请谈谈你的主要观点好吗?"

3. 在己方发言前、后提问

在谈判中,当轮到己方发言时,可以在谈己方的观点之前对对方的发言进行提问,不必要求对方回答,而是自问自答。这样可以争取主动,防止对方接过话茬,影响己方的发言。例如,"您刚才的发言要说明什么问题? 我的理解是……对这个问题,我谈几点看法。"

在充分表达己方观点之后,为了使谈判朝着己方的思路发展,牵制对方的鼻子走,通常要进一步提出要求,让对方回答。

例如,"我们的基本立场和观点就是这些,您对此有何看法呢?"

4. 在议程规定的时间提问

大型外贸谈判一般要事先商量谈判议程，设定辩论时间。在双方各自介绍情况和阐述的时间里一般不进行辩论，也不向对方提问。只有在辩论时间内，双方才可自由提问，进行辩论。在这种情况下，要事先做好准备，可以设想对方的几种答案，针对这些答案考虑好己方的对策，然后再提问。

（四）提问的要诀

1. 要预先准备好问题

在谈判过程中，根据具体情况设计、使用提问技巧，有时能取得出奇制胜的效果。要预先准备好问题，最好是一些对方意想不到、不能够迅速想出答案的问题，以达到出其不意的效果。一般不要提指责对方的问题，尤其是不要指责对方的诚意，否则易引起对方的反感。不要故意提出一些问题表示你的聪明才干或其他优越条件。

2. 要有勇气提问

要有勇气提问，哪怕是一般人觉得难以启齿的或者看起来很愚蠢的问题。对于对方回避的问题有时不要放过，因为对方回避的问题可能会给你许多暗示。但是，对方忌讳的问题，不要提及，更不要追问。

3. 不要以法官的态度来提问题，也不要提起问题接连不断

要注意采用谦虚的态度、和蔼的口气提问，要求对方帮助或坦白地说明你对某些问题不懂，这种态度会鼓励对方给你一个较好的答案。

4. 提问题后要闭口不言，等待对方回答

通常的做法是：提出问题后应闭口不言，如果这时对方也是沉默不语，则无形中给对方施加了压力。这时，己方保持沉默，由于问题是由己方提出，因此，对方就必须以回答问题的方式来打破沉默，或者说打破沉默的责任将由对方来承担。

5. 不强行追问

假如对方的答案不够完善，或顾左右而言他，这时不要强行追问，要有耐心和毅力等待时机继续追问。提出一些你已经知道答案的问题，借以了解对方的诚意。这样做也可以给对方一个暗示，即我们已经充分掌握了对方的信息。

在提问时，要注意不要夹杂着含混的暗示，避免提出可能使自己陷入不利境地的问题。如当你提出议案后，对方还没有接受时，如果再问“那你们还要求什么呢？”这种问话必然会使己方陷入被动。不要提出有敌意的、带威胁性的问题；不要提出有关对方个人生活、工作方面的问题，不要提出直接指责对方品质和信誉方面的问题。

二、应答技巧

正像提问是谈判中必需的一样，回答也是交谈中不可缺少的一部分。通常情况下，谈判者在回答问题时不仅应该采取对方容易接受的方法，而且应当巧立新意，渲染己方观点，强化回答效果。谈判中的回答有其自身的特点，它不同于学术研究或知识考试中的回答，一般不以正确与否来论之。谈判中回答的要诀应该是：基于谈判效果的需要，准确把握住该说什么，不该

说什么，什么时候说，以及应该怎样说。以下是回答问话的一些技巧：

1. 不要马上回答

对于一些问题，不一定要马上回答。特别是对一些可能会暴露我方意图、目的的话题，更要慎重。例如，对方问“你们准备开价多少？”如果时机还不成熟，就不要马上回答。可以找一些其他借口谈别的，或是闪烁其词，所答非所问，如产品质量、交货期限等，等时机成熟再摊牌，这样，效果会更理想。

2. 不要彻底回答

不要彻底回答，就是指答话人将问题的范围缩小，或只回答问题的某一部分。有时，全部回答对方问题不利于我方。例如，对方问：“你们对这个方案怎么看，同意吗？”这时，如果马上回答同意，时机尚未成熟，你可以说：“我们正在考虑、推敲，关于付款方式只讲两点，我看是否再加上……”这样就避开了对方问话的主题，同时，也把对方的思路引到你的内容上来。

3. 不要确切回答

模棱两可、弹性较大的回答有时很必要。许多谈判专家认为，谈判时针对问题的回答并不一定就是最好的回答。回答问题的要诀在于知道该说什么和不该说什么，而不必考虑回答是否对题。例如，对方问“你们打算购买多少？”如果你考虑先说出订数不利于讲价，那么就可以说“这要根据情况而定，看你们的优惠条件是什么？”这类回答通常采用比较的语气，“据我所知……”“那要看……而定”“至于……就看你怎么看了”。在商务谈判中，有些时候不能给对方一个确切的答案，但是又不能一口否定，那么要使谈判有回旋的余地就得回避明确地答复。

4. 使问话者失去追问的兴趣

在许多场合下，提问者会采取连珠炮的形式提问，这对回答者很不利。特别是当对方有准备时，会诱使答话者落入其圈套。因此，要尽量使问话者找不到继续追问的话题和借口。比较好的方法是，在回答时，可以说明许多客观理由，但却避开自己的原因。例如：“我们交货延期，是由于铁路运输……，许可证办理……”但不说自己公司方面可能出现的问题。

有时，可以借口无法回答或资料不在，回避难以回答的问题，冲淡回答的气氛。此外，当对方的问题不能予以清晰、有条理的回答时，可以降低问题的意义，如“我们考虑过，情况没有你想的那样严重。”

5. 不清楚的问题要避免回答

谈判者虽然在谈判发生之前做了非常充分的准备，但是在实际谈判中也不可避免地会遇到自己难以回答的棘手问题。当你判断对方所提出的问题具有很强的政策性时，你可以告诉对方待你查阅相关法规或咨询有关机构后，再回答这个问题；或者如果你仓促作答有可能损害己方利益的时候，就要坦率地告诉对方此问题你无法回答。

总而言之，谈判者在回答对方的问题时要有较强的原则性，掌握好回答的分寸。商务谈判中的问题千奇百怪，无法正面回答的问题，要确实运用好回答问题的要领。

有问必答，答是针对问话的反馈。答话的方法有很多种，主要有：

(1)明确、直接的答复。问什么答什么，直截了当，清楚明确，以保证双方的正常沟通。须注意的是答话要适度，该说的说，不该说的不说，既不可保留三分，闪烁其词，给正常的信息制造障碍，也不可过于坦白，本来只需局部地回答，却全盘托出，不加保留，让对方摸清底牌。

(2)提出附加条件。有这样一个例子，一次，一位贵妇人打扮的女人牵着一条狗登上了公共汽车，她问售货员："我给狗买一张票，让它也像人一样坐个座位行吗?"售票员彬彬有礼地答道："行，不过它也得像人一样，把双脚放在地上。"售票员没有直接地给予否定答复，而是巧妙地根据对方设置的条件"像人一样坐着"去限制对方，提出也要"像人一样把脚放在地上"的附加条件，轻而易举地取得了胜利。

(3)否定前提。这种答法主要是用来对付限制型提问的，是"是"与"否"以外的第三种答复。当提问者问3月交货还是4月交货时，应该回答说："我们根本就不打算在3、4月交货。"这样，对方就占不着便宜了。

(4)找借口推托。如果答话者不便回答或一时想不出如何回答提问时，可以先找个借口，如假称资料不全，还须进一步查找，或声明自己做不了主，还须向上级请示，这样就避免仓促表达造成的被动局面。

(5)答非所问。有些提问者会提出一些使人处于难堪境地的问题，答话者不愿意回答，但又不想让提问者失望，就可以巧妙地转移话题，既让对方得不到想要的答案，又不破坏良好的谈判气氛。

(6)装傻充愣。这是答话者常用的行之有效的方法，如果不想回答，可以用"不清楚""不明白""不知道"等搪塞，或用一些无实际意义的话去回答。

(7)提出反问。循其话题，反口诘问，也是回答的一种常用手法，可以争取主动，还可回避难题。

(8)沉默。沉默是谈判者使用的利器之一。鲁迅先生曾经说过："沉默是最有力的回答。"对有些问题不便回答，就可以采取沉默这种特殊的回答方式。很多人都讨厌沉默，沉默会让他们感到有一种无形的压力，他们会失去冷静，变得不安、忙乱，会用话来填补它。这就是沉默的力量。

例如，一位西方记者曾经讥讽地问周恩来总理一个问题："请问，中国人民银行有多少资金?"周总理深知对方是在讥笑中国的贫困，如果实话实讲，自然会使对方的计谋得逞，于是答道："中国人民银行货币资金嘛，有十八元八角八分。中国银行发行面额为十元、五元、二元、一元、五角、二角、一角、五分、二分、一分的10种主辅人民币，合计为十八元八角八分。"周总理巧妙地避开了对方的话锋，使对方无机可乘，被中国人民传为佳话。

三、倾听的技巧

听是人们交往活动的一项重要内容。据专家调查，人在醒着的时候，至少有三分之一的时间是花在听上；而在特定条件下，倾听所占据的时间会更多。谈判就是需要更多倾听的交际活动之一。"多听少说"是一个谈判者应具备的素质和修养。通过听，可以发掘材料，获得信息，了解对方的动机、意图并预测对方的行动意向。从某种意义上讲，"听"比"说"的重要性更大。

所谓"听"，不只是指"听"的动作本身，更重要的是指"听"的效果。听到、听清楚、听明白这三者的含义是不同的。听到是指外界的声音传入听者的耳朵里，被听者所感觉到；听清楚是指外界的声音准确无误地被传入到听者的耳朵，没有含糊不清的感觉；听明白是指对听到的内容能予以正确的理解。谈判中的有效倾听就是指要能够完整地、准确地、正确地、及时地理解对方讲话的内容和含义。

（一）倾听的规则

倾听有以下基本规则：

1．要搞清自己听的习惯

例如，你在听人讲话方面有哪些不好的习惯？你是否对别人的话匆忙做出判断？你是否经常打断别人的话？你是否经常制造交往的障碍？了解自己听的习惯是正确运用听的技巧的前提。

2．全身心地注意

要面向说话者，同他保持目光接触。在听的过程中，要善于通过你的姿势和语言证明你在倾听。比如：适当地点头或说“嗯”“噢”“是吗”“真的吗”等，表示自己确实在听和鼓励对方继续说下去。无论你是站着还是坐着，都要与对方保持最适宜的距离。说话者都愿意与认真听讲、举止活泼的人交往。

3．要努力表达出理解

在与对方交谈时，要利用有反射地听的做法，努力弄明白对方的感觉如何、他到底想说什么，努力理解对方的意图。如果你能全神贯注地听对方讲话，不仅表明你对他持称赞态度，使他感到你理解他的情感，而且有助于你更准确地理解对方的信息。

4．要倾听自己的讲话

倾听自己的讲话对培养倾听他人的讲话的能力是特别重要的。倾听自己讲话可以使你了解自己，因为一个不了解自己的人是很难真正了解别人的。倾听自己对别人讲些什么是了解自己、改变和改善自己听的习惯与态度的手段。

（二）倾听的技巧

倾听的技巧可归纳为：

1．要专心致志、集中精力地听

专心致志地倾听讲话者讲话，要求谈判人员在听对方发言时要特别聚精会神，同时还要以积极的态度去倾听。为了专心致志，就要避免出现心不在焉、“开小差”的现象发生。即使自己已经熟知的话题，也不可充耳不闻。千万不可将注意力分散到研究对策问题上去，因为这样非常容易出现万一讲话者的内容为隐含意义时，我们没有领悟到或理解错误，造成事倍功半的后果。

注意在倾听时注视讲话者，主动地与讲话者进行目光接触，并做出相应的表情以鼓励讲话者。例如：可扬一下眼眉，或是微微一笑，或是赞同地点点头。这些动作配合，可帮助我们精力集中，起到良好的收听效果。

2．要通过记笔记来集中精力

一个人的现场倾听和记忆的能力是非常有限的，及时的书面记录就可以弥补这一不足。

当对方在进行发言时，大量有用的信息需要处理。书面记录可以帮助你记住有用的信息，在对方发言结束时，你就可以通过笔记向对方提出有效的质疑，从而帮助你更好的理解和领会对方讲话的实质内容。此外，书面记录也可以给谈判对手留下一个良好的印象，说明你重视对方的讲述。实践证明，优秀的记忆力也不能够保证太长的时间，反而笔记在关键的时刻可以发挥“助手”的作用。俗话说，“好记性不如烂笔头”。

3. 要有鉴别地倾听对手发言

在专心倾听的基础上，为了达到良好的倾听效果，可以采取有鉴别的方法来倾听对手发言。通常情况下，人们说话时是边说边想、来不及整理，有时表达一个意思要绕着弯子讲许多内容，从表面上听，根本谈不上什么重点突出。因此，听话者就需要在用心倾听的基础上，鉴别传递过来的信息的真伪，去粗取精、去伪存真，才能抓住重点，收到良好的听的效果。

4. 要克服先入为主的倾听做法

先入为主的倾听，往往会扭曲说话者的本意，忽视或拒绝与自己心愿不符的意见，这种做法实为不利。因为这种听话者不是从谈话者的立场出发来分析对方的讲话，而是按照自己的主观框架来听取对方的谈话。其结果往往是听到的信息变形地反映到自己的脑中，导致本方接收的信息不准确、判断失误，从而造成行为选择上的失误。将讲话者的意思听全、听透是倾听的关键。

5. 不要因别的动作耽误倾听

耽误倾听的动作主要表现在：轻视对方或是急于反驳对方。你在倾听对方讲话时，千万不要轻视对方，因为人们在轻视他人时，常常会自觉或不自觉地将这种心理表示在行为上。比如，对对方的存在不屑一顾、或对对方的谈话充耳不闻等。在谈判中，这种轻视的做法有百害而无一利。因为这不仅表现了自己的狭隘，更重要的是难以从对方的谈话中获得你所需的信息，比如判断对方真伪的信息、反驳对方的信息等。同时，轻视对方还可招致对方的敌意，甚至导致谈判关系破裂。

如果在对方还没有讲完话的时候就急于判断对方的正误，反驳对方以及与对方抢话的行为也对倾听不利。因为在抢话时，思维已经转移到如何反驳对方上去了，这无疑会削弱你倾听的能力，从而影响倾听的效果，也会阻塞和对方交流的道路。事实上，只有对对方的谈话听得越详尽、越全面，反驳起来才能越准确、有力。如果对对方谈话的全部内容和动机尚未了解时，就急于反驳，不仅使自己显得浅薄，而且还常常会使自己在谈判中陷入被动，对自己不利。不管是轻视对方，还是急于抢话和反驳，都会影响倾听效果，必须加以注意。

（三）倾听的障碍

倾听可以使我们更多地了解对方、隐蔽自己。倾听可以使我们做出更好的决策，掌握谈判的主动权。但是，许多谈判人员只注意怎样在谈判中更好地表露自己的立场、劝说对方，字斟句酌地精心筹划发言提纲，常常陶醉在自我表达的良好感情之中，却不肯用一点时间考虑一下怎么样去倾听及从对方的谈话中获取什么、接受什么。是什么影响谈判人员更好地倾听的呢？在倾听中常犯的毛病有以下几种：

(1)急于发表自己的意见,常打断对方的讲话。好像不尽早反对,就表示了自己的妥协。

(2)当谈论的不是自己所感兴趣的事时,不注意去听。

(3)心中有先入为主的印象。如对某人的看法不佳。

(4)有意避免听取自己认为难以理解的话。

(5)一般人听人讲话及思考的速度大约是讲话速度的 4 倍,所以在听他人讲话时常会分心思考别的事情。

(6)容易受外界的干扰而不能仔细地去听。

(7)根据一个人的外表和说话的技巧来判断是否在听他人讲话。

(8)急于记住每件事情,反而忽略了重要的内容。

(9)当对方讲出几句自己所不乐意听的话,拒绝再听下去。

(10)有的人喜欢定式思维,不论别人说什么,他都用自己的经验去联系,用自己的方式去理解。这种方式使人难以接受新的信息,不善于认真倾听别人说什么,而喜欢告诉别人自己的想法。

(四)倾听应注意的事项

(1)明白"听和讲不能同时进行"的道理。

(2)不说话不等于倾听。

(3)只要有可能,尽量为谈判双方创造有利于倾听的环境。

(4)倾听时要全神贯注,避免分心。即使对方说话冗长、枯燥无味或者方言很重,都要认真听下去。

四、"说服"的技巧

商务谈判推进的过程就是双方的利益冲突不断发生和较量的过程。因此,"说服"的工作在所难免。可以说,没有"说服"就没有谈判。日常工作中,人们经常有这样的感觉,即同一件事情,不同的人去做,其效果截然不同。有时自己的观点明明是对双方都有益处的,却不能说服对方,甚至有时候反过来被对方"驳"得哑口无言。其实要想说服他人,既要掌握正确的观点,还要掌握微妙的说服技巧。

如果我们要说服他人,我们必须用友善的态度开始,用积极的情绪去感染对方。这样就避免让对方产生抵触情绪。以下是几种商务谈判中"说服"的方法:

(一)下台阶法

当对方自尊心很强,不愿轻易做出让步时,你不妨先给对方一个台阶下,既强调他正确的地方,也分析他错误存在的客观根据,这也给对方提供了一些自我安慰的条件和机会。这样,对方就不会感到失掉面子,容易接受你善意的说服。

(二)等待法

对方可能一时难以说服,不妨等待一段时间,对方虽没有当面表示改变看法,但对你的态度和你所讲的话，事后他会加以回忆和思考的。必须指出，等待不等于放弃。任何事情，都要给他人留有一定的思考和选择的时间。同样，在说服他人时，也不可急于求成，要等时机成熟时再和他交谈。

（三）迂回法

当对方很难听进正面道理时，不要强逼他进行辩论，而应采取迂回的方法。就像作战一样，对方已经防备森严，从正面很难突破，解决办法最好是迂回前进，设法找到对方的弱点，一举击破对方。说服他人也是如此，当正面道理很难说服对方时，就要暂时避开主题，谈论一些对方的看法，让他感到你的话对他来说是有用的，使他感到你是可信任的。这样你再逐渐把话转入主题，晓之以利害，他就会更加冷静地考虑你的意见，并容易被你说服。

（四）沉默法

当对方提出反驳意见或有意刁难时，有时是可以做些解释的，但是对于那些不值得反驳的抗议，需要你讲求一点艺术手法，不要有强烈的反应，相反可以表示沉默。对于一些纠缠不清的问题，并且遇上的是不讲道理的人，可以不予理睬，这样做常常会使对方感到自找没趣，有时会改变自己的意见。

第三节　无声语言技巧

商务谈判是人与人之间的对抗，为了促使谈判成功，除了注重有声语言外，仔细观察、收集对方发出的无声语言也是十分重要的。世界著名非语言传播专家伯德维斯泰尔指出，两个人之间一次普通的交谈，语言传播部分还不到 35%，而非语言成分则传递了 65%以上的信息。

作为一名商务谈判者，应该具有丰富的无声语言知识，掌握无声语言技巧，对于洞察对方的心理状态、捕捉其内心活动的蛛丝马迹，进而促使谈判朝着有利于己方的方向发展具有重要意义。在谈判过程中对谈判对手姿势和动作的观察、分析，是我们获得谈判信息、了解对手的一个极为重要的方法和手段，有时“无声胜有声”。

一、眼睛的“语言”

“眼睛是心灵的窗户。”这句话道出了眼睛具有反映深层内心世界的功能。眼睛的动作最能够明确地表达人的情感世界。人的一切情绪、情感和态度的变化都可以从眼睛中显示出来。人可以对自己的某些外显行为做到随意控制，可以在某些情境中做到口是心非，却无法对自己的目光做到有效控制。

一般情况下，你越喜欢接近的人，就越爱用眼睛与之“交谈”。在商务谈判中也同样如此。

(1)在谈判中，对方的视线经常停留在你的脸上或与你对视，说明对方对谈判内容很感兴趣，想急于了解你的态度和诚意，成交的希望程度高。

(2)交谈涉及关键内容如价格时，对方时时躲避与你视线相交，一般来说，对方把卖价抬得偏高或把买价压得过低。

(3)对方的视线时时脱离你,眼神闪烁不定,说明对你所谈的内容不感兴趣但又不好打断,产生了焦躁情绪。

(4)对方眨眼的时间明显地长于自然眨眼的瞬间时,说明对方对你谈的内容或对你本人已经产生了厌倦情绪,或表明对方感觉有优越感,对你不屑一顾。

(5)倾听对方谈话时几乎不看对方的脸,那是试图掩饰什么的表现。

(6)眼神闪烁不定,常被认为是掩饰的一种手段或不诚实的表现。

(7)眼睛瞳孔放大而有神,表示此人处于兴奋状态;瞳孔缩小而无神,神情呆滞,表示此人处于消极、戒备或愤怒状态。

(8)瞪大眼睛看着对方是对对方有很大兴趣的表示。

(9)对方的视线在说话和倾听时一直他顾,偶尔瞥一下你的脸便迅速移开,通常意味着对生意诚意不足或只想占大便宜。

(10)下巴内收、视线上扬注视你,表明对方有求于你,成交的希望程度比你高,让步幅度大;下巴上扬、视线向下注视你,表明对方认为比你有优势,成交的欲望不强,让步幅度小。

二、眉毛的"语言"

眉毛和眼睛的配合是密不可分的,二者的动作往往共同表达一个含义,但单凭眉毛也能反映出人的许多情绪变化。

(1)人们处于惊喜或惊恐状态时,眉毛上耸。有"喜上眉梢"之说。

(2)处于愤怒或气恼状态时,眉角下拉或倒竖。人们常说"剑眉倒竖",即形容这种气愤的状态。

(3)眉毛迅速地上下运动,表示亲切、同意或愉快。

(4)紧皱眉头,表示人们处于困窘、不愉快、不赞同的状态。

(5)眉毛高挑,表示询问或疑问。

(6)眉宇舒展,表示心情舒畅。

(7)双眉下垂,表示难过和沮丧。

上述有关眉毛传达的动作语言是不容忽视的。人们常常认为没有眉毛的脸十分可怕,因为它给人一种毫无表情的感觉。

三、嘴巴动作的"语言"

人的嘴巴除了说话、吃喝和呼吸以外,还可以有许多动作,借以反映人的心理状态。

(1)嘴巴张开,嘴角上翘,常表示开心、喜悦。

(2)撅起嘴,常表示生气和赌气,是不满意和准备攻击对方的表现。

(3)撇嘴,常表示讨厌、轻蔑。

(4)咂咂嘴,常表示赞叹或惋惜。

(5)努努嘴,常表示暗示或怂恿。

（6）嘴角稍稍向后拉或向上拉，表示听者是比较注意倾听的。

（7）嘴角向下拉，是不满和固执的表现。

（8）紧紧地抿住嘴，往往表现出意志坚决。

（9）遭受失败时，人们往往咬嘴唇，这是一种自我惩罚的动作，

（10）咬嘴唇，有时也可解释为自我嘲解和内疚的心情。

四、上肢动作的“语言”

（一）手势

手势是说话者运用手掌、手指、拳和手臂的动作变化来表达思想感情的另一种体态语言。手势是谈判者在交谈中使用得最多也最灵活方便的行为语言，有极强的吸引力和表现力。借助手势或与对方手与手的接触，可以帮助我们判断对方的心理活动或心理状态，同时也可帮助我们将某种信息传递给对方。

掌心向上的手势，常表示谦虚、诚实、屈从，不带有威胁性；掌心向下的手势，常表示控制、压抑、压制，带有强制性；伸出并敞开双掌，常表示坦白、诚恳、言行一致。

食指伸出，其余手指紧握，呈指点状，常表示教训、指责、镇压；把拇指指向对方，常表示诬蔑、藐视、嘲弄；双手相握或不断玩弄手指，常表示犹豫、为难、缺乏信心；把手指蒙在嘴前，或轻声吹口哨，常表示紧张、担心、束手无策。

稍握拳头，置于胸前，手指曲动，常表示犹豫、疑虑、忐忑不安；紧握双拳，手心出汗，置于椅背或腿部，常表示愤怒、烦躁、急于攻击。

双臂紧紧交叉于胸前，身体稍前倾，往往表示防备、疑窦；两臂交叉于胸前并握拳，往往是怀有敌意的标志；两臂置于脑后，十指交叉，搂住后脑，身体稍后仰，往往表示权威、优势和信心。

用手指或手中的笔敲打桌面，或在纸上乱涂乱画，往往表示对对方的话题不感兴趣、不同意或不耐烦的意思。这样做，一方面可以打发和消磨时间，另一方面也起到暗示或提醒对方注意的作用。

不时用手敲脑袋，或用手摸头顶，表示正在思考。

一手托腮，手掌撑住下巴，身体微倾向前，头稍往后仰，眼皮半闭垂下，表示正在做决断性的思考。

手与手连接放在胸腹部的位置，是谦逊、矜持或略带不安的心情的反映。在给获奖运动员颁奖之前，主持人宣读比赛成绩时，运动员常常有这种动作。

吸手指或指甲，成年人做出这样的动作是个性或性格不成熟的表现，可谓之“乳臭未干”。

十指交叉，或放在眼前，或置于桌前，或垂右腹前，常表示紧张、敌对和沮丧。指端相触，撑起呈塔尖式，男性塔尖向上，女性塔尖向下，常表示自信；若再伴之以身体后仰，则通常可表现出讲话者的高傲与独断的心理状态，起到一种震慑听话者的作用。搓手，常表示谈判者对某一结局的急切期待。背手，常显示一种权威；若伴之以俯视踏步，则表示沉思。

(二)握手的“语言”

握手的动作来自原始时代的生活。原始人在狩猎或战争时,手中常持有石块和棍棒等武器。如果是没有任何恶意的两个陌生人相遇,常常是放下手中的所有东西,并伸开手掌,让对方摸一摸自己的掌心,以此来表示手中未持武器。久而久之,这种习惯逐渐演变成为今天的“握手”动作。原始意义上的握手不仅表示问候,而且也表示一种信赖、契约和下保证之意。标准的握手姿势应该是:用手指稍稍用力握住对方的手掌,对方也用同样的姿势用手指稍稍用力回握,用力握手的时间约在1～3秒钟之内。如果双方握手出现与标准姿势不符时,便有除了问候、礼貌以外的附加意义,主要包括以下几种情况:

如果感觉对方手掌出汗,表示对方处于兴奋、紧张或情绪不稳定的心理状态。

如果对方用力握手,则表明此人具有好动、热情的性格,这类人往往做事喜欢主动。美国人大都喜欢采用这种握手方式,这主要与他们好动的性格是分不开的。如果感觉对方的握手不用力,一方面可能是该人个性懦弱、缺乏气魄,另一方面可能是该人傲慢矜持、爱摆架子。

握手前先凝视对方片刻,再伸手相握,在某种程度上,这种人是想在心理上先战胜对方,将对手置于心理上的劣势地位。先注视对方片刻,意味着对对方的一个审视,观察对方是否值得自己去同其握手。

掌心向上伸出与对方握手,往往表现其性格软弱,处于被动、劣势或受人支配的状态。在某种程度上,手掌心向上伸出握手,有一种向对方投靠的含义。如果是掌心向下伸出与对方握手,则表示想取得主动、优势或支配地位,另外也有居高临下的意思。

用双手紧握对方一只手,并上下摆手,往往是表示热烈欢迎对方的到来,也表示真诚感谢,或有求于人,或肯定契约关系等含义。在荧屏上或是生活现实中,我们常常可以看到,人们为了表示感谢对方、欢迎对方或恳求对方等,往往会用双手用力地去握住对方的一只手。

五、下肢动作的“语言”

“二郎腿”:与对方并排而坐时,对方若架着“二郎腿”并上身向前向你倾斜,意味着合作态度;反之则意味着拒绝、傲慢或有较强的优越感。相对而坐时,对方架着“二郎腿”却正襟危坐,表明他是比较拘谨、欠灵活的人,且自觉处于很低的交易地位,成交期望值很高。

架腿(把一只脚架在另一条腿的膝盖或大腿上):对方与你初次打交道时就采取这个姿势并仰靠在沙发靠背上,通常带有倨傲、戒备、怀疑、不愿合作等意味。若上身前倾同时又滔滔不绝地说话,则意味着对方是个热情的但文化素质较低的人,对谈判内容感兴趣。如果频繁变换架腿姿势,则表示情绪不稳定、焦躁不安或不耐烦。

并腿:交谈中始终或经常保持这一姿势并上身直立或前倾的对手,意味着谦恭、尊敬,表明对方有求于你,自觉交易地位低下,成交期望值很高。时常并腿后仰的对手大多小心谨慎,思虑细致全面,但缺乏自信心和魄力。

分腿:双膝分开、上身后仰者,表明对方是充满自信的、愿意合作的、自觉交易地位优越的人,但要指望对方做出较大让步是相当困难的。

摇动足部，或用足尖拍打地板，或抖动腿部，都表示焦躁不安、无可奈何、不耐烦或欲摆脱某种紧张情绪。

双脚不时地小幅度交叉后又解开，这种反复的动作表示情绪不安。

六、其他姿势的"语言"

交谈时，对方头部保持中正，时而微微点点头，说明他对你的讲话既不厌烦，也不大感兴趣；若对方将头侧向一边，尤其是倾向讲话人一边，则说明他对所讲的事很感兴趣；若对方把头垂下，甚至偶尔合眼似睡，则说明他对所讲的事兴趣索然。

谈话时，对方不断变换站、坐等体位，身体不断摇晃，常表示他焦躁和情绪不稳；不时用一种单调的节奏轻敲桌面，则表示他极度不安，并极具警戒心。

交谈时，对方咳嗽常有许多含义，有时是焦躁不安的表现，有时是稳定情绪的缓冲，有时是掩饰说谎的手段，有时听话人对说话人的态度过于自信或自夸表示怀疑或惊讶而用假装清清喉咙来表示对他的不信任。

洽谈时，若是戴眼镜的对方将眼镜摘下，或拿起放在桌上的眼镜把镜架的挂耳靠在嘴边，两眼平视，表示想用点时间稍加思考；若摘下眼镜，轻揉眼睛或轻擦镜片，常表示对争论不休的问题厌倦或是喘口气准备再战；若猛推一下眼镜，上身前倾，常表示因某事而气愤，可能进行反攻。

拿着笔在空白纸上画圈圈或写数字等，双眼不抬，若无其事的样子，说明已经厌烦了；拿着打火机，打着火，观着火苗，也是一副烦相；放下手中物品，双手撑着桌子，头向两边看看后，双手抱臂向椅子上一靠，暗示对方：没有多少爱听的啦！随你讲吧；把桌上的笔收起，本合上，女士则照照镜子或拢拢头发、整整衣裙，都是准备结束的架势，表明厌烦。

扫一眼室内的挂钟或手腕上的表，收起笔，合上本，抬眼看着对手的眼睛，似乎在问："可以结束了吧？"这种表现足以说明"别谈了"的意思；给助手使个眼神或做个手势（也可小声说话），不收桌上的东西，起身离开会议室，或在外面抽支烟、散散步，也表明对所言无望，可以结束谈判了。

腰部在身体上起着承上启下的作用，腰部位置的"高"或"低"与一个人的心理状态和精神状态是密切相关的。同样，腹部位于人体的中央部位，它的动作带有极丰富的表情与含义：

（1）鞠躬、弯腰，表示谦逊或尊敬之意。再者，心理上自觉不如对方甚至惧怕对方时，就会不自觉地采取弯腰的姿势。

（2）腰板挺直，颈部和背部保持直线状态，则说明此人情绪高昂、充满自信、自制力较强。相反，双肩无力地下垂，凹胸突背，腰部下塌，则反映出疲倦、忧郁、消极、被动、失望等情绪。

（3）双手横叉腰间，表示胸有成竹，对自己面临的境况已做好精神上或行动上的准备，同时也表现出以势压人的优势感和支配欲。

总之，无论是眼睛、嘴巴、脸部的神态，还是双手、双脚、手臂的动作，这些非语言行为都可以向人们传递一定的信息，而且往往这些非语言行为传递的信息比语言交流的信息更加可靠。因此，商务谈判人士在和谈判对手进行沟通时除了注意从有声语言交流中获取信息，还要学会从无声语言交流中得到更充分、更可靠的信息。

案例分析

宁愿买贵的——提问技巧的运用

下面是一位卡车推销员与买主的对话：

卖主："你们需要的卡车，我们有。"

买主："多少吨位的？"

卖主："4 吨的。"

买主："我们需要 2 吨的。"

卖主："你们运的货每次平均多重？"

买主："一般来说，大概 2 吨左右。"

卖主："有时多些，有时少些，是吗？"

买主："是的。"

卖主："到底需要哪种型号的车，一方面要看你的货是什么，另一方面要看汽车在什么路上行驶，是吗？"

买主："是的，不过……"

卖主："如果你的车在丘陵地区行驶，而且你们那里冬季较长，这时汽车所承受的压力是不是比正常的情况下大一些？"

买主："是的。"

卖主："你们冬天出车的次数比夏天多，是吧？"

买主："是的，多得多。"

卖主："有时货物太多，又是在冬天的丘陵地区行驶，汽车是不是经常处于超负荷状态？"

买主："是的，你说的不错。"

卖主："你在决定购车型号时，是不是应该留有余地？"

买主："你的意思是……"

卖主："从长远的眼光看，是什么因素决定买一辆车是否值得？"

买主："当然是看它的使用寿命啦。"

卖主："一辆车总是满负荷，另一辆车却从不过载，你认为那辆车的寿命长？"

买主："当然是马力大、载货多的那一辆。"

经过这样的讨论，最后买主决定，多花 3 500 元买一辆 4 吨卡车。

这个案例是运用提问技巧的成功案例，整个谈判过程都是运用提问与回答的方式进行的，使用了多种提问技巧，通过利用这些提问技巧，最终的目的是使买主自觉产生认同心理，愿意与你合作。这个案例说明运用提问进行谈判要注意抓住对方的需要，表达要简明，更重要的是结论要让对方自己得出。

思考：结合案例说明使用提问技巧的有效方法，体会恰当使用提问技巧的效果。

本章小结

成功的商务谈判都是谈判双方出色运用语言艺术的结果。在商务谈判中,双方各自的语言,都是为了表达自己的愿望和要求,因此,谈判者应掌握商务谈判的各种语言,综合运用提问、应答、倾听、肢体语言等各种沟通的技巧。谈判者可通过巧妙而适当的提问摸清对方的需要,把握对方的心理状态,准确表达己方的思想。注意倾听,专心致志地倾听讲话者讲话,并恰当地使用无声语言,无论是眼睛、嘴巴、脸部的神态,还是双手、双脚、手臂的动作,这些非语言行为都可以向人们传递一定的信息,而且往往这些非语言行为传递的信息比语言交流的信息更加可靠。因此,商务谈判人士在和谈判对手进行沟通时除了注意从语言交流中获取信息,还要学会从非语言交流中得到更充分、更可靠的信息。

思考与练习题

1. 简述影响商务谈判语言运用的因素。
2. 商务谈判中提什么问题?何时提问?怎么提问?
3. 倾听时应该注意哪些问题?
4. 回答的技巧有哪些?
5. 试述说服的技巧。

第七章

国际商务谈判中的风险规避

学习目的与要求

了解现代国际商务谈判中面临的风险的新特点，识别目前常见的欺诈手段，掌握防范国际贸易欺诈的技术和操作技巧，提高防范谈判风险的能力。

引例

2019 年年底，一起信用证欺诈纠纷经过二审法院裁决终于尘埃落定。该案属于典型的出口商利用虚假提单进行的信用证欺诈案件，涉及的当事人众多，案件事实错综复杂。国内某 A 公司委托某 B 公司从海外某 C 公司进口案涉货物，随后 B 公司则向某银行申请开立了以 C 公司为受益人的信用证，信用证项下款项高达数百万美元。但根据已查明的事实，本案国内 A 公司与海外 C 公司的实际控制人均为陈某某，且海外 C 公司在案涉信用证项下使用的提单系伪造的虚假提单，根据《信用证司法解释》第八条的规定，构成信用证欺诈。最终，法院对 B 公司提出的 A 公司、C 公司实施案涉海运欺诈的主张予以支持，信用证下的大额款项被终止支付，B 公司最终通过诉讼避免了大额损失。

在国际贸易中，诈骗案件时有发生。这是由于国际贸易环节很多，不仅涉及合同双方，还要涉及制造商、中间商、银行、保险公司、代理人、承租人、船东、船长、船员等。尤其是中间商、代理人、承租人、船东、船长和船员这些流动性较强的环节，是最容易产生欺诈行为的环节。据经济专家测算，世界上每年因种种原因而无法收回应收款项的交易，大约占总交易额的 2%～3%。国际贸易欺诈扰乱了国际经济秩序，损害了全世界广大消费者及守法的经营者的合法权益，加深了各国贸易伙伴之间的不信任感，阻碍了国际贸易的顺利发展。

第一节　国际商务谈判中的风险识别

一、目前国际贸易诈骗的主要特点

近年来国际贸易欺诈在我国出现了如下特点：

(1)从欺诈的对象看，已从欺诈专业大公司更多地转向了缺乏贸易经验和抵御风险能力的中小企业(特别是农产品生产企业)。这一方面是由于我国大公司国际贸易起步相对较早，已经积累了一些防范国际贸易欺诈的经验；另外，经过多年的经营，大企业已经建立起了规范安全的经营系统，国际欺诈团伙往往没有可乘之机；再有大企业往往(较容易)集聚了富有经验的国际贸易人才，并具有比较完善的经营管理制度，这些都成为行骗的障碍，增加了行骗的成本。为此，欺诈的对象转向了各方面都不及大企业的中小企业，特别是缺乏经验但又急于进入国际市场的中小企业，正成为国际贸易欺诈的主要目标，并已有一些中小企业因上当受骗而损失惨重，甚至一蹶不振。

(2)从金额上看，已从一次欺诈上百万美元更多地转向了几万、几千美元的小单子。对大交易金额进行欺诈固然收益丰厚，诱惑力很大，但越来越难以实现，因为，大单子往往是大企业，或者是有经验的中小企业做的，而且由于金额较大，往往会引起企业的高度重视，因此行骗机会不多，而且成本很高。

(3)从地域上看，受害者由以前集中在我国沿海较发达地区，更多地向内地省份、中小城市转移。而行骗地域，在海外不仅发达国家有，欠发达的南美洲和非洲也在逐渐增多，而且国内骗子也加入其中，国内外联手行骗，或者国内骗子利用其所掌握的熟练的国际贸易业务知识设置圈套诱骗。

(4)从手法看，骗子往往先以较安全的交易方式做幌子，设置一些陷阱(条款)，或伺机提出一些特殊理由，要求改变原来较为安全的交易条件(条款)，而此时我方企业或急于完成交易，忽视了其中潜在的危险；或已经意识到了危险存在，但已骑虎难下，怀着侥幸心理钻进了对方设置的圈套。

对于上述国际贸易中出现新的欺诈特点，企业在国际商务谈判过程中要有充分认识，提高警惕，及时采取有针对性的防范措施。

二、商务谈判开始前的“陷阱”

外经贸企业在开展进出口业务的过程中，无处不存在着风险和“陷阱”。若要防止进出口业务经营中的失误，首先应该了解在进出口业务中有哪些“陷阱”，这些“陷阱”的特点是什么，这样我们才能学会怎样识别，进而达到防范的目的。

(一)熟人“陷阱”

许多外经贸企业，在资金缺乏、人才外流、信息不灵的情况下，往往通过熟人和朋友介绍业务，而这些业务又在没有证实其真实性的情况下，偏听偏信，把可靠度和可信度寄托在“熟人”和“友情”上，这些熟人往往以××高干的亲戚、××外商的朋友，并以委托书相迷惑，而尽管有些熟人无有意欺诈，但却被第三者欺骗，而牵连外经贸企业。

（二）代理“陷阱”

在业务经营中，代理方式是目前欺诈风险的“高发领域”，其表现形式是：在代理进口中，委托人利用代理进口合同骗取信用证项下货物；在即期信用证中，骗取开证行付款，或在远期信用证中，承兑汇票后进行贴现。在代理出口中，委托人与外商相互串通，在信用证中设置软条款，骗取外经贸企业信用证项下打包贷款。在代理进料加工复出口中，委托人与外商以委托出口为诱饵，骗取外贸公司申领进料加工登记手册等。在上述业务中，外贸公司因不能全程跟踪，外商与委托人串通一气也全然不知，最后，欺诈频频得手，而在案发后，受处罚的却是有进出口经营权的外贸公司。

（三）客户“陷阱”

现在各经营企业都在急切寻找客户，正因为如此，有些根本就没有生产能力的中间人和生产厂为了谋取不正当利益，他们抓住外贸公司这一心理，串通在一起，进行联合欺诈，向外贸公司介绍××客户是如何的可靠，并拿出准备好的证明客户如何有实力的复印件（事实上很多是伪造的或是借用别的厂商的）进行欺骗。外贸公司在未做任何调查研究的基础上，为抓客户扩展业务，轻信而致上当。

（四）高利“陷阱”

在许多业务信息源的传播中，最诱人的当然是获得高利，取得丰厚的经济效益，不论是来自哪个方面，设陷者总是将利润提得很高，同时又提出一些看似十分合理的要求和一些给对方可以让步的条件，让你一步一步进入设置的陷阱。外贸公司在急功近利思想驱动下，无论怎样也不愿舍弃这笔难得的生意，放松了警惕性。

（五）好处“陷阱”

有许多业务信息本身经各种渠道引入外贸公司，一些推销商和中间人，在外贸公司确定做该项业务前，为尽快达到成交和掌握主动权之目的，往往对其业务人员以“好处”作为诱饵，这些“好处”包括给百分之多少的回扣，或许诺另外的酬劳和待遇等，当这些承诺得到外贸公司业务人员的同意后，“业务”即告成交。一旦你掉入其“好处”陷阱后，在美丽的诺言后面等待的却是另一场“恶梦”。

（六）资金“陷阱”

随着银行的商业化改制，外贸公司的融资变得越来越困难，因此，许多企业一般在捕捉业务信息上，追求的是不动资金的业务。而设陷者正是抓住了这一心态，而称不需要动资金，只需出具全套单据，资金由对方垫付，用简单的条件而诱使外贸公司上当。

三、商务谈判及业务运作中的“陷阱”

商务谈判过程中的欺诈通常是指在国际贸易的标的、航运、保险和结算等条款的谈判过程中，一方当事人利用国际贸易规则纰漏，故意编造虚假情况或故意隐瞒真实情况，以非法手段骗取对方当事人利益的行为。

（一）合同“陷阱”

合同“陷阱”是最常见的一种，设陷者往往利用合同并以“法律”的招牌来引诱对方上当，其表现形式为：

1. 合同主体欺诈

国际贸易中，绝大多数合同都是双务合同，也就是说，合同的主体即合同双方当事人，互为债权人，互为债务人。贸易实务中，双务合同主体欺诈的种类主要有三种形式：

（1）主体变更欺诈

一般来说，国际贸易合同都是通过签订合同的双方当事人实施所规定的行为来履行的，称之为亲自履行原则，签订合同的双方当事人就是合同履行主体。但是，在国际交往中，履行合同的主体变更是常见的。合同主体变更，实际是合同权利义务的转让。《德国民法典》第398条规定：债权取得依债权人与第三人的合同而移转于第三人，新债权人依合同成立取得债权人的地位。对于合同权利的转让，一般必须征得债务人的同意。如果债务人不知道有债权转让的情况，而向原债权人履行债务时，其债务自行解除。在英、美、法等国家中，合同权利在原则上是可以转让的。

但是，对于合同义务的转让，各国法律均做出严格规定。因为债务的转让，更换了债务人，不同的债务人，其资信情况、履约能力等都可能有所不同，因此就可能通过主体变更实施欺诈。

（2）有限责任欺诈

国际贸易双务合同主体主要是有限责任公司形式。由于有限责任公司的主要法律特点是公司以全部注册资本为限对外承担责任，股东以出资额为限对公司债务承担有限责任。蓄意欺诈者以很低的资本注册有限责任公司，取得当事人资格，签订大宗合同，欺诈另一方合同当事人，给其造成巨大经济损失。

（3）主体虚假欺诈

合同主体为某一知名母公司的子公司，其资本很弱，但其往往打着母公司的招牌做大生意，标的额特别大，超过子公司的承受能力，而子公司在财产上又与母公司独立，就可能引起巨大风险。

合同主体纯属商业骗子，使用假地址、假证明招摇撞骗，一旦成交，收到货款溜之大吉，从而给另一方主体人造成很大损失。

合同主体一方为没有注册资本的贸易行，只有营业证明，不具备法人资格，不能提供注册资本及法人地址的证明或公证书，这类当事人称为中间商，是不能从事直接的货物买卖的，与这类商人交易风险也很大。

2. 不签书面合同

设陷者以《联合国国际货物销售合同公约》第 11 条为由，并振振有词提出，外贸公司可不必担心没有书面合同，只要双方认同即可。但一旦引起纠纷，很多国家法律又要求以书面合同为依据，使得我方当事人缺乏法律证据。

3. 利用条款欺诈

在国际贸易实践中，许多设陷者，都是利用有些条款不完善或制造不完善条款进行欺诈，主要表现在下列条款方面：如品质条款、索赔条款、担保条款、违约金条款等，设置陷阱。

如价格条款是国际货物买卖合同中的一个非常重要的条款，在签订合同过程中，有些商人利用人们对计量单位的习惯性心理来诱使对方做出错误的表示。比如就吨而言，有英国制长吨、美国制短吨，还有公吨，1 长吨等于 2 240 镑，1 短吨等于 2 000 镑，同样都是吨，却相差 240 镑，可见以长吨报价与短吨报价会有多大差别。

又如在采用计价货币时，卖方从自身的利益出发，总是力争用比较坚挺的货币来确定价格，而买方则愿意采用容易贬值的货币来确定价格。通常选用能够自由兑换的货币，但是如不谨慎，就会多付货币，增加生产成本。在国际市场上，往往并不是谁的价格最低，谁的条件就对我方最有利，有时贪图便宜会吃大亏。

（二）信用证"陷阱"

在国际贸易中常用的汇付、托收和信用证三种结算方式中，信用证因其介入了银行信用而深受出口方推崇，尤其是对于新的客户，对方资信状况不了解时，信用证更是很好的规避风险的结算方式。但在实际业务中，有些国外客户为了蒙蔽外贸公司常常以可开立信用证来获取信任，而有部分外贸公司往往在未了解对方信誉情况下，被信用证所"信任"，忽视采取防范措施。在信用证的内容上设陷者在其信用证中规定一种条款，这种条款能否实现完全取决于开证人，受益人无论进行何种努力都不可避免地被拒付。这就是利用信用证"软条款"进行诈骗的"陷阱"。

"软条款"指在信用证中加入了一些特别条款，使得信用证可以随时因开证行或者申请人单方面的行为而解除，从而变相地成为可撤销信用证，或改变原有信用证，使出口企业面临很大的风险"软条款"的具体表现有：

（1）生效条款。信用证开出后，必须由开证行另行通知后生效。这就意味着信用证没有生效，是否会生效，何时生效要看申请人的意愿，这样的信用证根本没有任何付款保障。

（2）装船日期、船公司、船名、目的港、受益人、验货人必须经申请人同意并以修改形式通知。这些条款都是影响出口方利益的重要条款，由于受申请人的控制，可能使出口方非常被动，并成为日后申请人扣留货物不付款或少付款的借口。

（3）品质证书须由申请人出具并同开证行存档签样相符。此类欺诈常发生于 CFR 或 CIF 合同谈判中。这实际就意味着交货的品质控制在申请人手中，他可以轻易地以货物品质不符为由要求降价，如果我方不接受，我方的损失会更大，而品质与开证行存档签样相符这一条款似乎比较公平，但经常是大批量生产的产品与样品难免会有些差异，这就意味着我们的产品品质存在着固有的缺陷，你不会拿到全部的货款。

(4)货物收据上有申请人签发，签字有开证行核实(核实无误才付款)。这实际意味着即使申请人(买方)已经收到货物，但他只要不签发货物收据，我们永远得不到银行的付款。

(三)单证"陷阱"

目前，在进出口贸易的各个环节中，单证是经营过程中的主要依据和凭据，正是这种特性，设陷者挖空心思，大做文章，真真假假，以假乱真，在外贸实践中，设陷者一般在下列单据中制假较多：一是出口报关单，二是外汇水单，三是合同，四是汇票、本票，五是提单。还有的设陷者伪造全套单据与信用证要求相符，使银行因表面上单证相符无条件付款，从而达到欺诈目的，这是一种出现概率较高的欺诈方式。根据《UCP600》规定，银行只审查单据与信用证的要求表面是否一致，而不去审查货物是否真的装上了船，货物质量是否符合合同的要求，这就给单证欺诈留下了可钻的空子；一些不法分子通过伪造单据而取得货款。其实，国际商会所规定的单证买卖的三种基本贸易单证：卖方发票、装船提单、保险单都是十分容易伪造的。比如，只要取得船务公司空白提单，填好后签上假名即可获得伪造的提单。还有就是卖方和船务公司是一套人马两块招牌，自己给自己开个提单也是再简单不过的了。保险单方面，只要付出很少的保费即可。保险公司方面在收保费时不管你是否将来有货装上船，而且若是没有风险承担而保费却可以照收，何乐而不为呢？骗子们凭着这一套单证，根据信用证到银行结汇，收到钱后逃之夭夭。

除了伪造提单外，还有几种常见的单证欺诈手法：预借提单、倒签提单进行欺诈。由于信用证规定的装船日期已到期，货主因故未能及时备妥货物装船或尚未装船或因船期延误影响货物装船，托运人要求承运人先行签发已装船提单以便结汇。这种在货物装船前或开始装船前已为托运人借走的提单，称为预借提单。由于货物的实际装船日期迟于信用证规定的装运日期，如果仍按实际装船日期签署提单，有可能影响结汇。为了使签发提单日期与信用证规定装运日期相符，以利于结汇，承运人应托运人的要求，在提单上仍按信用证规定的装运日期填写，这种提单称为倒签提单。预借提单和倒签提单之所以被列为欺诈行为，是因为它隐瞒了事实真相，损害了收货人的权益。尤其在市价下滑的情形下，收货人每天都在损失实实在在的价款；再如季节性或应节货物，过了时节往往损失巨大。

(四)运输"陷阱"

进出口贸易运输环节的"陷阱"，是最不易让人识破的，因为海洋运输和多式联运环节多，周期长、手续繁杂，所以一些设陷者，大多以中国进口大宗原材料或大宗国内急需商品为名勾结信誉不好的小船东或运输代理商伪造运输提单骗取国内货款，尔后逃之夭夭。还有的通过倒签提单和预借提单欺诈、租船合同欺诈、转航欺诈、船东滥用免责条款欺诈、海上保险欺诈等。他们欺诈的共同特点是具有国际性、复杂性和敏感性。由于运输环节多，涉及复杂的法律和专业技术知识，有的公司不请教律师就决策，或轻信一些信誉不好的运输代理商，往往受骗上当。

典型的租船诈骗是随着租船人租用一条船而起，接着刊登舱位广告，收集货物，预收运费，而在准备开船时，租船人却带着运费失踪，不支付船东的租金；或者租船人以期租的形式租进船舶，然后作为二船东再转租出去，并以优惠费率为条件提供运力，当货装上船，二船东就签发提单，收取运费，不付船东的租金，然后宣布倒闭或租船人失踪。船东对此有两种选择：一是把货物交给提单持有人，自己承担租金损失；二是被引诱在途中出售货物以弥补租金损失，这样，他自己也陷入诈骗行为，损害了货主。

还有一种诈骗是租船人代替船东照料装船，并采用欺骗的方式对备运的货物签发已装运的提单，实际上货并未装运，然后携带运费和货物潜逃，听任提单持有人向船东索赔。

此外，还有几种沉船诈骗，如凿沉船舶、放火烧船、故意触礁等。令人啼笑皆非的是，沉船是某些高级船员和一般船员的一项职业，称为凿船人，为不诚实的船东所雇佣，他们的名字屡次出现在可疑的沉船报告中，但要证明沉船是有意识的往往很困难。这种诈骗的后果，如果涉及一个租船人，他可能要根据签发的提单对装运人或收货人负责；如果不涉及租船人，装运人或收货人的唯一补救办法是找他们的保险人。如果保险人不赔偿，这种损失将全部由货方承担。

(五)结算“陷阱”

在出口方面：现在许多不法商人，往往打着市场行情不好，需要时间推销等幌子，并采用改证手法来拖延结算时间，如 L/C 出了几批货后改 D/P、D/A，而一旦出口方接受了 D/P、D/A 远期付款方式或寄售方式后，虽然对方声称自愿支付延期利息，实质上不法商人等待货物到港后，如市场不好，即申请拒付。还有的称可开立信用证，但迟迟不开出，几经外贸公司催促，才告知“证已开出，可先发货，此时船期临近，待收到信用证后又发现多处条款不符，只好改汇付(汇付仅属商业信用)，此时设陷者收回未寄出的正本汇票，给外贸公司造成钱货两空的损失。在进口方面：对方则提出要外贸公司开证，以假进口来进行骗汇。在加工贸易方面：多数采用其他手法来设陷骗取资金。

综上所述，结算陷阱除了前面阐述过的信用证陷阱外，就是通过各种借口，将以信用证成交的银行信用转换为商业信用方式，具体有汇付、托收、后 T/T 及赊销，其风险分别为：

1. 汇付方式存在的风险

(1)国家信用风险

国家信用风险来源于不可抗拒的国外因素，可以分为政治风险和宏观经济风险，它是由进口国的法律和法规所产生的，并不是合同条款所能免除和改变的。在国际贸易中，如果进口国经济衰退、外汇匮乏无力对外支付、国内货币大幅度贬值、战争内乱导致经济停滞等都可能使买方不能履行对外付款的责任。

(2)商业信用风险

汇付方式是商业信用。对于先出后结的卖方和预付货款的买方，能否按时收款或按时收货，完全取决于对方的信用。如果卖方收款后不发货或者买方收取货物后不付款，都可使对方钱货两空,这种信用风险与买卖双方的信用有很大的关系。另外,经营不善、企业破产、市场行情发生变化、进口商品在进口后价格剧降使得进口商亏本等都会导致商业信用风险。

(3)外汇风险

外汇风险主要是指企业以外币作为交易结算货币进行贸易活动时产生的风险,是由于对外交易的时间和结算时间不一致而形成的。结算时间往往滞后于合同签订时间,两者之间有一定的时间间隔,导致结算时的汇率可能不同于合同签订时的汇率而产生的外汇风险。

采用汇付方式出口的外汇风险具体表现在出口合同生效后,出口收汇的结算外汇汇率下降,出口方到期收回的外币不足以买回签约时的本币金额,从而导致少收本币的风险。

2. 托收、后 T/T 及赊销

随着国际贸易中买方市场的形成,D/A、后 T/T 及 O/A 等商业信用的结算方式已是国际商界的通行做法。因这些付款方式能给进口商提供付款信用上的让渡,故而在激烈的国际竞争中极具竞争性。但这些付款方式中的进口商是付款责任的唯一承担人,相关银行只提供服务,不提供信用,不承担任何付款责任。相对而言,托收、后 T/T 及赊销等支付方式的付款约束机制较弱,约束付款人的法律依据是贸易合同,而能否安全收汇则完全依赖于进口商的信誉,且收汇速度慢。因此,单纯采用上述商业信用的付款方式,在不了解进口商的情况下,出口商要承担极大的信用风险。如:进口方因清偿能力不足而无力付款赎单或市场价格下跌拒不赎单(D/P),进口方拖延付款或不付款(D/A、后 T/T 及 O/A),进口商开具空头票据、伪造票据(D/D),等等。

(六)国际技术许可贸易“陷阱”

国际技术许可贸易是国际技术转让中最常见的交易方式。国际技术许可贸易欺诈的主要表现形式有:一是专利许可欺诈。专利具有独占性、时间性、地域性,一些不法商人利用过期的或不具有地域有效性的专利,甚至是假专利对我国进行欺诈;还有一些不法分子将同一专利卖给多家企业,谋取利益。二是专有技术许可欺诈,常见的专有技术许可欺诈主要有利用专有技术许可范围进行欺诈和利用专有技术转让的应用范围进行欺诈。

(七)退税“陷阱”

在进出口业务中,退税已是设陷的高发环节,设陷者往往抓住退税率较高的出口商品,以不要退税款为诱饵,蒙蔽外贸公司,使不少外贸公司上当,还有的提出退税要快或只要一半税款,并要求外贸公司先垫付税款,同时表示单据齐全没有问题。因为诈骗人一般能提供增值税发票(但是虚开的,手法使人难以识别)、缴款书等,所以使得外贸公司在心理上降低了防范意识。当然退税陷阱由设陷人设置配套的机构,如专门的“销售公司”、专门的“提供增值税发票的机构”、专门的“人员”,并连成一片,一环套一环,使人难以识别。

第二节 国际商务谈判中的风险规避方法

进出口业务涉及环节繁多,操作复杂,从事进出口业务的人员必须具备强烈的责任心和事业心;具备相当的专业知识和商务知识,才能有效规避风险和防范风险。

一、做好事先的资信调查规避谈判风险

在国际贸易之初,不仅要调查新客户,还要调查老客户,以及调查开证行等金融机构。要通过多种途径进行调查,这是规避贸易风险的前提。

一定要慎重考察对方身份的真实性,查清对方的资信情况。调查的主要内容包括:

(1)查看对方营业执照的正本和副本,并对正本副本的真实性进行验证;同时核实其经营活动情况、货物情况、注册资本、法定地址和现在是否仍在合法地进行经营活动。

(2)考察对方资产信用的真实性和履约能力,了解其开设的基本账户和经营管理能力。如生产加工能力、出口许可、原材料供应、货源等。企业的资信情况关系到其有无承担债务责任的能力和有无履约的诚意。

(3)对其主体资格要分辨清楚。如对方是以自然人身份或以法人身份还是以非法人经济组织身份出现,是法定代表人的身份还是委托代理人的身份出现。

(4)调查对方企业的信誉度,有无不良行为历史记录。

以上的考察可以通过当地的工商部门协助进行。此外,识别方法还可采取:①银行查询;②海外机构查询;③行业查询;④进出口商会查询;⑤有关机构查询等。

需要指出的是,资信调查机构在全球都设有分支机构,能"在当地了解当地人",很快提供委托人需要了解的情况。国内一些大型专业外贸进出口公司已是接受资信调查服务的受益者,比如中电、中纺、中化、中技等公司都与国际上的资信调查机构有委托协议。如果对于一些小的国家,一时难以与中介机构联系,中国驻海外大使馆的商务处也是可以求助的机构之一。但在国内大型外贸公司中,目前仅有 20% 的公司对外商进行资信调查。有的公司虽有受骗的切肤之痛,却还不知资信调查为何物,或者是将信将疑。我国企业接受商业资信调查服务,先得有观念上的转变,要明白花点钱做资信调查是非常必要和值得的,是防止上当受骗至关重要的一步。

二、合同与单证风险规避

在进出口业务中,如在真实性的识别中难以如愿,对方几方面串通一气、互相配合,并多次反复强调真实性,而外贸公司又想尝试的情况下,可采取签订严谨的合同来识别对方,在合同中订立严格的进口商品质量标准、评估条款、保护性条款、检验条款、运输要求等。并要求对方具有法人代表或委托书签字的文书。特别要强调签约地在本地区。此外,出口合同中要订有严格的仲裁条款;规定出口国为解决争议、纠纷的仲裁地点。注意在进出口中一定要采取签订书面合同,因为书面合同具有确定性、告诫性和公开性,并具有证据的作用。有一些欺诈在书面合同中肯定会露出破绽,外贸公司在签订合同时可及时识别。

在规避单证欺诈风险方面,要认真鉴别单证的真伪。伪造的单证有两种:一种是单据是真内容是假;另一种是单据和内容均是假的。一些精巧的伪造单证,只有专家才能鉴别,但是,大多数伪造的单证还是有漏隙的。

内容上常见的漏洞有：①公司名称，如有些伪造者将一些英国公司的结尾 PLC 打成 LTD。②地址、电话号码是假的，可用电话、电传加以证实。③内容有明显疏忽。比如货物数量超过了载运船只的负荷量；所述的商品不适宜提单所述的船只装运；有关船只距所述地点千里之远。

伪印中常见的粗糙之处有：①拼写，常见一些明显的错误，如自美国或欧洲的单据，却采用异于该国习惯的拼写。②格式，排版瑕疵最为常见。③纸张，有价单据一般用带有水印的特殊纸张印刷，要想伪造得逼真不是一件容易的事。

大额单据是诈骗者最为关注的目标，必须加倍小心，以“疑问”的目光审核，避免假单据蒙混过关，导致巨大损失。审核时如发现疑点必须通过有关部门进步一查清。如对船只、货物、航程等情况有所怀疑，可与国际海事局联系调查。

三、谨慎选择贸易术语防范谈判风险

众所周知，目前国际贸易业务中最常用的贸易术语主要是装运港交货的 FOB、CIF 和 CFR 三种。根据国际商会 20 世纪 90 年代末对 40 多个国家的调查统计，按使用的频繁程度，FOB 排在第一位。由于采用 FOB 条件成交时，卖方在装运港交货后，不负责安排运输和保险，也就不担心运价上涨的问题。而且在许多人中存在一种误解，即采用这三种常用术语成交，风险是完全相同的，都是以船舷为界转移风险，费用负担上也是“羊毛出在羊身上”，最后统归买方负担，只是责任上有所不同罢了。这种误解导致一些人在对外成交时忽略了对贸易术语的认真选择，最后造成意想不到的损失发生。其实，有关贸易术语的国际惯例《2000 通则》中所说的“以船舷为界”划分风险，只是用以确定货物在交接过程中损坏或灭失的后果由卖方还是买方承担的问题，而并不泛指所有的风险，特别是不涉及收汇的风险问题。

事实证明，在我国出口业务中，作为卖方根据交易的具体情况，慎重选择适当的贸易术语对于防范收汇风险，提高经济效益是十分必要的。

(1)总体来讲，在出口业务中采用 CIF 或 CFR 术语成交要比采用 FOB 有利。因为，在 CIF 条件下，国际货物买卖中涉及的三个合同(买卖合同、运输合同和保险合同)都由卖方作为其当事人，他可根据情况统筹安排备货、装运、投保等事项，保证作业流程上的相互衔接。另外，有利于发展本国的航运业和保险业，增加服务贸易收入。当然，这也不是绝对的，应根据交易的商品的具体情况首先考虑自身安排运输有无困难，而且经济上是否合算等因素。但如果站在买方的角度考虑，CIF 术语由卖方在卖方所在国家投保，而由买方负责索赔，也就是说买方要通过卖方所在国家保险公司索赔，这就给索赔工作带来极大的不便，因此，出于双方公平的角度考虑，CFR 术语有明显的优势，既照顾到船货的衔接问题，又有利于保险索赔工作的顺利进行。

(2)如不得已采用 FOB 条件成交时，对于买方派船到港装货的时间应在合同中做出明确规定，以免卖方货已备好，船迟迟不到，贻误装期的事情发生。

(3)选择贸易术语时还应与支付方式结合考虑。如采用货到付款或托收等商业信用的收款方式时，尽量避免采用 FOB 或 CFR 术语。因为这两种术语下，按照合同的规定，卖方没有办理货运保险的义务，而由买方根据情况自行办理。如果履约时行情对买方不利，买方拒绝接收货物，就有可能不办保险，这样一旦货物在途中出险就可能导致钱货两空。如不得已采用这两种术语成交，卖方应在当地投保卖方利益险。

四、谨慎选择托运人、船代、货代规避风险

对于 FOB 条件下，买方指定境外货代的情况应慎重考虑是否接受。近年来屡屡发生买方与货代勾结，要求船方无单放货，造成卖方钱货两空的事情。这种现象在非洲等欠发达地区尤为常见。另外，还有的货代只在装运口岸设个小小的办事处，并无实际办理装运的能力，回过来再通过我方有关机构办理，既增加了环节，降低了效率，又提高了费用。作为卖方应对买方指定的货代的资质情况有一定的了解，如认为不能接受，应及时予以拒绝。

托运人的规定也十分重要，即使采用信用证支付时，托运人的规定失误也可能带来不必要的麻烦，特别是 FOB 条件下，有些国外买方常在信用证中要求卖方提交的提单要以买方作为托运人，这种做法也同样会给卖方带来收汇的风险。在国际贸易中曾发生过这样的事情：买卖双方按 FOB 条件成交，合同规定以信用证支付。买方开来的信用证中规定卖方提交的提单要注明托运人为买方。卖方审证时发现这一问题。但认为与承运人订立运输合同的是买方，买方作为托运人也顺理成章，另外，为此再修改信用证又要增加费用开支和延误装期，所以，卖方就照办了。交货后提交的提单注明买方为托运人。但结汇时因单证有点不符，被银行拒付并退单。

而货物在运输途中，买方以提单的托运人的名义指示承运人将货物交给他指定的收货人。这样一来，卖方虽控制着作为物权凭证的提单，然而货物却已被买方指定的收货人提走。卖方向法院起诉承运人无单放货，被法院以无权起诉为由予以驳回。由此可见，在 FOB 合同下，以卖方还是买方作为托运人并非无足轻重的事情。按照《汉堡规则》的解释，托运人有两种，一种是与承运人签订海上运输合同的人，另一种是将货物交给与海上货物运输有关的承运人的人。根据上述解释，FOB 合同下，买方或卖方均符合作为托运人的条件。如果买方资信好，又有转售在途货物的要求，以买方作为托运人未尝不可。但如果不是这样，从安全起见，还是以卖方作为托运人为好。

五、通过高科技手段规避风险

高科技主要运用电子技术检测分析，一是识别欺诈者所伪造的各类重要单据如伪造的单据，一般特点是：色泽浓淡不均，细密的线条不完整、不清晰，图案、花纹、线条变形，粗细不匀，或出现差异，复杂的图案容易模糊。有些伪造单据尽管也使用一些精密仪器制成，用肉眼难辨真假，但通过电子技术分析，在细密线条上容易出现图文不着墨的“漏白”现象。在对水印的鉴别上，伪造单据对着光看时，看不出图像的层次，真单证水印透视时清晰自然有层次；在紫外线下检验伪单证水印发荧光，真单证水印不发光等。二是在进出口贸易电子网络条件下，能迅速反馈当事人的各种情况和数据，由工商、海关、税务、外汇、银行等部门掌握，并进行识别。

六、充分利用中信保规避国际贸易风险

出口信用保险是国家建立政策性风险基金，通过保险经济合同的形式，实现对企业出口合同安全收汇的保证，它保障企业正当的收汇权益，补偿企业由于境外发生的政治和商业风险可能遭受的收汇损失，起到鼓励并推动本国产品和服务出口的作用。

办理出口信用保险的过程是一个风险防范和控制的过程。承保前，保险机构要对贸易双方进行详细的资信调查，充分了解债权、债务双方的支付能力，为评估出口业务的风险程度提供充足的证据。承保后，保险机构还要及时跟踪债务方的经营状况，一旦出现支付风险或者信用风险，保险机构要及时向出口企业提出建议，如设定出口限额、改变结算方式、增加保值条款甚至中断后续交易合同等，将风险控制在一定范围之内。保险业务完成后，保险机构可以帮助企业建立较完备的客户档案，为企业总结经验提供资料，全面提高出口企业的风险意识和风险管理水平。

此外，有了中国信用保险的保驾护航，还可以有利于出口企业采取灵活的贸易结算方式，获得更多的贸易机会，也可以获得融资便利，便于企业放心参与国际竞争，开拓国际市场。

七、充分掌握法律知识规避谈判风险

为了整顿和规范市场经济秩序，国家制定了一系列进出口法律法规，因此，正确掌握和运用这些法律法规对进出口业务的运作进行规范和鉴别，能起到积极有效的防范作用。在出口业务中，运用《涉外经济合同法》《对外贸易法》《海关法》《产品质量法》《出口收汇核销管理办法》《出口货物退（免）税若干问题的规定》《商品检验法》等法律法规的有关条款进行比照识别，分析本笔出口业务的不规范之处和风险大小，最后决定运作与否。在进口业务中，运用《涉外经济合同法》《对外贸易法》《海关法》《贸易进口付汇核销监管暂行办法》《进口付汇核销贸易真实性审核规定》等法律法规的有关条款进行比照识别，严防“四自三不见”，防止以进口业务之名，行骗汇之实。在进出口代理业务中，要严格对照《关于对外贸易代理制的暂行规定》《规范进出口代理业务的若干规定》《外汇管理条例》《民法・关于代理部分》等法律法规进行鉴别，通过上述法律在实践中的运用和程序规范，可进一步识别对方隐藏的欺诈手段，发现破绽，使外贸公司警觉并采取相关措施防患于未然。

八、采取担保方式，保证对方履约

如果对对方的资信状况不了解或进行的交易额较大，最好请一家有声誉的银行或公司提供履约担保。这种担保要由对方负责提供，保证对方不履约时由担保银行或公司承担责任。为了保证交易顺利进行，有时也可使用备用信用证，但在使用时，要注意防止对方用伪造的证明文件骗取备用信用证项下的款额。采用担保方式保证履约，除了第三者出面保证外，还可由对方提供抵押和留置等方式保证对方履行义务。

九、利用互联网规避风险

俗话说，雁过留声，人过留名，在互联网应用如此广泛的今天，骗子行骗，也可能会有蛛丝

马迹留在网上，利用互联网，你可能耗费很少的时间、精力和费用就会得到意想不到的信息，比如你可以用下列方法查询一下，不妨作为一个初步甄别的方法。

利用手机属地查询，如果手机属地与标示公司地距离太大的，就值得怀疑。

利用搜索引擎查询，以手机号为查询要件，得到结果为同一手机主人在网络上公布信息为不同公司或商品的，就要小心。

利用搜索引擎查询，以你所需商品为查询要件，得到商品价格与市场价格差距太大的，低价格的可能就是陷阱。

利用搜索引擎查询，以标示公司为查询要件，看其所标示的公司是否有网友被骗记录公布。

利用搜索引擎查询，以标示联系人为查询要件，看其所标示的联系人是否有网友被骗记录公布。

利用搜索引擎查询，以手机号为查询要件，看是否有网友公布的受骗记录。

总之，在进出口经营实践中，任何利益的获得必须经过企业的辛勤劳动和有序竞争只要我们善于学习，勤于思考、勇于实践、学会运用法律武器和其他有效手段就能有效地识别陷阱，防范风险。

第三节　国际商务谈判中的外汇风险规避

商品、服务等跨国界的转移和提供必定产生跨国界的货币支付，外汇风险由此而生。外汇风险是国际商务谈判中面临的又一大风险，因为它涉及较多的金融专业知识，企业可以选择的防范方法种类繁多，但其成本和可操作性又大有不同，对涉足外贸领域不久的企业来讲往往是更大的挑战。在此，我们通过对汇率不同变化趋势下各种外汇风险防范方法的成本、效益的量化分析，提出企业防范风险的方案选择思路，以期为企业防范外汇风险提供切实可行的决策支持。

一、外汇风险防范方法的分析

企业作为一个经济实体，其经营的主要目的是获得利润，在进行任何一项业务时，其考虑的最重要的因素是利润的最大化。因此，我们在考虑外汇风险防范的问题中也以利润最大化为分析原则。在一笔业务中，当合同金额一定时，可以认为：

利润＝合同金额－成本－外汇风险损失

基于此，本书将外汇风险防范的方法根据其防范成本大小分成三类：

(一)避免外汇风险

具体方法包括以本币开出/接受发票和采用易货贸易以避免货币的转移。避免采用外汇支付的方法，当然不会有外汇风险损失，是利润最大的方法，也是首选方法，但由于买卖双方利益的矛盾，若坚持使用这种方法，会使企业丧失一些贸易机会。

(二)减少外汇风险

具体方法有货币选择法、硬币保值法、总和处理法(一揽子货币保值法)、提前或延期结汇法等。这种方法是通过谈判,在没有支付任何成本的情况下,将风险减少甚至消除为零。这种方法所带来的利益,是任何其他付出成本的方法所无法替代的,但只有在谈判地位比较强的情况下,这种方法才行得通。

(三)消除外汇风险

消除风险是指在未来的外汇风险可能产生、必定产生或已经产生的情况下,通过一些贸易手段和金融手段,通过支付一定的成本,把风险消除。消除风险的代价是要支付一定的成本,即把未知的损失变成已知的费用,消除风险的方法无论在谈判地位强弱时都可以使用,它是通过买卖双方以外的其他机构的介入来完成的,如银行、保险公司、外汇证券市场等。这种方法买卖双方都可以使用,其利益由于其他机构的介入而不再发生矛盾。可以这样说,如果外汇发生波动,买卖双方通过谈判必将有一方要蒙受经济损失,为了减少这种损失,至少有一方应使用一些方法来消除风险,有时双方为了保险起见甚至会采取消除风险的方法。具体包括:外汇远期交易、出口信贷、贴现、福费廷、保付代理、投保货币风险保险等。

由此我们可以看出,外汇风险防范的决策要本着"避免风险→减少风险→消除风险"的顺序来进行。

二、出口贸易谈判中外汇风险防范方法决策的分析

要进行风险的防范,首先要进行风险的估计与判断,也就是对未来外汇汇率走势的预测,准确的汇率预测是企业决定防范措施选择的依据,预测汇率的方法多种多样,由于篇幅有限,这里省去对汇率预测的分析,总的来讲,未来汇率的走势无外乎只有升值和贬值两种趋势。

(一)预测外汇升值下的风险防范

在出口业务中,如果预测到未来外汇将会升值,也就意味着如果用外汇成交,并不做任何防范,使外汇暴露,未来汇率的波动就将给出口方带来额外的收益。但由于汇率的变动受多种因素综合影响,远期汇率也可能由于某种突发因素而下降,即外币有可能贬值,在这种情况下用外币成交,具有一定程度的冒险因素,企业为保险起见,也可以用远期交易的方式消除风险。当然,用本币成交的方式也可以避免风险的产生。本币成交须与对方谈判,成功与否可能性各半。远期交易与本币成交的收益比较如下:

远期交易:利润=合同金额-正常业务成本-远期交易成本+升(贴)水

本币交易:利润=合同金额-正常业务成本

由此,当远期交易成本-升(贴)水>0 时,本币成交收益大,应作为首选,而企业是否进行风险回避可由决策者根据企业的自身因素来自由决定。

(二)预测外汇贬值情况下风险的防范

在出口情况下,预测未来外汇将要贬值,这就意味着如果以外币成交,未来将承受外汇波动的损失,这种情况下企业必须采取措施,按"避免风险→减少风险→消除风险"的原则,具体方法的选择可按如下步骤进行:

1. 与对方磋商以本币成交

在外汇贬值的情况下,本币为硬币,遵循"软进硬出"的计价货币原则,以本币成交可以使企业完全避免外汇汇率波动风险。

如果本币成交的谈判失败,则出口方不得不承受外汇的风险,这时只有采用其他方式减少风险和消除风险。

2. 减少风险决策

减少风险的方式很多,具体操作遵循:

(1)调整价格

通常谈判中,即期价格和远期价格可按如下方式调整:

$$Pri=Pri0\times(1+D)$$

其中:Pri=即期单价, $Pri0$=原单价,D=货币贬值率。

此外还要考虑到货币的时间值(即因延期收汇而造成的利息损失),则远期交易的调价公式变为:

$$Pri=Pri0\times(1+D+i)\times n$$

其中:i=利率,n=期数,其他同上。

如果这笔远期交易不是一次付清货款,而是采取分批付款方式,就应逐年剔除所收回货款部分的时间值和预计的汇价风险损失,其调价公式为:

$$Pri=Pri^{*}\times(1+D)n\times n(D+i)/(1+D+i)$$

其中:Pri^{*}=每次付款额。

(2)硬币保值条款

此条款要与对方进行谈判磋商,因为用交易双方货币之外的硬币成交,其风险挂在另一种货币上,虽然得到减少,但不能完全消除,因此此法排在调整价格方式之后使用。

3. 消除风险决策

前面介绍的几种消除风险的方法,除了在付出成本的前提下可以完全消除风险的共性之外,有一个突出的不同之处,就是企业获得此项业务的本币所需的时间不同。而收回本币的时间对某些企业来讲是至关重要的,有时企业为了融资,不得不付出一些利润上的损失,因此,除考虑利润最大化的原则外,在此引入了企业是否急需此项业务的本币这一标准进行决策支持。

(1)企业急需此项业务的本币

在企业消除外汇风险的诸多方法中,使用卖方信贷、福费廷、贴现和抵押贷款可以达到及时获得本币的目的,但对每笔业务来讲,其预期利润是不同的:

①出口信贷:出口信贷是一国政府给予的出口鼓励措施,通常利息率要远低于国际信贷利

率，更低于福费廷与贴现利率，毋庸置疑应为首选，只是企业申请有一定的难度，如果无法申请到，可以对如下其他方式进行预期利润的比较分析。

②福费廷：福费廷有两种收费：一种是就每项贸易合同所提供的贴现率。贴现率的高低是根据进口国的综合风险系数、融资期限的长短、融资货币的筹资成本等决定的。在福费廷的交易中，进口商可以选择固定利率，也可用浮动利率 LIBOR 加上一个利差计算，LIBOR 按照福费廷融资协议签署日或交割日的 LIBOR 确定。另一种是承担费。承担费是银行在承诺期内根据贴现的面值及向出口商承诺的融资天数计算出来的费用。承诺期是指从银行与出口商签订福费廷协议起，至银行实际贴现付款日止的一段时间，承诺期不是事先固定的，但一般不超过 6 个月。承担费率视个别交易而定，一般为年率 0.5%～2%。计算公式为：票面值×承担费率×承诺天数/360。由此，利用福费廷业务的预期利润为

$$P=R\times T\times(1-D(或CD))\times n$$

其中：R＝即期汇率，T＝交易额，D＝贴现率，CD＝承担费率。

（福费廷业务融资期限一般在 180 天以上，实践中以 1～5 年居多；融资金额多在 100 万美元以上，在使用之前应首先判定交割期限及金额。）

③贴现：预期利润为：

$$P=R\times T\times(1-D)\times n$$

④抵押贷款：预期利润为：

$$P=[1-DF-(R'-R)\times 12]\times T\times R/(12\times R'\times n)$$

其中：DF＝抵押费率，R'＝远期汇率。

对上述公式分别进行计算后，即可得出企业对风险消除方法的选择决策。

(2)企业不是急需此项业务的本币

企业为了即期得到远期外汇的本币，通常是要付出很大的代价，这种代价要大于企业做远期外汇的成本或远期外汇风险的损失，因此当企业不是急需本币时，通常没有必要考虑贴现、抵押贷款等业务。这时企业的明智选择是在出口信贷和远期交易中进行，而福费廷业务，因其不仅回避了外汇风险而且回避了买方不付款的商业风险，是对远期汇票的无追索权的卖断，对企业来讲是有可选价值的。这几种业务的预期利润同前所述，这里我们来分析一下其决策的顺序。

出口信贷是一种低息优惠信贷措施，其成本显然优惠于福费廷，但是无论如何，出口信贷的成本必大于零。而在远期交易中，如果远期汇率为升水，且升水幅度较大，则有可能出现“升水＞交易成本”，即在抛补过程中盈利的情况，因此有必要首先比较“出口信贷成本”与“远期交易成本＋升(贴)水”来决定对出口信贷与远期交易的取舍。

如果出口信贷的预期利润占优势，而出口方无法获得此项贷款，这是出口商将面临外汇风险和商业风险，此时应考虑福费廷业务，只是由于此项业务成本较高，是否使用需要决策者根据业务的其他商业风险如客户的信誉、货物的质量等因素来决定，如果出口商不愿意采用福费廷，则仍可以用通常的远期外汇交易使风险得以消除。

综上所述，出口企业在面临外汇风险时，其决策的基本流程如图 7.1 所示：

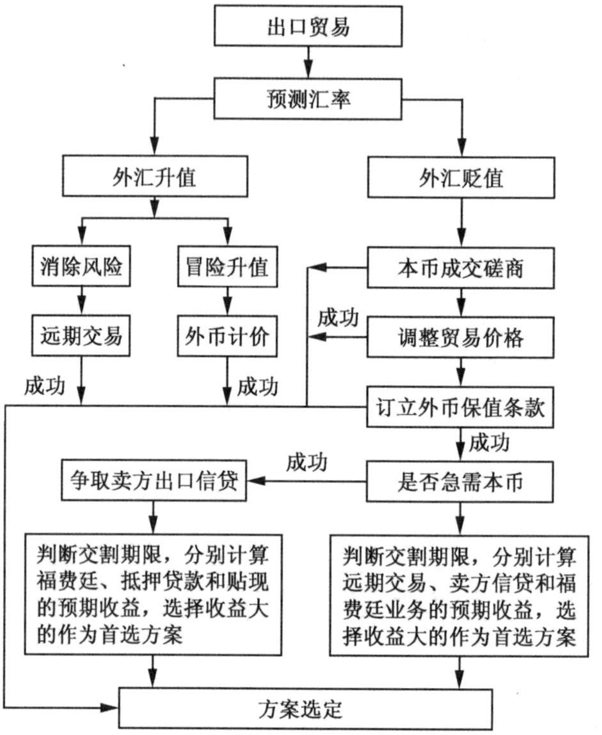

图 7.1　出口贸易中规避外汇风险的决策流程

三、进口贸易谈判中外汇风险防范方法决策的分析

对于进口贸易来讲，外汇风险主要是指进口方准备了一定金额的本币用于支付货款，而在交割的期限内，由于汇率的波动而使进口国需支付的外汇总额上升，进而造成经济的损失。

进口贸易中的汇率波动趋势也无外乎升值和贬值两种。

(一)预测外汇贬值情况下风险的防范

在进口业务中，如果预测到未来外汇将会贬值，也就意味着如果用外汇成交，并不做任何防范，使外汇暴露，未来汇率的波动就将给进口方带来额外的收益。当然，在此情况下，银行的远期外汇通常是贬值的，如果远期汇率≥预期汇率，这种情况可以称为预期加速贬值，进口商最好的办法是签订外币成交合约，并将这笔本币存入银行，到期以当时的即期汇率兑成外汇偿还债务，但这还是有一定的风险的，如果进口商想冒险获利，则坐享其成，如果要保持平稳就需要到外汇市场购买相应期限的远期外汇。

反之，如果预期汇率≥远期汇率，说明外汇属于通常贬值，进口商考虑谈判用外币成交，并做远期买入外汇远期交易就能更好地弥补外汇风险；如用本币成交则无任何外汇风险。本币成交须与对方谈判，远期交易与本币成交的收益比较如前文所述。

(二)预测外汇升值情况下风险的防范

由于汇率的变动受多种因素综合影响,远期汇率也可能由于某种突发因素而上升,即外币有可能升值。在这种情况下用外币成交,具有一定程度的冒险因素,按照“软进硬出”的原则,与出口方谈判应用本币成交,但谈判成功与否取决于对方对汇率趋势的预测以及谈判双方的谈判地位。一旦失败,企业为保险起见,也可以用远期交易的方式消除风险,具体做法有即期购买外汇并存款和锁定外汇市场远期汇率购汇。在选择时需要考虑:当

$$\frac{1}{\text{即期汇率}}\times\left(1+\frac{\text{外币汇率}}{12}\times\text{期限}\right)>\frac{1+\text{本币利率}/12\times\text{期限}}{\text{远期汇率}}$$

即汇差大于利差时,则与银行谈判进口付汇解决方案,如中国银行的“进口汇利达”,否则,当利差大于汇差时,则采用银行远期交易。

此外,我国企业也可以与银行进行外汇期权交易,外汇期权买卖是近年出现的一种交易方式,外汇期权实际上赋予了期权买方一种权利,期权的买方有权在未来的一定时间内按约定的汇率向权力的卖方(如银行)买进或卖出约定数额的外币,同时当汇率朝向不利于自己变动的时候,期权的买方可以放弃此权利。因此,外汇期权具有相当大的灵活性。目前我国银行这项业务还不是特别成熟,只能提供欧式期权品种。

上述过程,作为外贸企业掌握起来可能有一定的困难,但根据上述流程,我方可以很容易将其转化为操作简便、界面友好的外汇风险防范的小型决策支持系统,使得业务人员在输入一些可得数据及自己对一些非结构性问题的判断之后,即可在系统的指导和支持下进行决策。

案例分析

“韩国金茂国际贸易公司”信用证诈骗案令买方或卖方遭受巨大经济损失。2017 年两家跨国企业相互勾结,俄罗斯红木家具出口企业负责开出虚假贸易数据单票,韩国三一贸易公司利用信用证,通过另外一家信誉相对较好的企业,向韩国的银行贷款 75 000 美元,按代理合同拨付给指定生产企业韩国三茅工业公司。事后,韩国三一贸易公司暗地非法将全部款项提现外逃,至今尚未抓获归案。由于信用证欺诈所带来的损失不仅给买卖双方带来无休止的诉讼之争,甚至会使双方陷入破产的深渊。

那么,如何防范信用证欺诈呢?

(摘自马东丽:新时期国际贸易中信用证欺诈的现状及其防范,对外经贸实务,2020.7.)

本章小结

外经贸企业在开展进出口业务的过程中,无处不存在着风险和“陷阱”。若要防止进出口业务经营中的失误,首先应该了解在进出口业务中有哪些“陷阱”。商务谈判开始前的“陷阱”包括:熟人“陷阱”、代理“陷阱”、客户“陷阱”、高利“陷阱”、好处“陷阱”、资金“陷阱”。

商务谈判及业务运作中的“陷阱”通常是指在国际贸易的标的、航运、保险和结算等条款的谈判过程中，一方当事人利用国际贸易规则纰漏，故意编造虚假情况或故意隐瞒真实情况，以非法手段骗取对方当事人利益行为。包括：合同“陷阱”、信用证“陷阱”单证“陷阱”、运输“陷阱”、结算“陷阱”、国际技术许可贸易“陷阱”、退税“陷阱”。

为规避国际商务谈判中的风险，应注意如下环节：

(1)做好事先的资信调查规避谈判风险；

(2)签订严谨的合同、认真鉴别单证的真伪来规避风险；

(3)谨慎选择贸易术语防范谈判风险；

(4)谨慎选择托运人、船代、货代规避风险；

(5)利用高科技手段识别欺诈者所伪造的各类重要单据，并通过进出口贸易电子网络条件，迅速反馈当事人的由工商、海关、税务、外汇、银行等部门掌握的各种情况和数据，进而规避风险；

(6)积极投保中国出口信用保险，规避国际贸易风险；

(7)通过充分掌握与国际贸易相关的法律知识规避谈判风险；

(8)通过要求有声誉的银行或公司提供履约担保的方式，保证对方履约；

(9)利用互联网的搜索引擎查询，规避风险。

外汇风险是国际商务谈判中面临的一种重要风险，企业可以选择的防范方法种类繁多，其成本和可操作性各有不同，企业应在对汇率不同变化趋势进行预测的前提下，通过对各种外汇风险防范方法的成本、效益进行量化分析，找出适合本企业的风险防范方案，以达到规避外汇风险的目的。

思考与练习题

1. 简述商务谈判中防范风险的重要性。
2. 如何准确识别谈判前陷阱。
3. 信用证结算的风险主要有哪些？如何防范？
4. 国际贸易运输谈判及履约过程中的风险有哪些？如何防范？
5. 对资信状况没有把握又有贸易可能的交易对象应采取哪些防范措施？

第八章

商务谈判礼仪

学习目的与要求

了解国际商务谈判的迎送、安排住宿等各个环节的基本礼仪，熟悉作为外贸业务人员的个人礼仪，并学会在一些重大贸易事件，如谈判、签约等场合使用规范的国际商务礼仪，使您在外贸业务中能够有理有节、游刃有余。

引例

新加坡著名女作家尤今曾回忆起这样一件让自己惭愧的事：某跨国银行招聘理财专员，她的儿子致函应征。不久接到来自伦敦总部的电话，定了时间要进行第一轮的电话会谈。电话会谈定于十点进行，当天九点左右，儿子郑重其事地穿了西装，打了领带，在电话旁边正襟危坐，尤今忍不住揶揄道："嘿，电话会谈而已，打扮得那么神气干嘛？对方又看不见你。"儿子竟然很正式地回应道："妈妈，如果我现在穿着背心和短裤，心情必然也是轻松随意的，说话也许不够慎重了，再说，对方是在办事处给我拨电话，他衣冠楚楚，我又怎么能不给予他应有的尊重呢?"在别人见不着的地方严于律己，才是最大的自律！最终尤今的儿子顺利获得了那份工作。我们也应该像尤今儿子一样，注重电话礼仪，这样才更有可能获得更多的成功和尊重。

任何社会、任何国家的人们在交往中都需要一定的准则，而这些准则又因文化背景的差异而不同。全球经济一体化，使信仰、价值观念、道德标准、风俗习惯及文化背景各不相同的各国商人走到了一起。他们有的成了谈判高手，有的却败走他乡。有时候导致失败的原因并不是大是大非问题，而是由于某些细微的疏忽。礼仪就是这种常被忽视而恰恰起关键作用的因素之一。在国际商务活动中，礼仪是增进彼此友谊和相互信赖的催化剂，是解决僵局的润滑剂，是不花本钱（或花费极小）但收获甚大的"魔棒"，应当引起商务谈判者的重视。

第一节 国际商务谈判基本礼仪

商务谈判礼仪是日常社交礼仪在商业活动中的具体体现。同时，商务谈判，特别是国际商务谈判，由于本身的商业性、涉外性和正规性，对礼仪方面有着一些特殊的要求。

一、迎送

迎接为谈判礼节的序幕，事关谈判氛围之情状。利益对抗较剧烈的双方，可以因为迎接之周到得当，先入为主地为谈判准备好恰当氛围及情感基础，会化解双方矛盾，促成谈判的成功。利益较为协调的双方，也完全可能因迎接不热情、不得当，致双方情绪对立，谈判氛围恶化，使谈判无功而返。

当然，出于谈判策略的要求，主方既可以利用热情地招待使双方达成朋友关系，使客方自愿出让一些谈判利益，也可能在谈判利益较强的情况下，利用傲慢的态度，怠慢地招待，给对方造成强大的心理压力，使客方在心理上有低主方一等的感觉，进而在谈判过程中可以处处遵循主方的意愿。在政治谈判中，后者可能使用概率相对更多一点，在此我们仅本着双方平等互利的原则，介绍一些使得双方都不失礼的接待之礼。

（一）掌握对方状况

要将迎送来宾工作进行得圆满顺利，达到双方都满意的效果，接待方有关人员首先应对来访人员的具体状况予以充分掌握，这是接待人员做好迎送工作的基本保证。

1. 主宾的个人简况

对于对方主宾的简况，如姓名、性别、年龄、籍贯、民族、单位、职务、职称、党派以及文化程度、宗教信仰、生活习惯、家庭状况、政治倾向、业务能力、社会评价等，均应一清二楚。对对方其他来宾的情况，亦应尽可能地有所了解。

2. 来宾的总体情况

在迎送活动中，一些有关来宾的总体情况，如具体人数、性别概况、组团情况以及负责人等，接待人员也应予以关注。

3. 来宾的整体计划

接待对象在来访之前，必定会制定其具体访问计划。对其来访计划，特别是访问目的、指导方针、大致安排等，接待人员应有一定程度的了解。

4. 来宾的具体要求

在迎送活动开始前，以及在其具体进行中，接待人员对于对方所提出的要求或者意见、建议，应认真听取，予以充分考虑。

5. 来宾的抵达时间

对于来宾正式抵达时间，如具体日期、具体时间及其相关的航次、车次、地点，接待人员应当掌握充分，并且予以再三核对，以免在具体工作中出现重大差错。

(二)安排住宿

住宿是容易被忽视或有些让我方接待人员惶恐不安的问题,同时住宿又是一个极其重要的环节,它是给客人留下的最初和最长久的印象。如果客人在生活方面感到不满或休息不好,就可能导致谈判的失败。比如客人已经到达,主人才手忙脚乱地为客人联系住宿,会让客人有不被重视的感觉,给客人心理上留下阴影。当然,在我国目前阶段,对一些中小企业来讲,更常见的问题可能是接到外商来华通知后,严阵以待、手足无措、高标准接待造成无谓的浪费,也使得客人无所适从。

事实上接待的问题并不难解决,在为客人解决住宿问题时,可采用两种方式。第一,客人自行解决,我方接待人员只需为其提供一定的协助,如代为预订,或为其提供建议、咨询。第二,我方解决。即我方负责解决与客人住宿相关的一切问题。至于究竟应采用何种方式,通常由宾主双方提前商定。

当由我方负责解决外方客人的住宿时,主要应注意如下几点:

1. 慎重选择住宿地点

根据惯例,目前国内在接待外方客人时,通常都会将对方安排在条件优越、设备齐全、服务与国际水准接轨的涉外饭店住宿。在选择适合外方客人住宿的涉外饭店时,除了考虑外宾的个人习惯与要求之外,还要注意以下八点:

(1)拟请外宾住宿地点的知名度。

(2)拟请外宾住宿地点的服务质量。

(3)拟请外宾住宿地点的周边环境。

(4)拟请外宾住宿地点的交通、医疗条件。

(5)拟请外宾住宿地点的配套设施(尤其是通信设施)。

(6)拟请外宾住宿地点距接待单位、机场、港口、车站及工作地点路程的远近。

(7)我方用以安排外宾住宿的经费预算状况。

2. 充分尊重外宾的生活习惯

接待人员在为外方客人安排住宿地点时,不能想当然地自作主张,应当掌握并尊重对方独特的生活习惯,争取做到以下四点:

首先,除夫妻外,尽量不安排外宾共居一室。在很多国家里,唯有同性恋者才会与同性别的成年人住在一起,所以不要冒犯对方的此种禁忌。在楼层和房间选择上,尽量规避忌讳数字,如 13 等。

其次,努力为外宾创造出良好的卫生条件。外方客人通常都非常重视个人卫生。因此应将其安置在配有浴室和单独卫生间的房间中。

再次,充分保证外方客人住处的安静。接待人员为外宾安排的住所应远离噪声源,使其能安静地休息。

最后,严格做到外方客人的休息不被干扰。根据国际惯例,不宜在饭店的客房之内会客。因此,我方人员尽量不要进入外宾临时下榻的客房,以免干扰对方。

3. 细心照顾外宾的生活需要

接待人员在安排外方客人住宿时，在力所能及的前提下，应对对方体贴入微，尽量满足对方的合理生活需要。

(1)就近住宿。若所接待的外宾不止一人，接待人员应尽量安排其在同一饭店、同一楼层或相邻楼层住宿，以便其相互关照或集体行动。

(2)“主随客便”。在照顾外方客人的生活时，既要周到热情，又不能大包大揽，限制对方的个人自由，为对方平添麻烦。

(3)安排闲暇活动。在不影响外方客人个人休息或整体接待计划的前提下，应当在对方的闲暇时间适当为之安排一些文艺、娱乐、健身、游览、购物之类的活动项目。

(4)满足合理需要。对于外宾在生活方面所提出的要求，理当予以满足。但是，其所提要求必须合情合理，而且必须符合我国法律和有关规定。

住宿安排好之后，切记应将宾馆的名称、房号、电话以及起止日期通知对方，以便对方能直接同宾馆联系或直接前往。

(三)迎接方式

迎接人员应当准确掌握对方抵达时间，提前到达机场、车站或码头，以示对对方的尊重，只能由你去等候客人，绝不能让客人在那里等你。同样，送别人员亦应事先了解对方离开的准确时间，提前到达客人住宿的宾馆，陪同客人一同前往机场、码头或车站，亦可直接前往机场、码头或车站恭候客人，与客人道别。

提起迎接外国客商，前些年在国际机场我们常看到这样的情景，公司总经理带领一大群职员，在出口处举行盛大的欢迎仪式，鲜花、标语，好不热闹。而客人却很不自在地站着，勉强应付着这意外的场面(旅途劳顿，形象不佳，现在客人最想的可能就是休息)。中国人常讲礼多人不怪，但一般的商务交往大可不必这样隆重，这样反倒衬托出主方没有经历过世面，国际交往经验少，遇到外国客人诚惶诚恐的样子。

其实，迎接外国客人一般来讲，只要派一名身份与对方相称的人去迎接，随行带一名秘书，有必要的话再加一名翻译就够了。

客人到达后，通常只需稍加寒暄，即陪客人前往宾馆，在行车途中或在宾馆简单介绍一下情况，征询一下对方意见，即可告辞。

(四)送鲜花的方法

爱花是人类的天性。一束花，几枝玲珑葱郁的枝叶，忽地眼前一亮，就能把阴沉、烦闷、忧郁一扫而光，使人们在赏心悦目之余，陶醉在安静祥和之中。

但说到给外商送花，常在机场看到有人手捧一大束鲜花迎接外商的情景，本以为浪漫的外国客人会因此很高兴，但见面后才发现这束鲜花成了累赘，客人推着很多行李，实在腾不出手来捧着一大束花，反倒一路把装饰很好的花束搞得变了形。其实，要想送花，不妨在预定好旅馆之后，在客人未到达之前，在其房间里放一个花篮或一束鲜花，使他们感到意外的惊喜，反而可能收到意想不到的效果。

外国人喜欢送鲜花不假，但接送鲜花的礼仪却是很多，中国人往往容易忽视这些礼节，认为只要送漂亮的鲜花对方就会高兴，结果往往适得其反。

(1)当且仅当有夫妇同来，或者是一行中有女士时才送花，如果对方没有女士不要送花，尤其当对方是男士，我方以女士名义送花时是失礼的。

(2)对方客人是女性时，我方送花一定注意送花者名义的选择。最好以我方某女性的名义、公司的名义或我方负责人妻子的名义，切忌以我方男士的名义送花给交往不深的女性。

(3)如果对方是夫妇同来，最好以我方负责人夫妇的名义或者以公司的名义。

综上可以看出，以公司名义送花是保险的方法，但这样会显得不亲切，不如个人名义效果好。

至于鲜花的选择，更是名目繁多，各国都有其喜欢和忌讳的鲜花品种，这里不再赘述，一般鲜花店会给您提供很切实的指导。总的来说，大多数国家忌讳使用菊花，尤其是白菊花，一般是葬礼时使用的。

二、介绍

(一)介绍的两种方式

在与客人见面时，通常有两种介绍方式，一是自我介绍，二是第三者做介绍。

(1)自我介绍适用于人数多、分散活动而无人代为介绍的时候，在商务的社交场合中，自我介绍的内容大体由三个要素构成：本人姓名的全称、供职的单位及职业(职务)。自我介绍的三要素简明扼要，能使他人对你有初步认识。一般的自我介绍大都需要将三者一气呵成地报出来。确定自我介绍的具体内容，要兼顾实际需要、所处场景，要具有鲜明的针对性，不要“千人一面”。

(2)为他人做介绍时，对将要被介绍的双方的情况都要比较了解，这是介绍的前提。一般来说，介绍人应该对双方都很熟悉，可以根据双方特点或者共同点进行进一步引见和介绍，通常能够起到很好的效果。

(二)为他人介绍的礼仪顺序

为他人做介绍时谁先谁后，是一个比较敏感的礼仪问题。根据商务礼仪规范，在处理为他人做介绍的问题上必须遵守“尊者优先了解情况”规则。也就是在为他人介绍前，先要确定对方地位的尊卑，然后先介绍位卑者，后介绍位尊者，是位尊者先了解位卑者的情况。根据这个规则，为他人做介绍的商务礼仪顺序有以下几种：

(1)介绍上级与下级认识时，应先介绍下级，后介绍上级。

(2)介绍长辈与晚辈认识时，应先介绍晚辈，后介绍长辈。

(3)介绍女士与男士认识时，应先介绍男士，后介绍女士。

(4)介绍公司同事与客户认识时，应先介绍同事，后介绍客户。

(5)介绍同事、朋友与家人认识时，应先介绍家人，后介绍同事、朋友。

(6)介绍客人与主人认识时，应先介绍主人，后介绍客人。

三、名片的使用

名片的用途十分广泛。最主要的是用作自我介绍、自我宣传，也可结交朋友、维系联系，还可以随赠送鲜花或礼物，以及发送介绍信、致谢信、邀请信、慰问信等使用。在名片上面还可以留下简短附言。

(一)初次见面

初次见到顾客，首先要以亲切态度打招呼，并报上自己的公司名称，然后将名片递给对方，名片夹应放在西装的内袋里，不应从裤子口袋里掏出。

(1)名片递送的程序是，一般地位低的先向地位高的递名片，男士先向女士递名片；当交换名片不止一人时，应先将名片递给职务较高、年龄较大者；如分不清公众的职务高低和年龄大小时，则可先和自己对面左侧的人士交换名片。

(2)递接名片时最好用双手，名片的正方应对着对方，名字向着顾客，最好拿名片的下端，让顾客易于接受。

(3)如果是事先约好才去的，顾客已对你有一定了解，或有人介绍，就可以在打招呼后直接面谈，在面谈过程中或临别时，再拿出名处递给对方。以加深印象，并表示保持联络的诚意。递名片时应说“这是我的联系方式，请保持联络”。

(4)异地商谈，名片上留下所住旅馆名称、电话，以便对方联系。

(5)接过后要点头致谢，不要立即收起来，也不应随意玩弄和摆放，而是认真读一遍，要对对方的职务、职称等表示赞扬或兴趣，如“您这么年轻就是总经理了，佩服佩服”。对没有把握念对的姓名，可以请教一下对方，然后将名片放入自己口袋或手提包、名片夹中。

(二)名片的其他妙用

(1)去拜访顾客时，对方不在，可将名片留下，顾客来后看到名片，就知道你来过了。

(2)把注有时间、地点的名片装入信封发出，可以代表正规请柬，又比口头或电话邀请显得正式。

(3)向顾客赠送小礼物，如让人转交，则随带名片一张，附几句恭贺之词，无形中关系又深了一层。

(4)熟悉的顾客家中发生了大事，不便当面致意，寄出名片一张，省时省事，又不失礼。

(三)名片的禁忌

1. 乱发名片

喜欢散发名片的人，会给人一种极不爱惜自己名誉的感觉，所以切忌像发放传单似的发放自己的名片。

2. 过早发放名片

对于陌生人或巧遇的人，不要在谈话中过早发送名片，因为这种热情一方面会打扰别人，另一方面有推销自己之嫌。

3. 逢人便要名片

其实过分热衷于名片的交换是有失礼仪的，这种做法会使人对你敬而远之，甚至会使你遭人鄙视，所以千万不能像在收集名片似的逢人便要。

4. 在名片上书写

避免当面在对方的名片上书写不相关的东西，不要无意识地玩弄对方的名片，也不可以折叠对方的名片，这都是不礼貌的行为。

5. 在用餐时间发名片

无论是参加私人宴会还是商业餐宴，名片皆不可于用餐时发送，因为此时只宜从事社交而非商业性的活动。

6. 发送破损或脏污的名片

社交场合递交给对方的名片应该是完整、干净的，与其把一张破损的名片给对方，还不如不给。名片一旦破损或脏污，就不应该再用，更不可以在自己的名片上用笔去更改内容。

四、参观

1. 安排布置

项目确定之后，应做出详细计划，向被接待单位交代清楚，并告知全体接待人员。

2. 陪同

陪同要讲究规格、自始至终。按国际交往礼节，外宾前往参观时，一般由身份相应的人员陪同，如有身份高的主人陪同，应提前通知对方。陪同人员要首先了解客人综合情况，明确接待方案，熟悉全过程，注意各个环节的衔接。参观访问中，指定的陪同人员不能过多，中途不得换人或不辞而别。要对客人有问必答，但不能随意越权许诺。陪同要适时向客人宣传介绍、注意时间节奏，对陪同活动中客人的要求要予以重视，陪同到客人房间原则上应两人同去，照看好客人行李，做好交接善后工作。

3. 介绍情况

参观工农业项目，一般是边看边介绍，有保密的内容不要介绍。参观项目概况尽可能事先发给书面材料，节约参观介绍时间，介绍材料注意要准备客人所在国家语言版本，实在没有也要准备英文版本。陪同人员要了解外宾要求，对外宾可能提出的各种问题有所准备，不要一问三不知。

4. 摄影

通常可以参观的地方都允许摄影。遇到不能摄影的项目，应先向来宾说明，并在现场竖立说明标志。

五、赠送礼品

(一)赠送礼品的技巧

商务交往中常互赠礼物以增添双方的情感与友谊，巩固交易伙伴关系。商务送礼其实已成了一种艺术和技巧，从时间、地点一直到选择礼品，都是一件很费人心思的事情。赠送礼首先应考虑接受礼物人的职位、年龄、性别等，根据对方的喜好与习惯加以选择，不要打算以你的礼物来改变别人的品味和习惯。一般应偏重于意义价值,即有意义的物品,使用价值不是很重要,但也绝不能是无用之物。

很多大公司在电脑里有专门的储存,对一些主要关系公司、关系人物的身份、地位以及爱好、生日都有记录,逢年过节,或者什么合适的日子,总有例行或专门的送礼,巩固和发展自己的关系网,确立和巩固自己的商业地位。

商务送礼也有很多讲究,比如,不要送过分贵重的礼物,尤其是给欧美国家的客商,因为他们只把礼物作为传递友谊或感激的载体,有时赠送很贵重的礼物效果适得其反,对方会怀疑你此举是该否想贿赂他而另有谋求。在我们中国送礼物,不能送钟,因为“送钟”与“送终”同音。其他国家在赠送礼物方面也有忌讳。如果你被邀请到沙特阿拉伯人的家中吃饭,送礼物是令人欣赏的,但不要送食物,这意味着你不指望在此吃得好,你可以送花、书或本国的纪念品,但不要送皮革做成的礼物,可以送礼物给他的孩子,不论男孩或女孩,但绝不要送礼给他的妻子;而去西方发达国家,送礼物给女主人是礼貌的象征;去南美人家里,巧克力则是最简单易行的礼物。

(二)赠收礼品注意事项

馈赠与收受礼物时应注意:(1)礼品一定要有包装:谨记除去价格牌及商店的袋装,无论礼物本身是如何不名贵,最好用包装纸包装,并当面呈给客人,给对方介绍礼品的情况及特点。(2)接受并当面打开:一般来讲,除了有受贿之嫌疑,客人所送的礼物都应该笑纳,并立即表示感谢。按照中国人的传统习惯,一般所赠礼物要等客人走了以后方才打开,而外国人则习惯于当着客人的面打开包装,并表示赞美和喜欢。(3)回赠:来而不往非礼也。

商务送礼小贴士:

- 特别选择受礼者想要的东西才是最好的礼物。
- 最好的礼物是意外的。
- 最好的礼物是一个忠实的友谊表示。
- 最好的礼物表示一种幽默感。
- 最好的礼物就是不会超出你的预算的东西。
- 最好的礼物可以流露出高贵的考究和思想。

小常识:在各种类型的对外交往中,大到政治磋商、商务往来、文化交流,小到私人接触、社交应酬,但凡有必要确定并排列主次尊卑时,“以右为尊”都是普遍适用的,以右为上、以左为下,以右为尊、以左为卑,就肯定不会失敬于人。

第二节　商务人士的个人礼仪

一、仪表礼仪

(一)男士的着装礼仪

男性在着装方面,要整洁、庄重。一般比较正式的场合,男士多穿黑色或深色西服,白衬衣。

西装是西方国家的传统服装，也是世界公认的正规服装，它使人显得庄重、严肃、大方，很适于业务人员在工作场合和一些正式场合穿着，所以受到人们青睐。

正式场合应穿套装西服，颜色以深色为宜。内穿浅色衬衫，最好是白色，可有隐条，花衬衫不适合正式场合。

西服有单排扣和双排扣之分，穿双排扣西服时要把所有的扣子都系上。单排扣又有两扣和三扣之分。三粒扣西服要把中间那粒扣系上，两粒扣要系上面那颗，当然在非正式场合也可以全都不系。

西装应该注意“三个三”：一是“三色原则”，即全身颜色不能超过三种；二是“三一定律”，即鞋、腰带、公文包三个部位保持一种颜色；三是“三大禁忌”，即不拆商标、穿尼龙袜子、穿白色袜子。

穿西服参加活动，应系领带；不系领带，敞着领口去参加社交活动，会被视为衣冠不整，缺乏礼貌的。如何选择领带的质地、颜色也是一门大学问。一般而言，领带可以分为色织真丝领带、印花真丝领带、色织涤丝领带、印花涤丝领带(仿真丝)，其质地档次也一般按此顺序。随着新品的出现，现在市场上也出现了一部分羊毛加真丝，或者真丝加涤丝的领带，但是这类花型没有常规面料领带多。永恒的时尚搭配是白色或浅蓝色衬衫配单色或有明亮图案的领带。这是永不过时的搭配，而且适合任何场合。但是一般而言，领带上的图案应该比衬衫上的更显眼。有时，可以选择图案都很鲜明的衬衫和领带。但是，千万不要让衬衫上的图案压过领带上的，而且不要随意解开领带。

西装应当熨平，领子和袖口要干净，皮鞋应当擦光洁。一般不要在西服上衣里面加穿其他衣服，如毛衣等，因为这会显得臃肿难看。领带的长度以到腰带扣上方为宜。另外，穿长袖衬衣打领带在室内是可以的，在室外不可以；穿短袖衬衣打领带是不规范的，因为短袖衬衣是休闲装；最不能出现的是穿夹克打领带，因为夹克也属休闲装。

(二)女士的着装礼仪

女性在着装方面相对男士要丰富一些。在参加商务谈判时，女性春秋季应以西装或西装套裙为佳，尤其较为重要和正式的洽谈场合更应如此。在一般的会谈中也可着一般的毛衫等，只要能体现女性的自信、自尊即可。夏季着装可以是长短袖衬衫配裙子或裤子，也可以是连衣裙或西装套裙等。

职业套装的出现让许多人省去了搭配衣服的时间，尤其对于上班族来讲真的是一件很幸福的事情。相对于平日里的职业装，职业套装显得更加的正式。职业套装的质地随着一年四季的变化也有所不同，有棉质的、羊毛的或者是真丝的。搭配上不同的颜色和款型出来的效果便不尽相同。如果是出席正式的社交场合，就要选择深蓝色或者黑色等较深沉的颜色，以衬托出庄重的气质。而如果是出席庆祝活动，就可以选择红色、黄色或桃红色等色彩明亮的套装，以配合喜庆欢快的气氛。以前的职业套装相对来讲比较传统，人们对其选择也比较单一。但现在的职业套装却打破了人们对职业装的认识，注入了许多时尚元素，款式繁多。在突出干练气质的同时也不失活泼生动。其中女性的职业服装比男人更具个性，但是有些规则是所有女性都必须遵守的，每个女性都要树立一种最能体现自己个性和品位的风格。特别值得一提的是，在正式场合，女士着装一定忌短、忌露、忌透。

鞋子的搭配，对于上班族来讲，使用最多的就是高跟鞋。因为高跟鞋可以很好地烘托出女性的气质，显得身姿挺拔。高跟鞋的款式是万变不离其宗，但是在颜色上差别很大。同一款式的高跟鞋，如果是两种不同的颜色穿出来的效果就会截然不同。在职场上选择最多的是黑色高跟鞋，它几乎是和谁都可以搭在一起，这样穿起来不用担心出错。其次是白色、银色、肉粉色，甚至是大胆的金色也会有很好的效果，职业但也不失性感。而对于艳丽的红色、靓丽的黄色、绿色等色彩出众的糖果色就不太适宜出现在严肃的办公室里。

丝袜被称为女性的第二层皮肤，正式场合一定要穿，丝袜的颜色一般以肉色、黑色为宜，避免选择过于复杂的或网眼状图案的袜子，袜口不能外现，要随时检查是否有脱线和破损的情况。最好带一双备用的。

服饰配饰按佩戴部位可以分为头饰，例如帽子、头花等；肩部，例如丝巾、披肩等；胸饰，例如胸针等；腰饰，例如皮带等；脚饰，例如脚链等，还有服装上和随身携带的装饰品。服饰配饰的特点是相对于着装显得较为随意，手法灵活多变，性情活泼而且面貌丰富多样。选择配饰要从个人的气质出发，对于职业的白领，需要表现的就是干练的一面，所以就要选择精致的配饰。例如胸针等。配饰的种类繁多，但不代表就要量多的选取。例如说在街上看到一个人从头饰到脚饰，而且包括自己的背包上也挂满了各种小挂件，很显然这时的配饰已成为着装的累赘。

如果你习惯随身携带包，那么包不要太大，要精巧细致，款式可以多样，颜色要和服装的颜色相搭配。包内东西不可装得太满。

二、举止礼仪

(一)站、坐、行、蹲的标准姿态

1. 挺拔的站姿

站立是人的一种本能，也是人的最基本姿势。站姿是人们平时所采用的一种静态的身体造型，优美的站姿，是培养仪态的起点，能衬托一个人美好的气质和风度。站姿也是衡量一个人精、气、神的重要标准。从一个人的站姿，人们可以看出他的精神状态、品质修养以及健康状况。常言道："站如松，坐如钟"，人们在描述一个人充满活力、朝气蓬勃的时候，也经常使用"身姿挺拔"这类词语，这说明良好的站立姿势应给人一种挺拔、笔直、高挑的感觉。

标准站姿的动作要领如下：

身体舒展与地面垂直，重心线穿过脊柱，落在两腿中间，足弓稍偏前处，并尽量上提，身体重心主要支撑于脚掌、脚弓之上。

脖颈挺直，头向上顶，下颚略微回收，嘴微闭。

两肩放松下沉，并向后张，气沉于胸腹之间，自然呼吸。

两臂于裤缝两侧自然下垂，中指贴拢裤缝，手指自然弯曲，或双手自然地在体前交叉相握，右手放在左手上。

脊柱、后背挺直，挺胸收腹，胸略向前上方提起，髋部上提。

两腿并拢直立，腿部肌肉收紧，大腿内侧夹紧，膝部放松。

两脚跟相靠，脚尖展开 30°～45°，呈“V”型，男性站立时，双脚可略为分开，但不能超过肩宽。

双目平视，目光柔和有神，精神饱满，面带微笑，面容平和自然。

站累时，脚可向后撤半步，身体重心移至后脚，但上体必须保持正直。

2. 稳重的坐姿

坐姿与站姿同属一种静态造型。坐姿是一种可以维持较长时间的工作劳动姿势，也是一种主要的休息姿势，更是人们在社交、娱乐中的主要身体姿势。无论是伏案学习、参加会议，还是会客交谈、娱乐休息，都离不开坐。坐是举止的主要内容之一，坐，作为一种举止，有着美与丑、优雅与粗俗之分。坐姿要求“坐如钟”，是指人的坐姿要像座钟般端直，当然这里的端直指上体的端直。优雅的坐姿传递着自信、友好、热情的信息，同时也显示出高雅庄重的良好风范。

标准坐姿的动作要领如下：

入座时要轻、稳、缓。走到座位前，转身后右脚向后退半步，轻稳地坐下，并把左右脚并齐。如果椅子位置不合适，需要挪动椅子的位置，应当先把椅子移至欲就座处，然后入座。女子入座时，若是裙装，应用手将裙子后片向前拢一下，不要坐下后再拉拽衣裙。

入座后上体自然挺直，挺胸抬头，双腿自然弯曲，双肩水平放松，两臂自然弯曲，双手放在腿上，亦可放在椅子或是沙发扶手上，以自然得体为宜，掌心向下。

头正，嘴角微闭，下颌微收，目光平视前方或注视交谈对象，精神饱满，表情自然，给人积极向上的良好感觉。

双膝自然并拢，双腿正放或侧放，双脚并拢或交叠或成小“V”字形。

坐在椅子上，应至少坐满椅子的 2/3 ，宽座沙发则至少坐 1/2 。落座后至少 10 分钟左右时间不可松懈，不可以一开始就靠在椅背上。时间久了，脊背可轻靠椅背。

离座时，要自然稳当，右脚向后收半步，然后起立，起身要轻缓，不要使椅子移位。

3. 优雅的走姿

走姿是站姿的延续，是展现人的动态美的重要形式。无论是在日常生活中还是在社交场合，走路往往是最引人注目的身体语言，也最能表现一个人的风貌和活力。优美的走姿，不仅可以增添个人魅力，也会给他人留下良好的印象。走姿的基本要求应是从容、平稳，走出直线。“行如风”就是用风行水上来形容轻快自然的步态。

好的走姿是一种动态美，走作为人类行为的重要内容，历来为大家所重视，标准的走姿便体现在以下几点：

行走时，应头正，双目平视，收颌，表情自然平和。

双肩保持平稳，防止上下前后摇摆。

双臂前后自然摆动，前后摆幅在 30°～40°，前摆向里折 35°，后摆向后约 15°，两手自然弯曲，在摆动中离开双腿不宜超过一拳的距离。

上身挺直，收腹立腰，身体微向前倾，重心落于前脚掌，并随着移动的脚步不断向前过渡，不要落于后脚跟。

两脚尖略开，脚跟先着地，两脚内侧落地，走出直线。

行走中两脚落地的距离大约为一个脚长，即以前脚的脚跟和后脚的脚尖相距一个脚的长度为宜，根据身高、着装与场合的不同步幅可有所调整。

行进的速度应当保持均匀、平稳，不要忽快忽慢，在正常情况下，步速应自然舒缓，做到步伐均匀，步速平稳。前脚着地和后脚离地时伸直膝部，步频为每分钟 100～120 个单步。

4. 得体的蹲姿

在各种礼仪体态中，蹲姿是日常生活中一种特殊的体态，与站姿、坐姿同属于静态造型。蹲姿是由行进的姿势变化而来的，与站姿、坐姿、走姿不同的是：站姿的体位最高，坐姿和走姿其次，体位最低的就是蹲姿。相比较而言，站姿、坐姿及走姿适用于职业场合和正式场合，而蹲姿一般适用于休闲场合和部分职业场合。平日里，人们俯身系鞋带需要蹲姿，拾起掉在地上的物品需要蹲姿，服务行业的工作人员因整理环境、帮助顾客和提供服务等工作要求也特别需要蹲姿。此时，如果蹲无"蹲相"，随便弯腰，臀部后撅，上身前倾，显得既不雅观，也不礼貌。与站姿、坐姿和走姿一样，蹲姿也有礼仪的要求和规范。

与站姿、走姿等姿态相比，蹲姿往往被人所忽视，然而，蹲姿不仅和其他姿态一样有自己的要求和规范，现今的现代化文明社会更对蹲姿提出了更新和更高的要求。具体如下：

下蹲拾物时，抬头挺胸，曲膝下蹲，然后再将腰部慢慢放下，行动应自然、迅速、得体，不遮遮掩掩。若用左手捡物品，可以先走到物品的右侧，左脚向后退半步后再蹲下来，即一脚在前，一脚在后。

下蹲时，脊背要保持挺直，两腿合力支撑身体，以前脚作为支撑身体的主要支点，避免滑倒，同时臀部一定要蹲下来，避免弯腰翘臀的姿势。

两腿向下蹲，前脚脚掌全着地，小腿基本垂直于地面，后脚脚跟提起，脚尖着地。女性应靠紧双腿，男性则可适度的将其分开。

下蹲的整个姿态应使得头、胸、膝关节在一条直线上，不能身体歪斜、东倒西歪，神情应自然大方，不要扭扭捏捏。

起立时，也要自然、迅速，注意此时要保持身体的平稳，不要用手扶地。

(二)形体语言

全世界的人都借助示意动作，有效地进行交流。最普遍的示意动作，是从相互问候致意开始的。了解那些示意动作，至少你可以辨别什么是粗俗的、什么是得体的。使你在遇到无声的交流时，更加善于观察，更加容易避免误解。

1. 目光(用眼睛说话)

在公务活动中，用眼睛看着对话者脸上的三角部分，这个三角以双眼为底线，上顶角到前额。洽谈业务时，如果你看着对方的这个部位，会显得很严肃认真，别人会感到你有诚意。在交谈过程中，你的目光如果是中落在这个三角部位，你就会把握谈话的主动权和控制权。

在社交活动中，也是用眼睛看着对方的三角部位，这个三角是以两眼为上线，嘴为下顶角，也就是双眼和嘴之间，当你看着对方这个部位时，会营造出一种社交气氛。这种凝视主要用于茶发会、舞会及各种类型的友谊聚会。

2. 微笑

微笑可以表现出温馨、亲切的表情，能有效地缩短双方的距离，给对方留下美好的心理感受，从而形成融洽的交往氛围，可以反映本人高超的修养，待人的至诚。微笑有一种魅力，它可以使强硬者变得温柔，使困难变容易。微笑是人际交往的润滑剂，是广交朋友、化解矛盾的有效手段。微笑要发自内心，不要假装。

3. 握手

握手是一种常见的“见面礼”，貌似简单，却蕴涵着复杂的礼仪细节，承载着丰富的交际信息。比如：与成功者握手，表示祝贺；与失败者握手，表示理解；与同盟者握手，表示期待；与对立者握手，表示和解；与悲伤者握手，表示慰问；与欢送者握手，表示告别，等等。标准的握手姿势应该是平等式，即大方地伸出右手用手掌和手指用一点力握住对方的手掌。在社交场合，行握手礼时应注意以下几点：

(1)上下级之间，上级伸手后，下级才能伸手相握。

(2)长辈与晚辈之间，长辈伸出手后，晚辈才能伸手相握。

(3)男女之间，女士伸出手后，男士才能伸手相握。

(4)人们应该站着握手，不能两个人都坐着。如果你坐着，有人走来和你握手，你必须站起来。

(5)握手的时间通常是 3～5 秒钟。匆匆握一下就松手，是在敷衍；长久地握着不放，又未免让人尴尬。

(6)别人伸手同你握手，而你不伸手，是一种不友好的行为。

(7)握手时应该伸出右手，绝不能伸出左手。

(8)握手时不可以把一只手放在口袋。

(三)常见的不良举止

1. 随地吐痰

吐痰是最容易直接传播细菌的途径，随地吐痰是非常没有礼貌而且绝对影响环境、影响我们身体健康的。如果你要吐痰，把痰吐在纸巾里，丢进垃圾箱，或去洗手间吐痰，但不要忘了清理痰迹和洗手。

2. 随手扔垃圾

随手扔垃圾是应当受到谴责的最不文明的举止之一。

3. 当众嚼口香糖

有些人必须嚼口香糖以保持口腔卫生，那么，我们应当注意在别人面前的形象。咀嚼的时候闭上嘴，不能发出声音，并把嚼过的口香糖用纸包起来，扔到垃圾箱。

4. 当众挖鼻孔或掏耳朵

有些人习惯用小指、钥匙、牙签、发夹等当众挖鼻孔或者掏耳朵，这是一个很不好的习惯。

尤其是在餐厅或茶坊，别人正在进餐或茶，这种不雅的小动作 往往令旁观者感到非常恶心。这是很不雅的举动。

5. 当众挠头皮

有些人头皮屑多的人，往往在公众场合忍不住头皮发痒而挠起头皮来，顿时皮屑飞扬四散，令旁人大感不快。特别是在那种庄重的场合，这样是很难得到别人的谅解的。

6. 在公共场合抖腿

有些人坐着时会有意无意地双腿颤动不停，或者让跷起的腿像钟摆似的来回晃动，而且自我感觉良好，以为无伤大雅。其实这会令人觉得很不舒服。这不是文明的表现，也不是优雅的行为。

7. 当众打哈欠

在交际场合，打哈欠给对方的感觉是：你对他不感兴趣，表现出很不耐烦了。因此，如果你控制不住要打哈欠，一定要马上用手盖住你的嘴，跟着说："对不起"。

三、言谈礼仪

"言为心声，行为心表"，言谈是人们运用语言表达思想、沟通信息、交流感情的重要方式，包括说话的内容、语气声态及伴随说话时的表情、动作等。交谈是靠语言、非语言和聆听艺术构成的沟通方法。人类最重要的交际工具就是语言，语言交谈最能有效地表达感情、传递信息。恭敬有礼的语言既温暖人心又能提高语言的交际能力，美化人的生活，恶语伤人、语言粗俗，强词夺理，不仅伤人心，而且败坏社会风气，使人与人之间冷淡、刻薄。它反映一个人的思想水平、知识修养、道德品质，也是礼仪形象的重要体现。

言谈要符合一定的礼仪规范，就要熟知语言表达的基本方式，掌握谈吐的基本礼节。

交谈时的表情要自然，态度要和气可亲，表达得体。交谈现场超过三个人时，应不时地与在场所有人交谈几句，不要只和一两个人说话，而不理会其他人；所谈问题不宜让别人知道时，则应另择场合。

在交谈中，自己讲话时要给别人发表意见的机会，别人讲话时也应寻找机会适时地发表自己的看法；要善于聆听对方谈话，不要轻易打断别人的发言。交谈时，一般不询问妇女的年龄、婚姻等状况；不径直询问对方的履历、工资收入、家庭财产、衣饰价格等私生活方面的问题；对方不愿回答的问题不要寻根问底；对方反感的问题应示歉意并立即转移话题；不对某人评头论足；不讥讽别人；也不要随便谈论宗教问题。

四、现代礼仪的距离意识

人体周围都有一个属于他个人的空间，犹如他个人身体的延伸，人际的交往只有在这个空间允许的限度内才会显得自然。否则一旦冲破这个界限，就会使交往双方或某一方做出本能的反映，或手脚不自然的动作增多，眨眼的次数增加；或挺直身体，展开双肘呈保护姿势；或干脆退而避之，给进一步的交往带来困难。

由于人们交往性质的不同，个体空间的限定范围也有所不同。一般来说，关系越密切，个体空间的范围划得越小。美国人类学家爱德华·霍尔博士认为，根据人们交往关系的不同程度，可以把个体空间划为四种距离。

1. 亲密距离

这种距离是人际交往中最小的间距。处于 0～15cm，彼此可以肌肤相触，耳鬓厮磨，属于亲密接触的关系。这是为了做出爱抚、亲吻、拥抱、保护等动作所必需的距离。常发生在爱人、亲友关系之间。如果用不自然的方式或强行进入他人的亲密距离，可被认为是对他人的侵犯。处于 15～45cm，这是身体不相接触，但可以用手相互摸触到的距离，如挽臂执手、促膝倾谈等，多半用于兄弟姐妹、亲密朋友之间，是个人身体可以支配的势力圈。而势力圈以眼前为最大，也就是一个人对前方始终保持强烈的势力圈意识，而对自身的两侧和背后关心次之。据这一原理，飞机上、长途汽车上和影剧院都采取长排向前的座位，尽量避免对面的座位，使每个人都拥有一个平均的前方势力圈。

2. 个人距离

这种距离较少直接身体接触。处于 45～75cm，适合在较为熟悉的人们之间，可以亲切地握手、交谈；向他人挑衅也在这个距离中进行。处于 75～120cm，这是双方手腕伸直、可以互触手指的距离，也是个人身体可以支配的势力圈。

3. 社交距离

这种距离已经超出亲密或熟悉的人际关系。处于 120～210cm，一般是工作场合和公共场所。在现代文明社会，一切复杂的事物几乎都在这个距离里进行。如机关里的领导干部对秘书或下属布置任务；接待因公来访的客人；或进行比较深入的个人洽谈时大多采用这个距离。处于 210～360cm，表现为更加正式的交往关系，是会晤、谈判或公事上所采用的距离，首长接见外宾或内宾；大公司的总经理与下属谈话等，由于身份的关系需要与部下之间保持一定的距离。

4. 公众距离

这种距离人际沟通大大减小，很难进行直接交谈。处于 360～750cm，这是产生势力圈意识的最大距离。如教室中的教师与学生，小型演讲会的演讲人与听众的距离。所以在讲课和演讲时用手势、动作、表情以及使用图表、字幕、幻灯等，辅助教具都是为了“拉近距离”，以加强人际传播的效果。处于 750cm 以上距离位置，在现代社会中，则是在大会堂发言、演讲、戏剧表演、电影放映时与观众保持的距离。

五、公务礼仪

(一)电话礼仪

国际商务运作离不开电话这一便捷的通信工具，当你的声音通过话筒传向世界各地时，是否也能做到彬彬有礼？

1. 拨打电话礼仪

打电话时语调应平稳柔和、安详，这时如能面带微笑地与对方交谈，可使你的声音听起来更为友好热情。声音不要太大或太小，要富有节奏。千万不要边打电话边嚼口香糖或吃东西。

拨通电话时应说："您好，这里是××公司吗？"或"我是××公司，想麻烦您找××听电话，谢谢！"当对方去找人时，不要把听筒放在一边做别的事情；如果你所找的人不在，不要咔嚓一下电话直接挂掉，要表示感谢，一般说："谢谢，我一会再打"，或"麻烦您转告……"；如果不小心将电话打错了，应致歉再挂掉。通话结束时，应互道再见。

2. 接听电话礼仪

用清晰而愉快的语调接电话能显示出说话人的职业风度和可亲的性格。虽然对方无法看到你的面容，但你的喜悦或烦躁仍会通过语调流露出来。

来电应在第二声铃响之后立即接听，如铃声响过四声才去接起，应先说声"对不起，让您久等了"。在礼貌问候对方之后应主动报出公司或部门名称以及自己的姓名，切忌拿起电话劈头就问："喂，找谁？"同样，来电话人需要留话也应以简洁的语言清晰地报出姓名、单位、回电号码和留言。结束电话交谈时，通常由打电话的一方提出，然后彼此客气地道别。无论什么原因电话中断，主动打电话的一方应负责重拨。

手机是现代人们生活中不可缺少的通信工具，如何通过使用这些现代化的通信工具来展示现代文明，是生活中不可忽视的问题。如果事务繁忙，不得不将手机带到社交场合，那么应至少做到以下几点：

(1)将铃声降低，以免惊动他人。

(2)铃响时，找安静、人少的地方接听，并控制自己说话的音量。

(3)如果在车里、餐桌上、会议室、电梯中等地方通话，尽量使你的谈话简短，以免干扰别人。

(4)手机响起时，如有人在你旁边，应道歉说："对不起，我接个电话"。然后走到一个不会影响他人的地方，把话讲完在入座。

(5)如果有些场合不方便通话，就告诉来电者说你会打回电话的，不要勉强接听而影响别人。

(二)信函礼仪

书信是人们在社交中传递信息，交流思想、互通情感的交往工具，随着电子通信工具的迅速普及，费用极低的 E-mail 的使用，信函也越来越多为更多人所利用。正因为这样，注重信函礼仪也就显得越来越重要了。

1. 称谓

信函中的称谓包括信封上的称呼和信中的称呼。

如果是纸质邮件，信封上对收信人一定要用通用的称呼，如"同志""先生""小姐""女士""老师"等。收信人名字后面加上"收"或者"亲启"时一定要注意，因为这两个词有时可以互换，有时是绝对不可以互换的。如果信邮寄到办公室里，"收"和"亲启"均可，但如果邮寄到家里，写"亲启"就不礼貌了。

书信中的称谓是写信人对收信人的称呼，它表示写信人与收信人的关系，称呼写在第一行，要顶格写，后面加冒号。在收信人名字前可视具体情况加上修饰语，如"尊敬的张老师""想念的爸爸妈妈"等。在公务中,如果不知其性别,可一律称其为先生。信最后的署名要与开头的称谓相呼应。

2. 格式

商务函电格式要整齐规范,每段开头空两格,在现代的电子书信中,出于方便,也流行全部顶格起,包括最后的签名及问候。

称谓之后,另起一行写问候,可根据不同的对象写"您好""近来工作忙吗?"等。

正文结束后应加致敬语。如"此致敬礼""顺祝秋安""祝身体健康"等。敬语应根据双方关系而定,表示请求也可能写上"敬请关照""请给予指教"等,表示邀请可写上"敬请光临"等,然后要署上发信人的称谓与姓名,名下写上年月日。

在 E-mail 中,因为系统将自动显示日期,也可以不署日期,但应选择合适的短句作为信的主题。主题词应主要显示信的来源或主要内容,以便收信人以后查询方便。

(三)便条礼仪

便条是人们在工作与生活中为证明或说明某种事由而留给他人的纸条,包括凭据性便条和说明性便条。

凭据性便条包括借条、欠条、收条、领条和发条等。作为凭据,这类便条在书写时要求语言准确无误,关键内容的文字和数字务必保持整洁,不能有任何涂改。在书写金额数量时,应采用大写汉字,如"壹""贰""叁""仟"等,而不能采用小写汉字,如"一""二""三"等,更不能使用阿拉伯数字。借条等应该写清借了什么、借了多少、归还期限等内容。向公家借钱借物还应写明其用途。为确保便条的有效性,应选择整洁耐用的工具,不宜采用不易保存笔迹的铅笔、圆珠笔以及有失庄重感的彩色墨水。

说明性便条又称函件式便条,包括请假条、留言条、托事条等,通常是用来传递信息、说明原委的便条。其作用主要是向他人解释、说明某一事情,或向他人发出请求。因此说明性便条具有更强的礼仪规范,要求在措辞甚至使用上都要表现得谦恭、礼貌。说明性便条一般不写标题,但请假条除外。便条开头都有称谓,随后是正文、致敬语和落款一应俱全,与一般书信相同。

外贸业务人员应将自己经办的所有便条统一处理、妥善保管。要将各类便条分门别类保管,存放便条指出要固定而安全,以便日后查阅。事情办完之后需要销毁便条的,应当及时予以销毁。

(四)短信礼仪

短信是随着手机的出现而出现的一个新生事物。随着手机的普及,收发短信也成为日常生活交往中的一部分。既然是生活交往的一部分,就应该讲究礼仪。近些年随着短信的广泛使用,短信也成为公务沟通的重要形式,在中国,其使用频率甚至超过电子邮件,在使用时必须要注意短信礼仪。

1. 注意使用场合

所谓短信，即简短的信息，它包含的内容应该是简洁明了的，如果需要反映的事情和情况能够简短说明，则可以使用短信。而较长的信息和内容，则不适合这种简短的方式，例如，业务流程、会议布置安排、业务方案等，用短信既表达不清楚，又会让对方觉得不重视，有应付了事之嫌，这时候应该选择电子邮件沟通，可以发短信通知对方查收邮件。

在下面这些场合，使用短信是一种较好的沟通方式：

(1)在看电影时或在剧院打手机是极其不合适的，如果非得回话，可以采用静音的方式发送手机短信。

(2)如果事先已经与对方约好参加某个活动，怕对方忘记，最好事先再提醒一下。提醒时适宜用短信而不要直接打电话。打电话似乎有不信任对方之嫌，短信就显得非正式而亲切得多。短信提醒时语气应当委婉，不可生硬。

(3)对于重要的电话可以先用短信预约。要给身份高或重要的人打电话，知道对方很忙，可以先发短信"有事找您，是否方便给您打电话?"如果对方没有回短信，一定不是很方便，可以在等候一段时间后再拨打电话。

(4)发送了信件、电子邮件、传真等，可以用短信提醒对方查收。

2. 注意使用时间

使用短信和拨打手机一样，都要考虑到对方是否方便接收。有的人不管时间和场合，随意发短信，甚至在半夜的时候还要发短信，这必定会惊扰到对方的休息。

近年来短信拜年也成为一种流行的方式，很多人会选择在将近大年初一零点时发送祝福短信，虽然这能起到纪念的作用，但是还是会影响到他人的正常休息，毕竟不会每一个人都在守岁。

3. 注意使用方式

短信方便查看，这就导致很多人将短信作为一种聊天工具在使用，不停地发短信，其实这也不符合短信的初始意义。上班总是拿个手机不停地发信息，并且时刻注意手机是不是响了，会让老板和同事认为你在工作时精力不集中，心不在焉。就祝福短信来说，一来一往就够了，否则没完没了地回复就成了繁文缛节。

不要在别人注视自己的时候查看短信，或者一边和别人说话，一边查看手机短信，是对别人不尊重的表现。

4. 注意短信礼节

短信虽然只有短短的几十个字，但同样能够反映一个人的素质和修养，尤其是使用短信作为公务交流和通知的时候，再简短的内容也属于公务文书，要注重内容、格式和礼节。

发短信一定要署名，公务短信署名是起码的礼节。较好方式是有头有尾，既有称谓也有署名，可以体现对对方的重视。如果对方没有自己的联系方式，发短信又不署名，会让对方很纳闷。

回复短信要及时，即使是对于短信这种简洁的形式，仍然要给予足够的重视，如果电话和面谈一样，收到他人的短信应当尽快回复。如果正在忙碌，可以利用手机短信的快速回复功能说"这会儿有点忙，晚些联系您"；如果发现他人短信的时候已经过了很长时间，等到回短信时应该加以说明并说声抱歉，这样才能让对方理解。

(五)电子邮件礼仪

电子邮件(electronic mail，简称 E-mail)又称电子信箱、电子邮政，它是一种用电子手段提供信息交换的通信方式。是互联网应用最广的服务：通过网络的电子邮件系统，用户可以用非常低廉的价格，以非常快速的方式，与世界上任何一个角落的网络用户联系。

当前信息社会，电子邮件的使用频率已经远远超过了纸质邮件，它的快速、便捷性深受商务人士的喜爱，人们可以通过电子邮件传达祝福、赠送请柬、表达谢意，甚至传送加密的商务合同、进行商务谈判，这极大地提高了工作效率。使用电子邮件和撰写普通信件一样，都要讲究礼仪，也有一些要注意的问题。

1. 格式准确

电子邮件也要有准确的撰写格式，通过一封电子邮件可以看出一个人的基本业务素养。

(1)主题要明确

发送电子邮件一定要写主题，即本邮件的主要内容，或者发送该邮件的主要目的，一般主体应该简明扼要，让对方一下子就可以看明白。一方面会方便对方的查收，商务场合中每人每天都会收到很多封邮件，有些是垃圾邮件或者广告邮件，有些则是业务相关的重要邮件，明确的主题可以节省对方的时间，提高效率；另一方面，可以有效地避免自己的邮件被误认为垃圾邮件。

(2)注意发送对象的身份

和普通的信件一样，在电子邮件的正文也应当有称呼，可以是个人或者企业团体，一般要用尊称、敬称。

(3)正文的最后要有署名

在邮件写完后，应当有自己或者公司的署名，最好还要标明日期。每封邮件的结尾都应该进行签名，签名档可包括姓名、公司、部门、职务、电话、传真、地址等信息，但不宜行数过多，以 4 行为限。签名档字体要与正文匹配，注意简体、繁体、英文等，签名档字号应比正文字号略小。

2. 注重邮件正文

电子邮件是通过网络传送的信息，也是一种便捷的通信方式，其目的也是为了让对方快速地知悉内容，所以，一般电子邮件不应过长，而应该简洁明了，尽量把篇幅控制好，如果真的要讨论一些文件、稿件或者图片等，可以通过附件的方式传送。

写电子函件时，一般不要用文言雅语，但是，一定要做到严谨准确。尤其是进行国际商务交流时，要注意突出主题，不写废话。

撰写电子邮件时，最好是有针对性地写，一信一事，匹配主题。需要交代的事情，只要交代清楚即可，应避免长篇大论。

利用电子邮件传播信息绝不能以不变应万变。要注重时效，即传递现实生活中新近发生的事。利用电子函件发送新闻时，要遵守法律和社会公德，不能传播有损抚国社会制度，有损国家形象以及一些格调不高、低级淫秽、以讹传讹、制造谬言、黄色、反动的信息。

有些时候网络信号可能存在不稳定的现象，应当养成撰写邮件的同时进行保存的习惯，防止邮件写到一半丢失的情况。对于比较重要的邮件应当首先建立草稿，反复修改和核对后再发送。

3. 其他注意事项

(1)公私分明

电子邮件不但可以用于日常业务，还可以用于人际交往。通常情况下，应注意区分公务信件和私人信件，两者的格式不可以互相套用，签名也不能混用。如果给朋友发邮件又使用了公司签名，会显得过于正式。

(2)避免滥用邮件

在信息社会中任何人的时间都是无比珍贵的。若无必要，轻易不要向他人乱发电子邮件，尤其是不要与他人谈天说地，或是只为检验下自己的电子邮件能否发送成功等。一般来说，收到他人的重要电子邮件后应当立即回复对方。

(3)慎选附加功能

电子邮件有多种字体备用，甚至还有各种信纸可供使用者选择。这固然可以强化电子邮件的个人特色，但是此类功能也要慎用。尤其对于商务信件，应当保证正文从头到尾字体的一致性，不要一会儿大一会儿小，或者选用多种字体，让对方感觉不够专业，娱乐成分过强，对于重要文字，可以选择加粗处理；撰写英文邮件时不能全篇大写，只需要对特别重要的部分用大写。

商务信函不要选用过于花哨的信纸，一般可选用淡雅的信纸，如果公司有统一的印有公司logo的信纸，则最好用这种统一的商务信纸，让客户觉得专业，也显得公司运营比较规范。

(4)正确使用抄送、密送

抄送的时候，邮件收件人地址栏会看到被抄送人的地址以及接收人的地址，因此，抄送的时候一定要考虑到两个邮件接收者的身份，如果是发给多个客户，则不应使用抄送。一方面会让客户看到自己与多个客户联系，影响信誉；另一方面，不同客户之间可以看到彼此的联系方式，客户之间会进行联系，有可能会丢失客户。若遇到此种情况，可以采用密送的方式，客户之间相互不知道他人的存在，也可以采用独立发送。

但如果希望其他人知道自己发送了邮件，则一定要使用抄送，如自己发给客户的邮件，也应告知自己的直接主管该业务的领导邮件已发出，此时，应选择抄送给自己的领导。

如果要发送给多个人，则应当注意这些人的身份和地位，应该由尊到卑地依次选择收件人。

(5)定期查收电子邮件

以免遗漏或耽误重要邮件的阅读和回复。一般应在收到邮件后的当天予以回复。如果涉及较难处理的问题，要先告诉对方你已收到邮件，来信处理后会及时给以正式回复。对于那些标题古怪或者干脆没有标题、发信人的，不要出于好奇而随便打开或下载附件，很有可能是病毒邮件。

(6)发送完毕后进行提醒

发送完毕后，必要时可通过电话、手机短信等方式询问是否收到邮件，通知收件人及时阅读。重要的电子邮件可以发送两次，以确保能发送成功。

第三节 宴请与签约的组织礼仪

一、宴请的组织礼仪

一个谈判周期，宴请一般安排 3～4 次为宜。接风、告别各一次，中间插 1～2 次(视谈判周期长短而定)。宴请首先要确定规格，包括宴请名义、目的、人数、形式(冷餐会、自助餐、酒宴等)价格等。

正式宴会的座次安排与桌次的高低原理基本相同，右高左低，先右后左。按国际惯例，座席安排应男女穿插，以女主人为准，主宾在女主人的右方，主宾夫人在男主人的右方。我国习惯按职务高低安排席位，以便交谈。如果有夫人及女士出席，通常把他们安排在一起，主宾坐在男主人右方，主宾夫人坐在女主人的右方。两桌以上的宴会其他各桌中第一主人的位置可以与主人主桌人位置相同，也可以面向主桌的位置为主位。

(一)中餐的组织安排

举办正式宴会，应当提前排定桌次和席次，或者只排定主桌席位，其他只排桌次。桌、席排次时，先定主桌主位，后排座位高低。

1. 中式宴会的桌次安排

中式宴会通常 8～12 人一桌，人数较多时也可以平均分成几桌。在宴会不止一桌时，要安排桌次。其具体原则是：

(1)以右为上。当餐桌分为左右时，以面门为据，居右之桌为上(如图 8.1)。

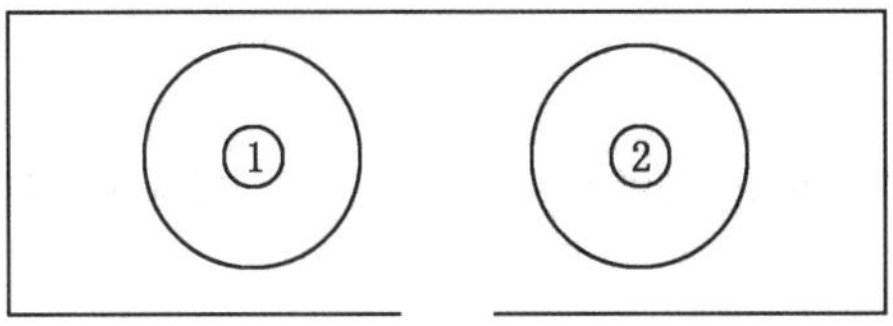

图 8.1 以右为上

(2)以远为上。当餐桌距离餐厅正门有远近之分时，以距门远者为上(如图 8.2)。

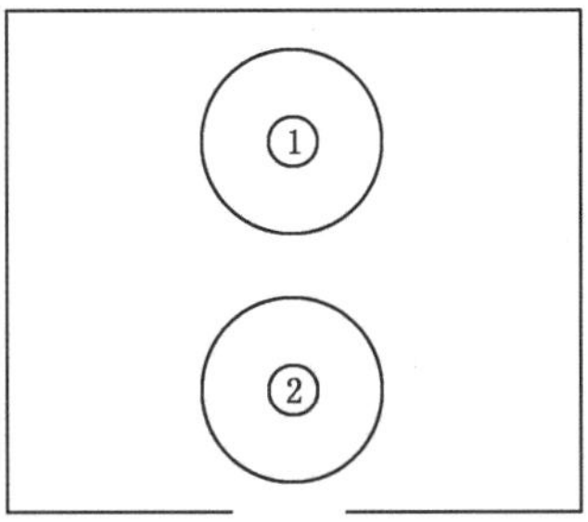

图 8.2 以远为上

(3)居中为上。多张餐桌并列时，以居于中央者为上(如图 8.3、8.4)。

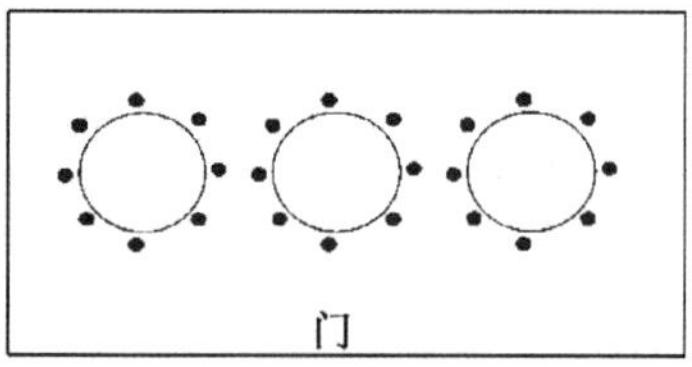

图 8.3　一字形三桌，以中为尊

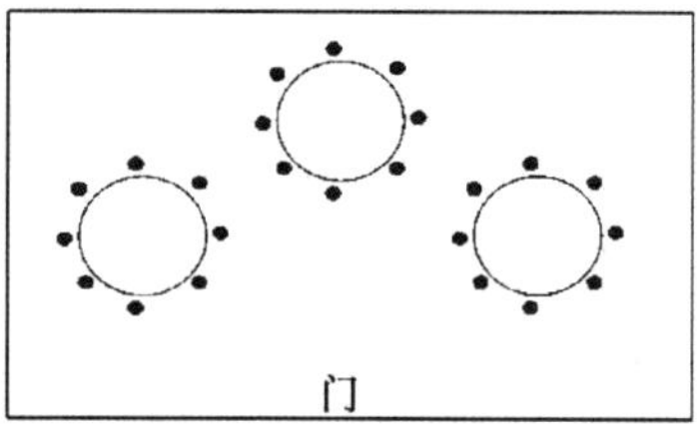

图 8.4　品字形三桌，突出上面的尊桌

(4)在桌次较多的情况下，上述排列常规往往交叉使用(如图 8.5～8.8)。

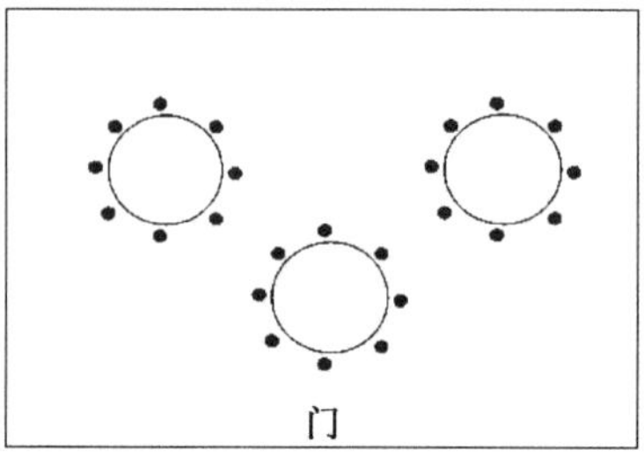

图 8.5　鼎足形三桌，上面左边是尊桌

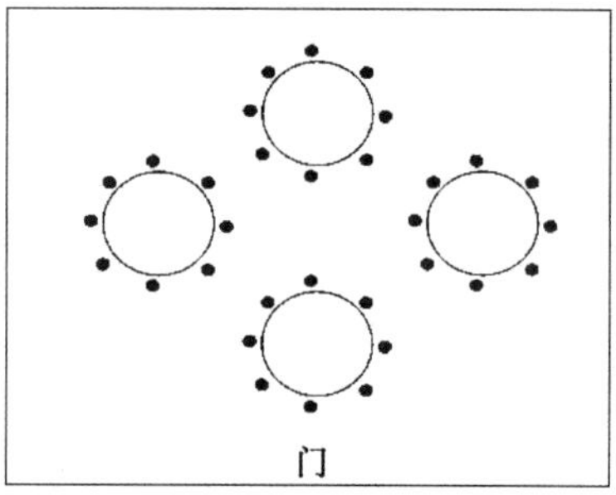

图 8.6　梅花形四桌，上面是尊桌

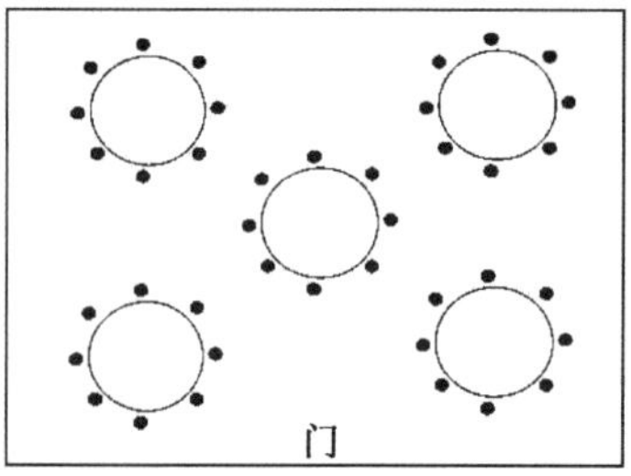

图 8.7　轴心形五桌，以中为尊，众星捧月

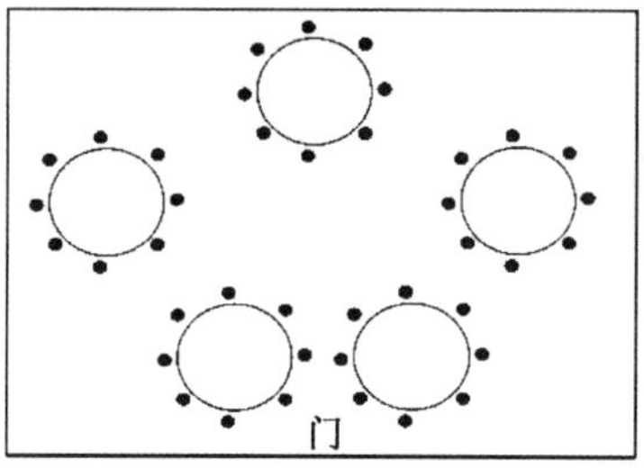

图 8.8　梅花形五桌，最上面是尊桌

2. 中式宴会的席次安排

席次是指同一餐桌上的席位高低。排列席次的原则是(如图 8.9)：

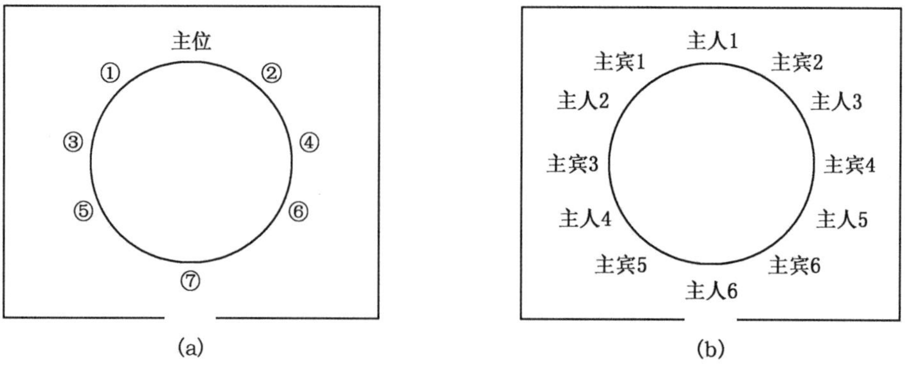

图 8.9　中餐宴会的席次安排

(1)面门为上,即主人面对餐厅正门。有多位主人时,双方可交叉排列,离主位越近地位越尊。

(2)主宾居右,即主宾在主位(第一主位)右侧。

(3)好事成双,即每张餐桌人数为双数,吉庆宴会尤其如此。

(4)各桌同向,即每张餐桌的排位均大体相似。

(二)西式宴会的桌席排位

西式宴会的餐桌习惯用长桌,或是根据人数多少、场地大小自行设置。

同中式宴会一样,举办西式宴会也要排定桌次和席次。

西式宴会的席次排位也是讲究右高左低,同一桌上席位高低以距离主人座位远近而定(如图 8.10)。如果男、女主人并肩坐于一桌,则男左女右,尊女性坐于右席;如果男、女主人各居一桌,则尊女主人坐于右桌;如果男主人或女主人居于中央之席,面门而坐,则其右方之桌为尊,右手旁的客人为尊;如果男、女主人一桌对坐,则女主之右为首席,男主人之右为次席,女主之左为第三席,男主人之左为第四席,其余位次依序而分。

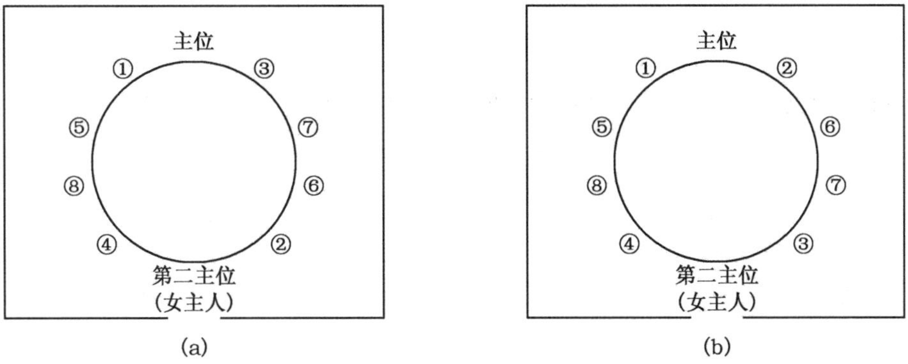

图 8.10 西餐宴会的席次安排

西式宴会的席次一般根据宾客地位安排,女宾席次依据丈夫地位而定。也可以按类别分坐,如男女分坐、夫妇分坐、华洋分坐等。在我国用西餐宴请客人,通常采用按职务高低男女分坐的方式。

二、谈判桌的座次安排

举行正式谈判时,有关各方在谈判现场具体就座的位次,是谈判的一项重要内容,具有严格的礼仪要求。不同的座次排序,体现不同的意义。谈判座次的安排,包括两方面的内容:一是台桌和椅子样式的选择;二是台桌和椅子的具体位置。

双边谈判多采用长方形或椭圆形的谈判桌,多边谈判多采用圆形谈判桌。无论方桌还是圆桌,都应注意座位的朝向。习惯上,面对门口的座位最具影响力,而背向门口的座位最不具影响力。在正式会见、谈判中,最好的座位安排办法是预先摆上名牌,按照双方各自团体中成员地位高低的顺序排座次，对名入座。

谈判桌的摆放礼仪是很讲究的。从总体上讲，排列正式谈判的座次，可分为两种基本情况。

1. 横桌式

横桌式座次排列，是指谈判桌在谈判室内横放，客方人员面门而坐，主方人员背门而坐。除双方主谈者居中就座外，各方的其他人士则应依其具体身份的高低，各自先右后左、自高而低地分别在己方一侧就座。双方主谈者的右侧之位，在国内谈判中可坐副手，而在涉外谈判中则应由译员就座(如图 8.11)。

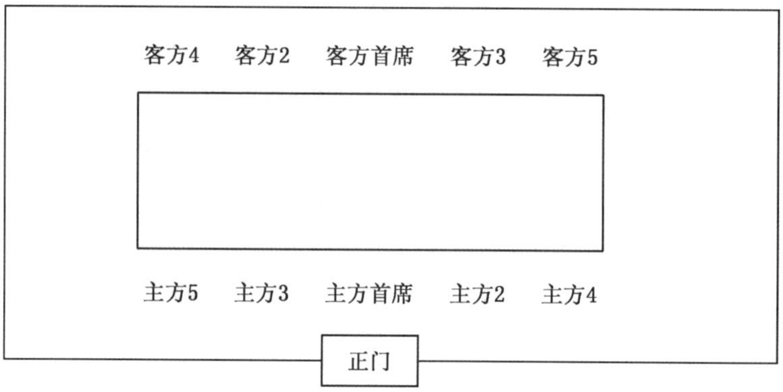

图 8.11　横桌式谈判的座次安排

2. 竖桌式

竖桌式座次排列，是指谈判桌在谈判室内竖放。具体排位时以进门时的方向为准，右侧由客方人士就座，左侧则由主方人士就座。在其他方面，则与横桌式排座相仿。

三、签约仪式

签字仪式简称签字，通常是指订立合同、协议、条约的各方在合同、协议、条约正式签署时所举行的正规签署仪式。举行签字仪式，不仅是对谈判成果的一种公开化、固定化、系统化、文字化，而且也是有关各方对自己履行合同、协议、条约所做出的一种正式承诺。它标志着有关各方的相互关系有了更大的进展，以及消除了彼此之间的误会或抵触而达成了一致性见解的重大的成果。因此，它受到了各方人士的高度重视。

对于接待人员来说，在签字仪式这种重大场合，不仅要做好自己所负责的具体工作，更要知礼守礼，特别要注意以下 3 个主要方面的内容：

(一)准备工作

签字仪式是一种很正规的活动，因此对于其准备工作，接待人员绝不能掉以轻心。一般说来，在举行签字仪式之前，接待人员应当竭力做好以下几个方面的工作：

1. 布置好签字厅

签字厅既有常设专用的，也有用会议厅、会客室来临时代替的。但不管怎样，为了体现出签字仪式对于协议双方的重要性，在布置会场时都要注意把握这样一个总体原则，即要表现出庄重、整洁、清静的氛围。

一间标准的签字厅，首先不可忽视的就是地毯的运用。柔软的地毯可以减轻脚步声，从而有助于缓解与会代表内心的紧张情绪，地毯应该铺满整个房间。另外，除了必要的签字使用的桌椅外，其他一切的陈设都不需要。正规的签字桌应为长桌，可供签字各方同时使用，以体现协约各方的平等地位，其上最好铺设深绿色的台布，显得庄重、大方。

按照签字礼仪的规范，签字桌应当横放于室内。在其后，可摆放适量的座椅。签署双边性合同时，可放置两把座椅，供签字人就座。签署多边性合同时，可以仅放一把座椅，供各方签字人签字时轮流就座，也可以为每位签字人各提供一把座椅。签字人在就座时，一般应当面对正门。

在签字桌上，循例应当事先安放好待签的合同、协议或者条约文本以及签字笔、吸墨器等签字时所必需的文具。必须对签字笔进行事前的检查试用，千万不能出现临时流水不畅的尴尬局面。一般选用的是黑色签字笔。

如果是与外方人士签署合同、协议或者条约时，还应注意在签字桌上插放有关各方的国旗。插放国旗时，在其位置与顺序上，必须按照礼宾序列而行。例如，签署双边性涉外合同、协议或者条约时，有关各方的国旗须插放在该方签字人座椅的正前方。

2. 预备好待签文本

依照接待礼仪的规则，在正式签署文件之前，应当由举行签字仪式的主办方负责准备待签合同、协议或者条约的正式文本。

签署有关涉外的文件时，按照国际惯例，待签的文本还应该同时使用有关各方法定的官方语言，或者使用国际上通行的英文、法文。此外，亦可同时并用有关各方法定的官方语言与英文或法文。使用外文撰写文件时，应反复推敲、字斟句酌，不要望文生义或不解其意而乱用词汇，以免出现不同语言文本表述的差异，或是某一语言文本内容的缺失或增加。

待签的合同、协议或者条约的正式文本，应该以精美的白纸印制而成，按大 8 开的规格装订成册，并以高档质料，比如真皮、金属、软木等，作为其封面。

3. 规范服饰

按照规定，签字人、助签人以及随员，在出席签字仪式时，一定要简约、庄重，切不可“摩登前卫”或者是标新立异。一般而言，应当穿着具有礼服性质的深色西装套装、中山装套装或西装套裙，并且配以白色衬衫与深色皮鞋，男士还必须系上单色领带，以示正规。

在签字仪式上露面的礼仪人员、接待人员，可以穿自己的工作制服，或是旗袍一类的礼仪性服装。

在参加签字仪式之前，应当认真修饰个人仪表，尤其要选择合适的发型。女性避免佩戴过多的首饰和饰物，应以淡妆示人，表现出落落大方的气质。

(二)位次排列

从礼仪规范上来讲,举行签字仪式时,在力所能及的条件下,一定要郑重其事,认认真真。其中最为引人注目者,当数举行签字仪式时座次的排列方式问题,它能直接体现出签字各方的礼遇问题,不可有怠慢之嫌,应突出签约各方的平等地位。

签字时各方代表的座次,是由主方代为先期排定的。一般而言,举行签字仪式时,座次排列共有 3 种基本形式,它们分别适用于不同的具体情况。

1. 并列式

并列式排座,是举行双边签字仪式时最常见的形式。它的基本做法是:签字桌在室内居中面门横放。双方出席仪式的全体人员在签字桌之后并排排列,双方签字人员居中面门而坐,客方居右,主方居左(如图 8.12)。

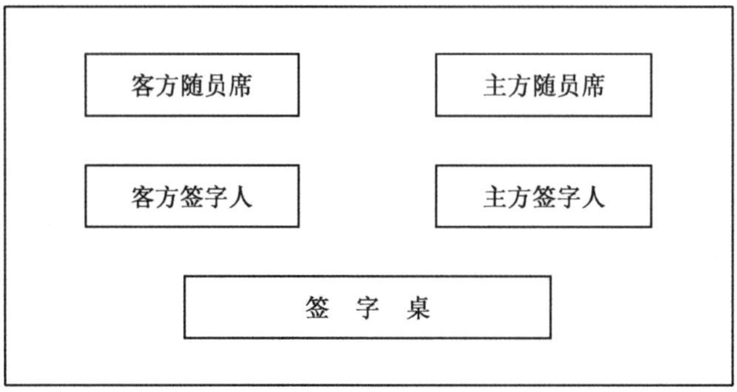

图 8.12　并列式签约仪式的座次安排

2. 相对式

相对式签字仪式的排座,与并列式签字仪式的排座基本相同。两者之间的主要差别,只是相对式排座将双方的随员席移至签字人的对面(如图 8.13)。即签字桌在室内居中面门横放。双方签字人员居内面门而坐,客方居右,主方居左。双方出席仪式的全体人员则在签字桌之前并排排列。

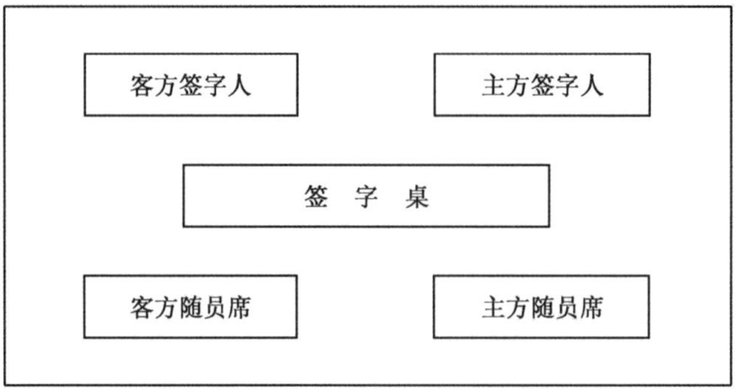

图 8.13　相对式签约仪式的座次安排

3. 主席式

主席式排座主要适用于多边签字仪式。其操作特点是:签字桌仍须在室内横放,签字席仍须设在桌后面对正门的位置,但只设一个,并且不固定其就座者。举行仪式时,所有各方人员,包括签字人在内,皆应背对正门、面向签字席就座。签字时,各方签字人应以规定的先后顺序依次走上签字席就座签字,然后即应退回原处就座(如图 8.14)。

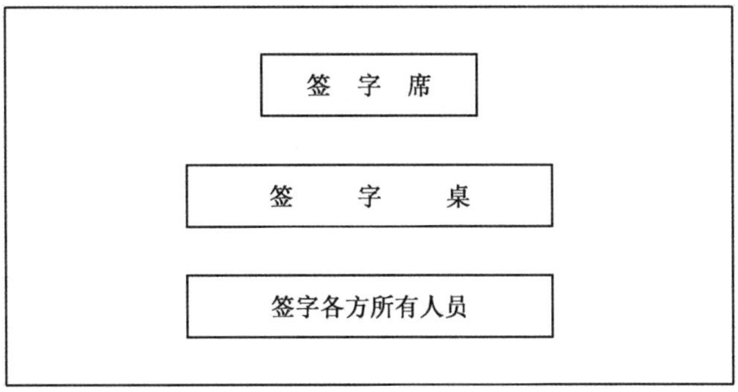

图 8.14　主席式签约仪式的座次安排

(三)基本程序

签字仪式的时间不应太长,但其程序必须十分规范、庄重而又热烈。签字仪式的正式程序一共分为 4 项。当接待人员在具体操作签字仪式时,可以依据下述基本程序进行运作。

1. 宣布开始

签字仪式的第一项是宣布签字仪式正式开始。此时,有关各方人员应先后步入签字厅,相互致意握手,在各自既定的位置上正式就位。

2. 签署文件

签字仪式的第二项是签字人正式签署合同、协议或条约的文本。双方都应设有助签人员,分立在各自一方代表签约人外侧,助签人员要协助签字人员打开文本,用手指明签字位置,双方代表各在己方的文本上签字吗,然后由助签人员互相交换,代表再在对方文本上签字。

依照礼仪规范,每一位签字人在己方所保留的文本上签字时,按惯例应当名列首位。因此,每一位签字人均须首先签署将由己方所保存的文本,然后再交由他方签字人签署。此种做法,通常称为"轮换制"。它的含义是:在文本签名的具体排列顺序上,应轮流使有关各方均有机会居于首位一次,以显示机会均等、各方完全平等。

3. 交换文本

签字仪式的第三项是签字人正式交换已经有关各方正式签署的合同、协议或条约文本。此时,各方签字人应该起立并诚挚地握手,互致祝贺,并相互交换刚才用过的签字笔,以资纪念。全场人员应热烈鼓掌,以表示祝贺之意。

4. 饮酒庆贺

有条件的话应由服务员端上香槟酒,参加签字仪式的所有人员共同举杯祝贺。

案例分析

玫琳凯·艾施最初是一名推销员。她在一次会议结束后她想和经理握手,但由于与经理寒暄的人太多,因此她排队等了三个小时,后来终于轮到她了,可经理握手时瞧都不瞧她一眼,只是用眼神去瞅她身后的队伍还有多长。善良的玫琳凯很伤心,她觉得经理一定很累,可自己也等了三个小时,同样很累呀,她的自尊心受到了伤害。于是,玫琳凯暗下决心如果有那么一天,有人排队等着同自己握手,自己一定要把精力全部集中在对方身上——不管自己有多累。

1963 年玫琳凯自己创办了一家公司,之后曾多次站在队伍的尽头,同数百人握手,每次都要持续好几个小时,可是无论多累,她总是牢记当年自己握手时受到的冷遇,握手时总设法同对方说几句话——哪怕只有一句,如"我喜欢你的发型",或"你穿的衣服很好看",她在同每一个人握手时,总是全神贯注,不允许任何事情分散自己的注意力。

玫琳凯让与她握手的人都觉得自己是世界上最重要的人。于是,玫琳凯的公司很快发展壮大,成为世界上著名的化妆品公司。

1. 从商务礼仪视角评析玫琳凯与其上司的握手。
2. 评析玫琳凯的握手为何充满"魅力"? 请阐明理由。
3. 玫琳凯化妆品公司的成功与她握手有关系吗? 请说明理由。

本章小结

掌握国际商务谈判礼仪对整个谈判的成功至关重要,礼仪贯穿于商务谈判的始终,体现在每一个细节中。

商务谈判,特别是对外谈判,由于本身的商业性、涉外性和正规性,对礼仪方面有着一些特殊的要求。

迎接为谈判礼节的序幕,事关谈判氛围之情状,因此非常重要。应在掌握对方状况的基础上,合理安排住宿,不失礼节地安排迎接方式,考虑到不同国家客人的习惯,为客人事先准备鲜花,并以合适的名义送出。

在与客人见面时,通常有两种介绍方式,一是自我介绍,二是第三者做介绍。为他人做介绍的问题上必须遵守"尊者优先了解情况"规则。

商务送礼不要送过分贵重的礼物,要非常小心各国商人的喜好与忌讳,礼品一定要有包装,接受礼物时应当面打开,并表示赞美和喜欢。来而不往非礼也,收到礼物后要回赠对方。

商务人士的个人礼仪是指谈判者的个人仪表礼仪、举止礼仪、言谈礼仪等诸多利益,其中有很多繁杂的细节需要谈判者加以注意。

现代交往中应有距离意识,对不同的交往对象,个体空间的限定范围也有所不同。一般来说,关系越密切,个体空间的范围划得越小,人与人之间的距离越近。

在公务过程中还应特别注意电话礼仪、信函礼仪以及便条礼仪等,以便在不能面对面交往时给人留下好的印象。

对于宴请与签约的组织礼仪(座次安排),国际社会有一些约定俗成的做法,需要大家牢记和遵守。

思考与练习题

1. 礼仪在谈判中可以起到怎样的作用?
2. 如何修炼个人的综合气质?
3. 谈判过程中应如何安排双方的座次?
4. 签约时应注意哪些礼节?

第九章

商务谈判训练方略

学习目的与要求

了解商务谈判人员应具备的素质和知识；掌握提高商务谈判能力的途径和方法；学会激发客户的购买欲望和处理顾客的异议等。

引例

深圳的一个企业老总曾经出国谈判技术设备引进问题，结果对方漫天要价，谈判一度陷入僵局。后来当地的中商会邀请我方领导袁×发表演讲。袁×在演讲中说道："中国是个文明古国，我们的祖先早在1000多年前就将四大发明（指南针、造纸、印刷、火药）的生产技术，无条件地贡献给了人类，而他们的子孙从未抱怨不要专利权是愚蠢的，相反，盛赞祖先为推进世界科技的进步做出了杰出贡献。现在，中国与各国的经济合作中，我们并不要求你们无条件让出专利权，只要价格合理，我们一分钱也不会少给。"这场不卑不亢的精彩演讲赢得了与会者的赞赏，最终对方表示愿意降低专利费，与我方合作。

可见，谈判人员具有广博的知识、敏锐的洞察力及良好的表达能力是多么重要。

由引例可见谈判人员具有广博的知识和能力是多么的重要。

第一节　谈判人员综合素质的培养

一、谈判人员应具备的素质

(一)思想政治素质

一个优秀的商务谈判人员应具备宽广的国际视野与高尚的爱国情操，具备良好的社会公德、职业道德和学术品德，具有正确的世界观、人生观和价值观，爱国爱企，有责任，有担当。

商务谈判人员只有具备高尚道德情操，才会既能有宽广的胸怀接纳不同风俗习惯，接受各种相互冲突的观念，也能立足本国、立足企业，形成正确处理问题的方法和手段，才会自主抵制各种诱惑，维护国家利益和集体利益，争取国家利益和企业利益。因此，要以思政课堂为载体，加强谈判人员的党史学习，弘扬中华传统文化和美德，提倡集体主义和爱国主义，帮助学生树立正确的世界观、人生观和价值观，坚定真正的文化自信和制度自信，养成良好的职业道德和社会责任感。

（二）知识方面的素质

通常，一个谈判者除了贸易理论、市场营销这些必备的专业知识外，谈判者同时要把心理学、经济学、管理学、法学、财会学、政治学、历史学等方面的知识纳入自己的专业范畴。除了上述方面的知识以外，商务谈判会涉及许多法律问题，不仅在讨论合同条款时要做到尽可能仔细、详尽，而且要注意合同引起争议时有关适用法律的规定。因此，谈判者不仅要有较强的法律意识，而且要尽可能熟练地掌握本国经济法规以及国际经济法的有关规定。当然，学习与掌握有关工程技术知识对于一个商务谈判者来说则是必不可少的，否则合同中有关的技术标准、验收标准等条款的确定就会变得相当困难，包括在合同的实施过程中也会不断出现类似的争议与纠纷。倘若商务谈判者本人缺乏必要的工程科学技术知识，那么无论是在内部沟通还是与合作方沟通都会缺乏必要的基础。此外，熟练掌握外语在国际谈判中也具有十分积极的意义。

与此同时，商务谈判者要了解有关国家或地区的社会历史、风俗习惯以及宗教等状况，否则就会闹笑话，如有的谈判者向来自热带地区的商人大谈要用“滚雪球”的方式积累资金，使对方百思不得其解。此外，还要了解有关对方谈判人员在其特有的文化背景下所形成的谈判作风与谈判方式。

知识的增长主要靠自己有心积累，要观察得细一点，考虑得多一点，在平时多听、多学、多分析、多实践。同时，谈判人员应该谦虚好学，善于从各方面专家那里汲取所需要的知识。这样，天长日久，日积月累，知识就会丰富起来，就能得心应手地驾驭谈判过程。

（三）心理方面的素质

耐心、毅力是一个谈判人员应该具备的基本素质。有时谈判是一项马拉松式的工作，在长时间的谈判中始终如一地保持镇静、信心与机敏确实不是一件容易的事。

在商务谈判中，有些对手也会以拖延时间来试图消磨我方的意志，以求获取更好的谈判条件，对付这种伎俩没有坚韧的毅力是不可能的。这种意志力、忍耐力还表现在一个谈判人无论在谈判的高潮阶段还是低潮阶段，都能心平如镜，特别是当胜利在望或陷入僵局时，更要善于控制自己的情感，喜形于色或愤愤不平不仅有失风度，而且也会让对手抓住弱点与疏漏，造成可乘之机。顽强的意志品质也是与一个谈判人员对工作一丝不苟、认真负责的态度和坚持原则的精神联系在一起的。

谈判人员经常面临四面受压的局面，压力既有来自谈判对手一方的，也有来自自己一方的。当谈判陷入争执不下、久拖未果的境地时，这种压力还会呈现几何级数增长。来自内部的压力往往是由于某些领导者不了解实际情况，急于求成，以主观意志代替客观分析，以行政命令干预谈判具体工作所造成的。然而领导者的决策正确与否，跟具体工作人员工作水平、工作作风关系极大。在具体的项目谈判中，谈判人员一定要坚持实事求是的原则，不管谁说了什么，不管周围的压力有多大，都应该据实测算分析，如实反映报告，这样才能帮助领导做到心中有数，保证决策的正确性，为项目合作争取有利的条件。能否在谈判中顶住来自内部和外部的压力，不但是对谈判人员耐心与毅力的考验，也是对谈判人员能否坚持原则的考验。谈判者应该从工作实际出发，严格按商务谈判的客观规律办事，善于顶住来自各方面的压力，有效维护国家、企业的利益，争取项目的最大效益。不卑不亢、有理有节始终是商务谈判应坚持的谈判态度。从另一个角度看，这也是谈判双方把谈判引向成功的基础。这几个字看起来简单，但准确把握分寸却是很不容易的。如何表现强硬？如何表现灵活？如何表现妥协？这些技巧的掌握来自平时不断地经验积累。

（四）谈判技能方面的素质

知识广博是一个谈判人员素质构成中的基本因素，而技能则是知识的外在表现与具体应用。

首先，一个谈判人员应该有必要的运筹、计划能力。谈判的进程如何把握？谈判在什么时候、什么情况下可以由准备阶段进入到接触阶段、实质阶段，进而达到协议阶段？在谈判的不同阶段要注意重点的转移，采取何种技巧、策略？对此，谈判者都要进行精心的计划与统筹安排。当然，这种计划离不开对谈判对手背景、需要、可能采用的策略的调查了解与充分估计，如此才能做到知己知彼、成竹在胸。

其次，要懂得，所谓谈判就是要靠“交谈”来消除双方观点的分歧，达成彼此观点的一致的过程，因此语言驾驭能力就是谈判者的基本素质之一。这就要求谈判者能善于表达自己的见解，叙述条理清晰，用词准确明白，即使对于某些专业术语，也能以简明易懂的语言加以解释；同时谈判者还要善于说服对方接受自己的观点与条件，善于通过辩论来批驳对方立场，维护自己的利益。谈判者驾驭语言方面的不足不仅容易引起交流中的误解，造成沟通障碍，而且会使自己的合理要求在谈判结果中得不到有效表达和保障。当然我们强调提高语言驾驭能力并不是提倡在谈判中泛泛而谈、虚张声势，这种做法会伤害谈判氛围，使对手产生不满。如有的谈判者在解释自己的观点时常常词不达意，漫无边际。我们强调语言驾驭能力是因为谈判的过程是双方表达、辩论与说服的过程，谈判也只有在这种多层次、全方位的沟通过程中才能达成逐渐趋向一致的结果。

再次，对谈判进程的把握，谈判中语言技巧的运用，都离不开对谈判对手的了解与认识，而这种了解与认识的依据不能仅仅从对手的背景调查中得到，面对面的谈判为了解与认识谈判对手提供了直接的机会和丰富的信息，而这就需要依赖于谈判者的观察能力，对对手在口头语言、动作语言、书面语言等各方面表述中所体现的心理状态及其细微变化的体察能力，而且还反映为谈判者捕捉到这些信息后能做出迅速的判断与有效的反应。理论与实践的结合，是提高这种观察力的重要途径。

最后，创造力与灵活性是谈判人员素质中不可缺少的组成部分，与谈判人员坚韧、顽强的意志力互为补充、相得益彰，并在谈判中具体表现为既不轻易退让，又能善于妥协的谈判能力。如果一个人在谈判中只是表现出单纯的原则性和坚韧的精神，那往往会使双方陷入争执，这时候坚持强硬的立场常常使僵持局面得不到化解。在这种情况下，谈判人员发挥应有的创造力、想象力，并在制定与选择方案上表现出灵活性，对于推动谈判的发展具有关键作用。

此外，国际商务谈判人员还应有较强的人际交往能力，特别是要注意积累各方面的关系，同各国的政府官员、金融机构、工商企业等各界朋友建立广泛的联系。这样，在谈判时就可能获得一个方便的信息通道或若干义务咨询顾问，这无论是对谈判对手的了解、对谈判方案的确定、对谈判僵局的突破，都大有益处。

（五）礼仪方面的素质

在某国一家医疗机械厂与美国客商进行的一场引进“大输液管”生产线的谈判中，双方在融洽友好的氛围中达成了一致意见，相约第二天举行签字仪式。谈判结束后，该厂厂长带领美国客人参观工厂车间，这位厂长向墙角吐了一口痰，然后用鞋底擦了擦，这一细节被美国客人看在眼里，毅然决定停止签约。在他给这位厂长的一封信中，他这样写道：“恕我直言，一个厂长的卫生习惯可以反映一个工厂的管理素质。况且，我们今后要生产的是用来治病的输液皮条。贵国有句谚语：人命关天！请原谅我的不辞而别……”一项成功在望的谈判，就这样被一口痰“吐掉”了。由此可见，在谈判中，参与人的言谈举止，衣着打扮所体现出的修养和气度是何等重要！

礼仪是一种知识、修养与文明程度的综合表现，它在人际交往的许多细小环节中都体现出来，如赴约要遵守时间，既不要早到，也不要晚到；宴会要注意主人对餐桌次序的安排，在正式的场合，要注意穿戴合适。礼仪是一个人修养的反映，在商务谈判中，也是影响谈判的气氛与进程的一个重要因素。跟谈判对手打交道，特别是高层交往，一些细节不注意，对方会觉得不受尊重，或者认为差距甚大，不值得交往。因此商务谈判人员要十分注意社交规范，尊重对方的文化背景和风俗习惯，这对于赢得对方尊重和信任，推动谈判顺利进行，特别是在关键场合、同关键人物谈判中，往往能起到积极的作用。比如，有一次一位重要人物来上海谈判一个合作项目，上海是他漫长旅途的最后一站，了解这位客人的东道主在送客人去下榻宾馆的途中，特意在车上播放了一段来宾家乡的音乐，客人感到很亲切，他高兴地对谈判对手说：“我就要回家了，相信上海之行是我此次旅行最顺利的一站”。可见，知晓礼仪、尊重对手是一个谈判人员对谈判所做的最小投资，而由此获得的回报却常常是难以估量的。注重礼仪的内容还包括谈判人员在谈判破裂时能给对方留住面子，不伤人感情并为以后的合作与交往留下余地，做到“生意不成友情在”，这样就会有越来越多的客商愿意与你发展合作关系。

（五）身体素质

商务谈判往往是一项牵涉面广、经历时间长、节奏紧张、压力大、耗费谈判人员体力和精力的工作。特别是赴国外谈判，还要遭受旅途颠簸、生活不适之苦；若接待客商来访，则要尽地主之谊，承受迎送接待、安排活动之累。所有这些都要求谈判人员必须具备良好的身体素质，同时也是谈判人员保持顽强意志力与敏捷思维的物质基础。

二、谈判人员应具备的能力

(一)敏锐的洞察力

谈判人员在谈判的过程中应该注意观察对方的行为，从而发现对方的想法。一般就手势来说，张开双手表示接纳；紧握双拳意味着防范；当对方的手使劲握着桌边，证明你的观点击中其要害，或表明你的观点将遭攻击。就面部表情来说，如嘴唇紧闭，眉角下垂，瞪大眼睛盯着你，则表明对方充满敌意并且极具攻击力；若眼睛突然往下看，脸部转向旁边，多表明拒绝或厌烦你的讲话。需要指出的是，判断言行举止是一个十分复杂的问题，要结合当时的具体情况作综合判断。因此需要谈判人员自身具有敏锐的洞察力，否则单凭经验判断会得出错误的结论。

(二)独立自主地处理问题的能力

遇事沉着冷静，不动怒，不发火，不感情用事，要有随时与谈判伙伴协调配合的本领。谈判小组是由个人组成的集体，因此既要表达自己，又要通过自己表达集体。因此这种能力是十分必要的。谈判风云变幻，即可能出现各种意想不到的事情，要求谈判人员要处变不惊，沉着冷静具有大将风度，这样才能妥善、理智地处理好问题。否则，感情用事将使得谈判人员做出不合理的决策，也给对方以可乘之机。

(三)坚定不移的毅力和忍耐力

谈判人员应具有百折不挠的精神及不达目的绝不罢休的自信心和决心。讨价还价、磋商活动也是毅力和耐力的拉锯战，谈判人员的这种个性特征将使己方的利益得到最大的保证。一般刚强型的谈判人员具有这种个性，他们在取得谈判经验后发挥会越来越好。

(四)社交能力和表达能力

谈判实质上是人与人之间思想观念、意愿感情的交流过程，是重要的社交活动。谈判人员应该善于与不同的人打交道，也要善于应对各种社交场合。这就要求谈判人员塑造良好的个人形象，掌握各种社交技巧，熟悉各种社交礼仪知识，所以谈判人员应该有较强的文字表达和口语表达能力。要精通与谈判相关的各种公文、协议合同、报告书的写作，掌握电脑技术，同时要善于言谈、口齿清晰、思维敏捷、措辞周全，善于驾驭语言，有理、有利、有节地表达己方观点。在涉外商务谈判中要熟练掌握外语的听、说、写、译能力。要善于了解不同国籍的谈判人员的特点，掌握他们在谈判风格上的差别以及宗教信仰方面的异同，针对这些方面的不同情况与谈判对手和平共事。而且要富有幽默感，谈判经常会出现低潮或僵局，谈判人员的风趣幽默则能淡化僵局，缓和气氛，使谈判顺利进行。

(五)逻辑思维和判断能力

要思路开阔敏捷,判断力强,决策果断。对方往往会用许多细枝末节的问题来纠缠你,而把主要的或重要的问题掩盖起来,或故意混淆事物之间的前后、因果关系。作为谈判人员就应具备抓住事物的主要矛盾和主要方面的能力。同时要思路开阔,不要为某一事物或某一方面所局限,而要从多个方面去考虑问题。判断准确、决策及时,这些能力对于谈判人员来说格外重要。提高这方面的能力就要善于倾听对方的意见并把握对方的意图。谈判是双方相互交换意见。但有些人思维敏捷,冲动性强。往往对方的话刚说一半,他就自以为领会了对方的意思,迫不及待地发表自己的意见,这也是不可取的,造成误解对方,反而给对方提供一些可乘之机。

(六)组织、应变的能力

谈判是一项需要密切配合的集体活动,每个成员都要在组织中发挥出自己的特殊作用。所以谈判人员要有组织、协调的能力,分清主次,抓住重点,合理掌握时间,才能发挥出最大的战斗力;谈判中会发生各种突发事件和变化,谈判人员面对突变的形势,要有冷静的头脑、正确的分析、迅速的决断,善于将原则性和灵活性有机结合,机敏地处理好各种矛盾,变被动为主动,变不利为有利。

(七)创新能力

谈判人员要具备丰富的想象力和不懈的创造力,勇于开拓创新,拓展商务谈判的新思路、新模式,创造性地提出新的谈判方法和思路。

总之,合格的谈判人员必定具备上述的多种素质和能力,一个完美的谈判家,应该心智机敏,且具有无限耐性,能巧言掩饰,但不欺诈行骗,能取信于人,而不轻视他人;能谦恭节制,但又刚毅果断;能施展魅力,而不为他人所惑。

三、谈判人员的培养

(一)培养要求

1. 魅力

魅力是指特别的吸引力、迷惑力,是一个人自然流露出来的让人喜欢的感觉。与一个相互尊重、相互有吸引力、相互有好感的人谈判,谈判往往易于达成共识。魅力来源于在谈判中所表现的良好的专业水平、对人的谦恭有礼,以及追求自身利益、兼顾对方利益的优良品质。

2. 勇气

谈判的胆识就是勇气的内涵,在谈判中谈判人员要敢想敢干,毫不畏惧,大智中产生大勇,理解中加强信心。

3. 心理透视

即通过对对方姿态、着装等的观察分析,来了解对方的心理状态,做到“知己知彼”。再根据你所分析的结果，来制定实施与对方谈判的策略，这样才能“百战不殆”。例如你的谈判对象坐态轻松，说明他防备不严，你可以大胆地采取进攻战术，多提条件。

4. 机智

强调反应能力，要快速做出相应的反应，根据情况的变化推进谈判。例如，当你向谈判对手发出第二个提问后，对方眼神闪烁且吞咽口水，这表示其信心不足、压力很大，这时就是你乘胜追击的好时机。

5. 公关口才

所谓公关口才，是指能够体现公关精神、遵循公关原则、取得良好公关效果的口语表达能力。谈判人员要善于借鉴学习，训练良好公共口才，服务于谈判的既定目标与任务。

6. 交际能力

社会交往能力是指妥善处理组织内外关系的能力，包括与周围环境建立广泛联系和对外界信息的吸收、转化能力，以及正确处理上下左右关系的能力，建立良好的人际关系是谈判制胜的一大要素。

7. 审慎性和守口如瓶

审慎性和守口如瓶共同强调了谈判的谨慎性。即谈判人员不要随便透露谈判底线，要等到谈判的最后一分钟再下结论做承诺，否则就很难反悔。

8. 知识

优秀的谈判人员除了必须具备广博的知识面，还必须具备较深的专业知识。专业知识是谈判人员在谈判活动中必须具备的知识，系统而精深的专业知识功底才能保证谈判的成功。

9. 记忆力

谈判人员要对合约中的记录清楚记忆，即使是对过去的谈判过程和结果，尤其是一些数字，也能做到记忆犹新。

10. 耐心

谈判过程总是纠缠不清，起起伏伏，因而谈判人员必须要有很好的耐心。

11. 策略

策略是谈判制胜的关键因素之一，谈判人员会在不同的情况下使用不同的策略，更能巧妙运用组合策略。

（二）培养的重点

1. 政治觉悟

大学生必须政治觉悟高，爱国爱党，在涉外谈判时必须有政治底线，自觉抵制各种诱惑，维护国家利益和集体利益。引导大学生关注社会热点，关注国际国内形势，结合课程内容，运用商务谈判思想政治教学案例，将课本内容所蕴含的爱国精神、集体主义精神传递给学生，培养学生高度的爱国意识和合作意识。

2. 语言表达能力

一个优秀的谈判人员，应像语言大师那样精通语言，通过语言的感染力强化谈判的艺术效果。无论是口头语言或书面语言，都要准确无误地表达自己的思想、观点，使对方能正确领悟你的意思。其次，要讲究语言的艺术性，谈判中的语言应当正确、严密，而且应生动形象、富有感染力。

3. 文化素质

系统而精深的专业知识，多元文化观和跨文化意识，可以培养“和而不同”的文化包容能力。

4. 双向沟通技巧

重点要了解对方的需求，在此基础上实现与对方的良好沟通，然后在沟通的平台上设法说服对方。

5. 思辨能力

说服辩论，做到思路清晰、条理分明、逻辑性强。

6. 谈判策略

要能根据不同的谈判内容和谈判对手使用不同的谈判策略，并与说服辩论良好结合。

(三)培养方式

谈判人员的培训方式主要有三种：一是选派到高等院校进行正规、系统的商务谈判专业的培养；二是在高等院校或企业举办短期性商务谈判培训班、研修班，进行对口专业培训；三是在职培训，在谈判的实践中加以培训。大多数的培训是以在职方式进行的，这是因为在职培训方式简单易行，成本通常较低。常见的培训主要有：

1. 预备实习

“师傅带徒弟”，是指企业通过传帮带的方法，指定一些具有丰富谈判经验的资深人员带领谈判新手参加商务谈判，指导谈判新手开展工作，学习临场处理问题的方法和技巧。具体讲，“师傅”给“徒弟”确定培养目标，规定研习课程，在跟随谈判中，确定重点观察、观摩的学习项目，定期进行总结考评。有时则可以采用模拟谈判方式，师徒分别扮演特定谈判角色，并把模拟谈判的实景摄录下来，事后进行分析评判、总结经验。

2. 自我培养

自我培养是指谈判人员利用工作或业余时间自学，进行锻炼与学习，包括寻找导师、向同事请教、向书本学习、自我总结等。知识的学习，能力的培养是无止境的。商务谈判人员通过正规的、系统的学校学习和专门化的专业培训，毕竟是短暂的，因而，自我培养成了增长知识、提高工作能力必不可少的重要条件。

第二节 商务谈判模拟演练

模拟谈判，也就是正式谈判前的“彩排”。它是商务谈判准备工作中的最后一项内容。它是从己方人员中选出某些人扮演谈判对手的角色，提出各种假设和臆测，从对手的谈判立场、观点、风格等出发，和己方主谈人员进行谈判的想象练习和实际表演。

一、商务谈判模拟演练的必要性

商务谈判模拟演练的必要性表现在以下几个方面：

(一)提高应对困难的能力

模拟谈判可以使谈判者获得实际性的经验，提高应对各种困难的能力。很多成功谈判的实例和心理学研究成果都表明，正确的想象练习不仅能够提高谈判者的独立分析能力，而且在心理准备、心理承受、临场发挥等方面都是很有益处的。在模拟谈判中，谈判者可以一次又一次地扮演自己，甚至扮演对手，从而熟悉实际谈判中的各个环节。这对初次参加谈判的人来说尤为重要。

(二)检验谈判方案是否周密可行

谈判方案是在谈判小组负责人的主持下，由谈判小组成员具体制定的。它是对未来将要发生的正式谈判的预计，这本身就不可能完全反映出正式谈判中出现的一些意外事情。同时，谈判人员受到知识、经验、思维方式、考虑问题的立场、角度等因素的局限，谈判方案的制定就难免会有不足之处和漏洞。事实上，谈判方案是否完善，只有在正式谈判中方能得到真正检验，但这毕竟是一种事后检验，往往发现问题为时已晚。模拟谈判是对实际正式谈判的模拟，与正式谈判比较接近。因此，能够较为全面严格地检验谈判方案是否切实可行，检查谈判方案存在的问题和不足，及时修正和调整谈判方案。

(三)训练和提高谈判能力

模拟谈判的对手是自己的人员，对自己的情况十分了解，这时站在对手的立场上提问题，有利于发现谈判方案中的错误，并且能预测对方可能从哪些方面提出问题，以便事先拟定出相应的对策。对于谈判人员来说，能有机会站在对方的立场上进行换位思索，是大有好处的。正如美国著名企业家维克多金姆说的那样："任何成功的谈判，从一开始就必须站在对方的立场来看问题。"这样角色扮演的技术不但能使谈判人员了解对方，也能使谈判人员了解自己，因为它给谈判人员提供了客观分析自我的机会，注意到一些容易忽视的失误。例如在与外国人谈判时使用过多的本国俚语、缺乏涵养的面部表情、争辩的观点含糊不清等。

二、商务谈判模拟演练的内容

商务谈判模拟演练的内容就是实际谈判中的内容。但为了更多地发现问题，模拟谈判的内容往往更具有针对性。模拟谈判的内容的选择与确定，针对不同类型的谈判有所不同。如果这项谈判对企业很重要，谈判人员面对的又是一些新的问题，以前从未接触过对方谈判人员的风格特点，并且时间又允许，那么，模拟谈判的内容应尽量全面一些。相反，模拟谈判的内容也可少一些。

三、商务谈判模拟演练的拟定假设

要使模拟谈判做到真正有效，还有赖于拟定正确的假设条件。拟定假设是指根据某些既定的事实或常识，将某些事物承认为事实，不管这些事物现在（及将来）是否发生，但仍视其为事实进行推理。依照假设的内容，可以把假设条件分为三类，即对客观世界的假设、对谈判对手的假设和对己方的假设。

在谈判中，常常由于双方误解事实真相而浪费大量的时间，也许曲解事实的原因就在于一方或双方假设的错误。因此，谈判者必须牢记，自己所做的假设只是一种推测，如果把假设奉为必然去谈判，将是非常危险的。

拟定假设的关键在于提高假设的精确度，使之更接近事实。为此，在拟定假设条件时要注意：

（1）让具有丰富谈判经验的人做假设，这些人身经百战，提出假设的可靠度高。

（2）必须按照正确的逻辑思维进行推理，遵守思维的一般规律。

（3）必须以事实为基准，所拟定的事实越多、越全面，假设的准确度就越高。

（4）要正确区分事实与经验、事实与主观臆断，只有事实才是靠得住的。

四、商务谈判模拟演练的方式

商务谈判模拟演练的方式主要有以下两种：

（一）组成代表对手的谈判小组

如果时间允许，可以将自己的谈判人员分成两组，一组作为己方的谈判代表，一组作为对方的谈判代表；也可以从企业内部的有关部门抽出一些职员，组成另一谈判小组。但是，无论用哪种办法，两个小组都应不断地互换角色。这是正规的模拟谈判，此方式可以全面检查谈判计划，并使谈判人员对每个环节和问题都有一个事先的了解。

（二）让一位谈判成员扮演对手

如果时间、费用和人员等因素不允许安排一次较正式的模拟谈判，那么小组负责人也应坚持让一位人员来扮演对方，对企业的交易条件进行磋商、盘问。这样做也有可能使谈判小组负责人意识到是否需要修改某些条件或者增加一部分论据等，而且也会使企业人员提前认识到谈判中可能出现的问题。

五、商务谈判模拟演练的总结

商务谈判模拟演练的目的在于总结经验，发现问题，提出对策，完善谈判方案。所以，模拟谈判的总结是必不可少的。模拟谈判的总结应包括以下内容：

（1）对方的观点、风格、精神。

（2）对方的反对意见及解决办法。

(3)自己的有利条件及运用状况。

(4)自己的不足及改进措施。

(5)谈判所需情报资料是否完善。

(6)双方各自的妥协条件及可共同接受的条件。

(7)谈判破裂与否的界限,等等。

可见,谈判总结涉及各方面的内容,只有通过总结,才能积累经验,吸取教训,完善谈判的准备工作。

第三节　商品推销实训

在商品经济社会中,消费者是理性的购买者,从产生需要、打算购买到最后决定购买及购后感受的整个过程中,夹杂着一系列复杂的心理活动过程。在这些内在心理活动过程中,消费者很容易受外界偶然因素的刺激、诱导,从而对某一商品产生浓厚的兴趣,引发购买冲动。这就需要推销人员根据消费者的购买心理,采取适当的措施或手段激发消费者购买兴趣,以促进商务活动的开展,达成交易。

一、激发客户购买欲望

所谓购买欲望,简单地说,就是客户准备购买某种产品的想法。激发客户的购买欲望是面谈阶段的重要任务。只有使客户产生购买的想法,推销人员才有可能与客户就成交条件展开协商,并最终使客户采取购买行动。

(一)建立与检验客户对推销的信任

从推销一开始,现代营销学就强调建立客户对推销人员及所推销产品的信任。此时,应在建立信任与引起兴趣的基础上,检验客户对推销态度转变过程,检验客户对推销的信任是否达到了有购买欲望的程度。态度的转变是连续的、一贯性的,而信任程度是可以检验的。

在示范并吸引客户对推销有兴趣后,应及时检验客户对所推销产品的认识程度。如询问客户是否有不明白、不理解的地方,是否有需要进一步说明的地方等。如有的话,推销人员应立即进行再示范、再说明,直至客户表示明白并形成整体良好印象为止。

针对客户的担忧与疑虑进行反复解释。应通过聆听及询问,了解客户在听了介绍及看了示范后,对推销还有什么疑虑,尤其是了解客户在主要购买动机方面的疑虑是什么,再进行重点介绍与示范。如发现客户对推销人员的不信任与疑虑,则更要有针对性地证实推销的诚意与真实。

(二)强化情感

有时,客户在对产品产生兴趣后仍然不买,或者提出一些不能成立的理由。这说明客户缺乏欲望,不是因为对产品无兴趣或不了解,而是情感上仍不能全部接近。一个不想被说服的人是永远也不能被说服的。如果客户情感上有对立情绪，那么推销人员无论怎么介绍产品也不可能激起客户的购买欲望。所以推销人员在检验出客户的情感上仍有消极心态时，不应急于介绍产品。而应再一次对客户的问题、困难、处境等表示同情与理解。这时需要重新建立客户信任，重新让客户理解推销人员愿意为客户服务的愿望。建立信任、沟通情感的方法第一是诚恳，第二还是诚恳。

（三）多方诱导客户的购买欲望

人们在考虑是否购买及支付货币时，总是多方权衡利弊得失。只有当客户意识到拥有产品的众多利益时，客户才可以有强烈的购买欲望。因此，推销人员应多方面举例，详述获得产品的好处。即在推销的第四个阶段，站在客户的立场上，介绍与研究拥有产品的利益与收获，诱导客户去想象购买产品后的种种好处和不买的种种遗憾，达到激发客户的购买欲望。

（四）不要讲"过去"

推销人员在诱导客户购买欲望时不要涉及客户以前的事。也许客户过去并没有因为缺少所推销的产品而感到不舒服，他可能觉得以前没有买这个产品也过得挺好。当然，也许有的客户觉得过去过得并不好，但这并不能促使他购买产品，反而令客户情绪不好而拒绝购买。所以除非购买者表示以前曾购买过这种产品并感觉良好外，一般情况下是不能谈"过去"的。

（五）不要与客户谈论"现在"

因为"现在"也不会令客户产生购买欲望。现在是推销人员动员客户购买，客户却犹豫不定。如果现在客户购买的话，他就必须付出货币，这对客户来说是"付出损失"，客户可能觉得难以下决心。"现在"客户的心理压力已经很大，如果推销人员再与客户谈论"现在"，会令客户心理压力更大。当客户不能承受时，唯一的也是最好的办法就是回避，是立即表示"不买"。现代营销学调查的结果是，在心理压力加大的情况下，大多数客户会起而反抗，拒绝推销与购买。也有少数客户采取匆忙决策的办法实行立即购买。但这部分客户在购买后大多数表示后悔，甚至产生上当受骗与被迫购买的感觉，因而给再推销带来不良影响。因此，推销人员在引起客户对产品的兴趣后，不要用"现在时"的语句说话。

（六）要大说与特说"将来"

因为，只有"将来"才对客户有吸引力，才会激起客户的购买欲望。即推销人员应大说特说在拥有产品的将来客户所拥有与获得的种种好处，诱导客户从产品的优点去想象产品的使用价值，从产品的使用价值去想象拥有的喜悦与愉快，要使客户相信拥有这样的产品才是最明智的选择，家人将夸你会买东西，买得好，有眼力。总之，美好的"将来"是激起客户购买欲望的主要诱因。

（七）充分说理

诱导是从情感上激发客户的购买欲望，而充分说理是用理智去唤起客户的购买欲望。充分说理就是摆事实、讲道理，提供充分的证据，敦促顾客实现购买。在洽谈中，推销人员应将准备好的证据提供给客户过目。这些证据包括：有关购买者与使用者的验证、鉴定文件、心得体会、来信来函等；各种统计资料、图表、订货单据等；各种大众传播媒介的宣传、报道与评论；等等。推销人员在提供证据的同时，应详加解释，说明证据的重要性、权威性。

（八）尽说利益

通过与客户的明摆与细算，把客户可能得到的利益一一摆出来，仔细算出来，并一一记录在案，使客户对购买产品后可能得到的利益具体化、现实化。尽说利益的过程中，应仔细观察客户，了解哪些利益更能令客户动心，这是说明客户的主要购买动机与需要之所在，则应进一步具体化，使客户对购买后的利益有更深的了解和认识。

（九）提供例证

就是向客户提供真实的购买者例子而令客户最后下决心购买。在提供例证时应注意：例证要真实，要具体详尽。一个具体、详尽的例证胜过一堆笼统的说教。介绍例证时注意表情与动作，要有声有色，有人有物，如能用悬念等手法制造气氛则更好。

二、处理顾客异议

在面谈过程中，顾客往往会提出各种各样的购买异议，这是推销活动中的一种正常现象。正确对待和妥善处理顾客所提出的有关异议，是现代推销人员必须具备的基本功。

所谓顾客异议，是指顾客针对推销人员及其推销提示或演示而提出的不同意见或相反看法。它是顾客对推销人员或其推销品、推销活动所做出的一种反应。这种反应在形式上表现为怀疑、否定或反对意见。处理顾客异议是推销人员对顾客的购买异议的反应。产生顾客异议的根源主要来自顾客和企业方面。顾客方面主要是由顾客心理产生的推销障碍，如顾客的偏见、习惯、经验、文化教育水平等。企业方面可能是推销品的质量、特性、功能、价格、服务措施、推销人员的某些行为、礼仪以及促销策略的运用等方面存在的问题。从而导致产生异议。只有成功地处理各类顾客异议，才能有效地促成交易。因此，处理顾客异议时，推销人员必须讲究一定的策略、坚持一定的原则。推销人员对顾客提出的异议应该持欢迎态度，而不应害怕或厌恶，应该认真分析顾客异议，充分利用顾客的反馈信息；应该选择适当时机来处理顾客异议，尽量回避各种无效的顾客异议，既要尊重顾客异议，也不能夸大顾客异议，尽量避免与顾客发生冲突。

（一）认真听取顾客异议

推销员对顾客的异议应从内心深处给予欢迎，并在行动中表现出来。其次，应认真听取顾客异议，让顾客把话说完，不要中断插话，也不要漫不经心，要让顾客感受到足够的重视。最后，推销员要带浓厚的兴趣去听顾客异议，在语言和行为表情上给以适时的反应，鼓励顾客把心中的疑问尽数地讲出来。

(二)回答顾客问题之前,应有短暂的停顿

不要急于回答顾客的问题,要让顾客觉得推销员的回答是经过思考后才做出的,是负责任的,而不是随意说出敷衍顾客的。另外,这个停顿也会让顾客更加注意地听取推销员的意见。

(三)要对顾客表示理解

推销员要明白,至少从顾客的角度,他的异议是合情合理的。推销员要向顾客表示理解他的心情,明白他的观点,了解他们考虑问题的立场和方法。当然,这并不意味着推销员完全赞同顾客的观点。在推销解决异议阶段,推销员与顾客之间肯定会有矛盾和分歧的,那么,为了减少对立,推销员首先要赢得顾客情感上的认同。

(四)复述顾客提出的问题

重述问话即重复顾客的语言和观点是语言交流的一种技巧,它至少有四个方面的好处:

(1)表明推销员认真听取了顾客的问题;

(2)检验推销员是否正确理解了顾客的观点;

(3)可以使顾客对推销员口中说出的自己的观点进行思考,对推销员而言,又避免了对较棘手的问题马上表示肯定或否定;

(4)鼓励顾客以合乎逻辑的方式继续表明观点。

(五)回答顾客提出的问题

一般来说,对顾客提出的问题,推销员都要回答清楚。从推销心理学上讲,顾客希望推销员认真听取自己的异议,尊重自己的意见,并且希望推销人员能及时做出令人满意的答复。因此,在大多数情况下,一旦顾客提出异议,推销人员就应该按以上步骤及时处理。但是,在某些特殊情况下,推销人员可以回避或推迟处理顾客异议时。比如,在面谈开始阶段顾客提出的价格异议时,推销人员就可以暂时不加以处理。对于顾客提出的虚假异议或明显的借口,推销人员也可以不予理会。当然,这些不理会或不解决不要影响面谈和成交,不要造成不良后果。因此,在实际处理顾客异议时推销人员也应选择最有利于处理异议的时机,才能取得处理异议的最佳效果。

三、促成交易

达成交易是整个推销过程中最关键的阶段,它决定着从寻找顾客到处理异议的一系列活动最终是否取得预期的成果。在成交阶段,推销员的核心任务就是促使顾客采取购买行动。

(一)成交的主要障碍

在顾客存在需求而且有足够的购买力和购买决策权的前提下,有时推销仍然无法说服顾客采取购买行动,其主要障碍来自顾客和推销员两个方面。

在顾客的潜意识里，任何购买都有一定程度的风险，因为无法确定购买行动的后果如何。在成交阶段，修正、推迟或避免正在做出的购买决策，是顾客降低或回避购买风险心理的一种自发的反应。为了不使推销努力付诸东流，要求推销员有极大的耐心，谙熟顾客的心理和促进成交的技巧。

推销人员不正确的心理态度主要表现在两个方面：一是对成交困难估计过高，害怕成交，不敢主动采取促进成交的行动；二是急于成交，过早要求顾客采取购买行动，造成顾客的心理压力和对推销的不信任态度。

成交过程是推销过程中最具挑战性的环节，需要推销员掌握特定的策略和技巧，只有经过大量的实践，推销员才能熟练运用这些策略和技巧。另外，如果洽谈时间过短，洽谈过程过于匆忙，推销员就难免遗漏推销要点，顾客也不可能真正了解产品及购买产品的好处，也就很难采取购买行动。因此，与其匆忙上阵，不如推迟面谈，另择时间。

(二)捕捉成交信号

从某种意义上来说，没有成交的服务对于一个销售人员来说都是一种没有成果的劳动。只有使客户达成购买意愿并最终促使其决定交易才是销售人员的本职工作。准确的判断客户已经产生购买的愿望是很关键的，一般成交信号表现为以下几个方面：

1. 谈判对手由对一般问题的探讨延伸到对细节问题的探讨

例如，当你向他推销某种商品时，他忽然问："你们的交货期是多长时间？"这是一种有意表现出来的成交信号，你要抓住时机明确地要求他购买。

2. 以建议的形式表示他的遗憾

当客户仔细打量、反复查看商品后，像是自言自语地说："要是再加上一个支架就好了。"这说明他对商品很中意，但却发现有不理想之处，只是枝节问题或小毛病，无碍大局。你最好马上承诺做些改进，同时要求与他成交。

3. 捕捉成交信号

当对方对你介绍的商品的使用功能随声附和，甚至接过话头讲得比你还要具体时，这也可能是成交的信号。你要鼓励他试用一下，以证明他的"伟大设想"。比如，当你介绍某一家用切削器的功能时，对方说："我以前也曾用过类似的，但功能都没有这么多，你这东西能打豆浆吗？要是那样，每天都可以喝新鲜豆浆，还可以节省 15 分钟的购买时间，不是吗？"下一步，就是你怎样接过他的话头。

4. 抓住一切显示成交的机会

特别是对方讲话时所发出的信号，也许他是无意识的，这样对你更有利。例如，有一家公司和对方谈生意，当双方在砍价时，一方报出 48 元，对方马上叫起来："你怎么能指望我们在 45 元以上买你们的商品呢？"这一句话输出了两个信息：一是他们的心理价位是 45 元；二是他们已准备成交了。再如，一家油漆公司与他的经销代理商谈判经销价格问题。油漆公司认为经销商要价太高，派财务经理与代理商谈判。对方在与他沟通时，却同时问他，这项计划什么时间开始执行？这立刻暴露出经销商准备与油漆公司成交了，在这种情况下再指望他降价已是不可能了。另外,当谈判小组成员由开始的紧张转向松弛,相互间会意地点头、用眼睛示意时,也是你要求成交的好时机,可以将话题向这方面引,即使是不能马上成交,也会加速成交进程。

对于销售人员来说,具备有效促成交易的基本功底自然十分重要。然而,如果还能掌握有效促成交易的一些策略与技巧,则无异于如虎添翼,对于提高销售业绩可以起到更为明显的促进效果。常见的促成交易的策略与技巧有数十种,比如以退为进策略、循序渐进策略、循循善诱策略、实证借鉴策略、对比平衡策略、综合提炼策略、稀缺性策略、投石问路策略、一诺千金策略、特殊服务策略等。以综合提炼策略为例,在促成交易阶段,使用综合提炼策略,就是将销售人员以前拜访潜在客户时双方已经达成的共识一一加以复述,从而促成潜在客户尽早做出购买决策的一种手段。采用这种策略,可以从正向和反向进行归纳,利用逻辑性的特点,便于潜在客户进行回忆与联想。不过,采用这种策略需要注重首要性、重复性与深刻性。所谓首要性,就是开始就要开宗明义地提出重要内容与关键要点;重复性,就是将可能合作的重要内容,从不同角度多次提出并与潜在客户不断探讨;深刻性,则是用不同的措辞描述关键要点与重要内容,用相关案例与潜在客户交谈,以使潜在客户留下深刻的印象。

当然,因销售人员性格、个性、教育背景以及公司等不同而受到不同程度的喜爱。销售人员在具体的使用中,若能结合自身个性及公司的实际情况融会贯通,灵活应用,则必将产生较好的收益。事实上,除了上述的策略之外,有效促成交易的策略还有不少,比如赞美、总结利益、分享合作远景等。对销售人员来说,熟知这些策略,并能根据自身情况及潜在客户的不同类型而灵活应用才是最为重要的。

案例分析

只要你踏上日本国土,就能感受到日本商人的亲切。不管你经过长途旅行后多么筋疲力尽,总会有一位眼睛有神、穿着整齐的年轻人,露出一副温和慈祥的笑脸,走来迎接你,并且立刻告诉你,他已经替你安排了一个美妙的夜晚。你不愿意伤害他高昂的情绪,只好和他一块去了。在晚宴上,你吃得太好,喝得太多,直到很晚才回到旅馆,他还会向你说声“晚安”。可是,第二天一早,谈判者就来敲门了。坐在桌子旁边的是另外一位眼睛有神、穿着整齐、口齿伶俐的年轻人,准备开始和你一项一项地讨价还价。

这就是日本商务谈判人员,他们会以亲切的态度来赢得你的赞赏。这个例子从一个侧面告诉我们,商务谈判工作的有效开展,需要有素养的商务谈判人员,为此,必须从谈判人员的培养开始,制定一套切实可行的商务谈判训练方略。

本章小结

在商务谈判的过程中,参加谈判人员的素质对商务谈判的结果起着决定性的作用。商务谈判人员的素质包括谈判人员知识、心理、谈判技能、礼仪和身体素质等多方面知识和能力的集合。良好的素质是从事一切商务活动工作人员的基本要求，因此，企业不仅要培养谈判人员的认识能力、计划能力、语言表达能力、应变能力，还要使他们具备广博的知识面、有较深的专业知识和政治素质。这样，在谈判中，谈判人员才能驾驭各种复杂局面，最终取得谈判的成功。

在商品经济中，消费者是理性的购买者，从产生需求、打算购买到最后决定购买及买后感受的整个过程中，夹杂着一系列复杂的心理活动过程。在这些内在心理活动过程中，消费者很容易受到外界因素的刺激、诱导，从而对某一产品产生浓厚的兴趣，引发购买冲动，也可能会引起顾客的各种异议，这就需要推销人员根据消费者的购买心理，采取适当的措施或手段激发消费者的购买兴趣，正确对待和妥善处理顾客所提出的有关异议，以促进商务活动的开展，取得谈判的成功。

思考与练习题

1. 从事商务谈判的人员应具备哪些基本素质？
2. 怎样开展模拟谈判？
3. 怎样激发客户购买欲望？

第十章

世界各地的谈判风格

学习目的与要求

现代商务谈判往往是国际性的。不同国家、不同民族、不同地域的人，其价值观、消费习俗、生活方式、文化背景等差异极大，因而形成了各具特点的谈判风格。本章介绍了商务谈判风格的特点与作用，并联系各国的历史和民族文化，分析了世界主要国家和地区商人的谈判风格，从而帮助学生在商务谈判中做到知己知彼，采取灵活的谈判方式，以取得预期的谈判效果。通过本章学习，要求学生了解和掌握世界主要国家商人的谈判风格，以利于国际间商务活动的顺利开展。

引例

美国的电子机械制造商A公司，向中国的中小企业B公司提议双方共同研究半导体。虽然B公司规模不大，仅有两百名员工，但它在这项专业领域中却开发出了世界上最先进的技术。A公司急于得到这项技术，便以典型的美式强硬谈判法向B公司提出技术合作的要求。双方谈判了将近十个月，B公司董事长仍犹豫不决，A公司就在此时犯下了致命性错误。A公司的副总裁对于谈判迟迟未获进展感到焦躁不满，"事实上，本公司拥有足够买下B公司的雄厚财力"，在会议上说出这句带威胁性质的话，实在不够高明。B公司董事长便不再迟疑，"很遗憾，我决定不与贵公司技术合作"。B公司董事长认为美国人做事鲁莽蛮横，没有一点风度，实在不能作为长期技术合作的伙伴。其实B公司董事长若是能够对美国式谈判法多了解一点，或许会产生不同的想法。但不能否认，A公司的做法的确容易让B公司董事长感到不舒服，心中留下芥蒂。这正是美式强硬谈判法的严重不足，也反映了美国人的性格特点。

通过上述案例可以看出，国际商务谈判要面对的谈判对象来自不同国家或地区。由于世界各国的政治经济制度不同，各民族间有着迥然不同的历史、文化传统，各国客商的文化背景和价值观念也存在着明显的差异。因此，他们在商务谈判中的风格也各不相同。在国际商务谈判中，如果不了解这些不同的谈判风格，就可能闹出笑话，产生误解，既失礼于人，又可能因此而失去许多谈判成功的契机。如欲在商务谈判中不辱使命，稳操胜券，就必须熟悉世界各国商人不同的谈判风格，采取灵活的谈判方式。

第一节　商务谈判风格的特点与作用

一、谈判风格的概念

“谈判风格”是一个几乎人人都使用的词。但是，对这个词至今还没有比较确切的定义。之所以对谈判风格比较难下定义，是因为对“风格”的理解存在差异和相对的困难。

我们认为，谈判风格是指谈判人员在谈判过程中通过言行举止表现出来的，建立在其文化积淀基础上的，与对方谈判人员明显不同的关于谈判的思想、策略和行为方式等的特点。这一概念包括如下几层含义：首先，谈判风格是在谈判场合与过程中表现出来的关于谈判的言行举止；其次，谈判风格是对谈判人员文化积淀的折射和反映；再次，谈判风格有其自身的特点，与不同国家或地区的风格存在显著的差异；最后，谈判风格历经反复实践和总结，被某一国家或民族的商人所认同。

谈判风格所包含的内容太多、太广，所以，很难用简短的语言来概括它。但这丝毫不影响人们对谈判风格的运用。

二、谈判风格的特点

概括地说，谈判风格具有对内的共同性、对外的独特性、成因的一致性等特点。

1. 对内的共同性

同一个民族的谈判人员或者有着相同文化背景的谈判人员，在商务谈判中会体现出大体相同的谈判风格。这就是谈判风格的共同性特点。

2. 对外的独特性

谈判风格的独特性是指特定群体及其个人在判断中体现出来的独特气质和风格。从社会学观点看，任何集团的人的集合都是一种群体。各群体有自己的主文化和亚文化，会体现出群体与群体之间的差异。在同一个群体内，个体与个体之间也存在着差异。谈判风格的独特性决定了它的表现形式的多样化。所以，不同国家、民族，或同一个国家、同一个民族，由于文化背景、生活方式、风俗习惯等的影响，会表现出不同的特点和风格。

3. 成因的一致性

无论哪种谈判风格，其形成原因都大体一致，即它主要受文化背景、人的性格以及文化素养等的影响。

任何一个民族都深深植根于自己文化的深厚土壤中。无论他是否意识到、是否承认，他都会受到本民族风俗习惯、价值观念和思维方式等的潜移默化的影响，形成他们的世界观，并由此指导自己的行为处事方式，表现该民族在特定的文化背景下形成的共同气度和作风。如果忽视这一点，很难对其表现出来的谈判风格做出合理而深刻的理解，很难适应对方的谈判风格，当然也难以获得谈判的成功。

人的性格与文化背景有着源远流长的关系。根据社会心理学研究，在先天因素的基础上，人的性格与后天环境影响有着密切的关系，是社会化的结果。社会化的内容之一，就是社会文化的内化。我国北方人多以从事农业为主，多处于征战与政治漩涡的中心，形成了直爽、豪侠、慷慨的性格。南方人长期遨游商海，形成了机智灵活的特点。

一个国家和一个民族的价值观、文化传统以及思维方式造就出体现自己风格的优秀谈判人员，并不等于这个国家和民族所有的人都体现这种优秀的东西。同时，不同性格的人，同样都可以成为优秀的谈判人员。原因何在？是后天因素的影响。后天因素是指个体所受的教育程度，表现为知识、修养、能力的提高等。谈判人员的风格不仅与其性格、民族有一致性，更与其文化素养一致。为此，要形成和培养自己良好的谈判风格，还需要努力学习，从提高自己的文化素养入手。

三、学习谈判风格的作用

谈判风格对谈判有着不可忽视的作用，甚至关系到谈判的成败。学习和研究谈判风格，具有重要的意义和作用。

1. 营造良好的谈判气氛

良好的谈判气氛是保证谈判顺利进行的首要条件。如果我们对谈判对手的谈判风格十分熟悉的话，言行举止会十分得体，能比较快地赢得对方的好感，使他们从感情和态度上接纳你。在这样的氛围下开展谈判，深入探讨问题，自然会容易得多。谈判风格是一种看不见摸不着的东西，但它会在谈判中反复顽强地表现出来，并成为始终起重要作用的因素。我们可以通过了解对方的民族、宗教、习惯、习俗、文化背景、思维方式、价值取向等来掌握其谈判风格。

2. 为谈判策略提供依据

学习和研究谈判风格不仅仅是为了创造良好的谈判气氛，更重要的意义是为谈判谋略的运筹提供依据。如果我们不研究对方的谈判风格，不了解谈判风格的形成、表现形式及其作用，或缺乏这方面的知识，那就会在制订谈判谋略的时候束手无策，更谈不上主动地根据对方的谈判风格设谋用略。谈判风格所涉及的知识领域非常广阔，既有天文的、地理的、社会的、宗教的、民俗的、文化的，又有心理的、行为的、政治的、经济的等。这些知识本身就会为谈判设谋提供依据和帮助。

3. 有助于提高谈判水平

商务谈判往往是很理性化的行为，但理性往往受到非理性或感性东西的引导或驱使。谈判风格在认识上有可能是理性的，但其表现形式多为感性。我们研究和学习谈判风格的过程本身，就是一种学习和提高的过程。我们要汲取不同国家、不同民族和地区谈判风格中优秀的东西，拿来为我所用，汲取他们优秀的谈判经验与艺术，减少失误或避免损失，进而形成自己的谈判风格，或使自己的谈判风格更加完善、更完美。

四、考察商务谈判风格的方法

不同国家的商人在长期谈判实践中形成的谈判风格，零碎地表现在他们的日常言谈举止中。想要用比较少的文字来描述或总结这些风格显得非常困难。因此，需要我们先确立考察商务谈判的方法。

从哪些角度来考察不同国家、不同地区商人的谈判风格呢？主要有两种：一是从谈判者的性格特征来总结或描述。由于个人的性格特点千差万别，很难取舍。二是从地理分布及其不同国家的商人表现的大体特点来介绍。我们主要选取这个角度做介绍。为了便于比较，我们选取了一些特定的角度来观察一些比较重要的国家。这些角度包括：商人如何建立谈判关系；在谈判中，他们的决策程序怎样；时间观念有没有差别；沟通如何进行；对待合同或协议是什么态度等。

第二节　世界主要国家和地区商人的谈判风格

一、美洲商人的谈判风格

(一)美国商人的谈判风格

在国际贸易中，美国占有举足轻重的地位。相应地，美国人的谈判风格在世界上也具有相当大的影响力。我国商务人员与美国商人谈判的机会也较多，因此掌握美国商人的谈判方式对我国商务人员具有十分重要的意义。

美国是世界上经济、技术最发达的国家之一，英语是国际谈判的常用语言，世界贸易有50%以上用美元结算，这使得美国人对自己的国家深感自豪，对自己的民族具有强烈的自豪感和荣誉感。美国人的性格外向、随意，表现为直率、开朗、豪爽、热情、自信、果断、善于交际，不拘礼节，追求物质生活，富有强烈的冒险精神和竞争意识等特点，这就形成了美国商人独特的谈判风格。美国谈判者有着与生俱来的自信和优越感，他们总是十分有信心地步入谈判会场，不断发表自己的意见和权益要求，往往不太顾及对手而显得气势咄咄逼人，而且语言表达直率，喜欢开玩笑。这种心态常常会在谈判桌上形成一种优势，即无论其年龄或资历如何，似乎不把对手放在眼里(其实不一定)。他们坦率外露，善于直接地向对方表露出真挚、热忱的感情，这种情绪也容易感染别人，应充分利用，以创造良好的谈判气氛，并以相应的态度予以鼓励，创造成功机会。

1. 谈判关系的建立

在经商过程中，美国人通常比较直接，不太重视谈判前个人之间关系的建立。如果在业务关系建立之前竭力与美国对手建立私人关系，反而可能引起他们的猜疑。他们会认为或许您的产品质量、技术水平存在问题才拉拢他们，使他们在谈判过程中特别警惕和挑剔，结果是过分“热情”的谈判者备感委屈，甚至蒙受损失。他们喜欢公事公办，个人交往和商业交往是明确分开的。他们认为:良好的商业关系带来彼此的友谊,而非个人之间的关系带来良好的商业关系。不过,美国人强调个人主义和自由平等,生活态度积极、开放,愿意交朋友而且容易结交,努力维护与老客户的长期关系,以求稳定的市场占有率。

2. 决策程序

受美国文化的深层影响,美国人对角色的等级和协调的要求比较低,往往尊重个人的作用和个人在实际工作中的表现。在企业的决策上,常常是以个人或少数人为特点,自上而下地进行,在决策中强调个人责任。他们的自我表现欲望很强,乐意扮演"牛仔硬汉"或"英雄"的形象,在谈判中表现出大权在握的自信模样。在美国人的谈判队伍中,代表团的人数一般不会超过七人,很少见到大规模的代表团。即使是有小组成员在场,谈判的关键决策者通常也只有一二人,遇到问题,他们往往有权做出决定,"先斩后奏"之事时常发生。但他们在谈判前往往非常认真、充分、详细而规范地做资料准备,以便在谈判过程中能干脆、灵活地决策。

3. 时间观念

美国人的时间观念很强。办事要预约,并且准时。约会迟到的人会感到内疚、羞耻。一旦不能如期赴约,一定要致电通知对方,并为此道歉,否则将被视为无诚意和不可信赖。美国谈判者总是努力节约时间,不喜欢繁文缛节,希望省去礼节、闲聊,直接切入正题。他们喜欢谈判紧凑,强调尽可能有效率地进行,迅速决策不拖沓。在美国人的价值观念中,时间是线性的而且是有限的,必须珍惜和有效地利用。对整个谈判过程,他们总有个进度安排,精打细算地规划谈判时间的利用,希望每一阶段逐项进行,并完成阶段性的谈判任务。他们一件事一件事、一个问题接一个问题地讨论,直至最后完成整个协定的逐项议价方式被称为"美式谈判"。他们重视时间成本和谈判效率,常用最后期限策略来增加对方的压力,迫使对手让步。

4. 沟通方式

根据文化人类学家霍尔对文化的分类,美国文化属于低内涵文化。在低内涵文化模式中,沟通比较容易和直接。美国商人坦诚直率、真挚热情、健谈,不断发表自己的意见和看法。他们注重实际,对"是"与"非"有明确理性的定义。当他们无法接受对方提出的条件时,就明白地告诉对方自己不能接受,而且从不含糊其词,使对方心存希望。无论介绍还是提出建议,美国谈判者都乐于简明扼要,尽量提供准确数据。对于任何非直接、模棱两可的回答会被美国谈判者视为缺乏能力与自信,不真诚甚至虚伪的表现。美国人推崇人人平等,交往中不强调等级差别。对谈判,他们认为是双方公平自由的协商,应该有"双赢"的结果,所以希望彼此尽量坦诚陈述观点和意见。有理的争论都会受到欢迎。美国人十分欣赏能积极反应,立足事实,大方地讨价还价,为取得经济利益而精于施展策略的人。每当这时他们有种"棋逢对手"的兴奋;相反,过分谦虚,立场不鲜明,只会把事情弄糟。

5. 对合同的态度

美国人重视契约。由于美国人口的高度流动性,使他们彼此之间无法建立稳固的持久关系,因而只能将不以人际关系为转移的契约作为保障生存和利益的有效手段。他们认为,双方谈判的结果一定要达成书面的法律文件,借之明确彼此的权利和义务,将达成书面协议视为谈判成功的关键一步。美国人总是认真仔细地订立合同,力求完美。合同的条款从产品特色、运送环节、质量标准、支付计划、责任划分到违约处罚、法律适用等无一不细致精确，以至显得冗长而烦琐。但他们认为正是包含了各方面的标准，合同才具有约束力，带来了安全感。合同一旦签订，他们会认真履约，不会轻易变更或放弃。

(二)加拿大商人的谈判风格

加拿大居民大多数是英国和法国移民的后裔。在加拿大从事对外贸易的商人也主要是英语语系人和法语语系人。英语语系商人大多集中在多伦多和加拿大的西部地区；法语语系商人主要集中在魁北克。温哥华是华侨的主要聚居地，温哥华商人中，华人有一定势力，他们可以为我国与加拿大的商务合作起到桥梁作用。

1. 谈判关系的建立

加拿大是个移民国家，民族众多。各民族相互影响，文化彼此渗透。大多数人性格开朗，强调自由，注重实利，发挥个性，讲究生活舒适。受多元文化的影响，加拿大商人一般懂英、法两种语言。

2. 决策程序

正是因为加拿大居民大多是法国人和英国人的后裔。在谈判决策上，有非常深的法国人和英国人的风格(请参阅英国人和法国人谈判风格)。加拿大各省对自己的社会建设、经济活动、科技开发等有较大的独立决策权。

3. 时间观念

拜访加拿大政府官员和各类商人应注意取得秘书和助手的协助，事先约定，并准时前往。

4. 沟通方式

加拿大是冰雪运动大国，人们讨论的话题多与滑雪、滑冰、冰雕、冰球等有关。他们忌讳“13”这个数字，宴请活动不宜安排在这一日期。他们喜欢蓝色，应邀做客时，可带上一束较高价值的鲜花或蓝色包装的礼品。谈判时不喜欢在商品价格上讨价还价、变来变去，不愿做薄利多销的生意。

5. 对合同的态度

法语语系商人对签约比较马虎，往往主要条款谈妥后就要求签字。他们认为次要的条款可以在签字之后再谈；而英语语系商人谨慎、保守、重誉守信，他们在进行商务谈判时相当严谨，一般对所谈事物的每个细节都要充分了解后，才可能答应要求。

(三)拉美商人的谈判风格

拉丁美洲是指美国以南的地区，包括墨西哥及中美洲和南美洲，一共有 20 多个国家，曾受拉丁语系的西班牙和葡萄牙的殖民统治，所以称为拉丁美洲。拉美独立后的 200 多年发展进程中，大部分拉美国家长期依靠资源丰富的特点，走资源型发展道路。初级产品生产和出口在拉美地区长期占主导地位。长期来看，初级产品生产和出口模式主要依赖国际市场需求，其价格涨跌会直接反映在经济增长率上，初级产品贸易比价的上升和下降成为影响拉美经济增长的决定性因素，拉丁美洲的经济结构依附性和脆弱性较大。

1. 坚持平等、友好、互利的原则

与拉美人做生意，要表现出对他们风俗习惯、信仰的尊重和理解，努力争取他们对你的信任，要避免流露出与他们做生意是对他们的恩赐。同时，因为拉丁美洲是由众多的国家和地区构成，国际间的冲突较多，所以拉美人不愿涉及政治问题。

2. 不轻易让步

拉美人执着、不妥协的性格特点反映在谈判中就是不轻易做出让步。他们不喜欢妥协，对他们而言，妥协意味着放弃，意味着屈服，意味着牺牲个人的尊严和荣誉。执着、不妥协的特点体现在拉美人的商务谈判中，就是对自己意见的正确性坚信不疑，往往要求对方全盘接受，很少主动做出让步，即使对谈判对方提出的一些附加条件也不接受。他们不喜欢别人以某种方式将意见强加于他们，认为这是侵害了他们的自尊。如果他们对别人的某种请求感到不能接受，一般也很难让他们转变看法。不过，他们在表达自己的意见时，却习惯于遵循古老的拉美人的传统，即宁肯转弯抹角绕一个圈子，也不直截了当地阐明意见，因为在拉美人看来，直截了当地给予别人否定的回答是一种不礼貌的行为。

3. 不按协议的付款日期付款

拉美人商业意识较弱，不太重视合同，常常是签约后又要求修改，合同的履约率也不高。跟拉美人打交道的谈判者大多都会提到拉美人不讲信用，经常会发生纠缠不清与不讲信用的现象，对谈妥订明的付款日期不遵守，往往要多花些时间耐心催促才付款。正如一位银行家说的：他们是会付钱的，只是不把当初约好的付款日期当回事而已。

4. 不愿意面对女性谈判者

拉美对男子气概的崇尚使他们瞧不起妇女，也不愿意同女性进行谈判，认为这样做有损男子汉的体面。如果确实需要面对女性谈判者，他们往往表现得很勉强，给人满不在乎的感觉，甚至会给对方出些难题。当然这也有例外，那就是女性谈判者能用带有权威的、不容置疑的语调和大量事实向他们表明，自己同他们一样有经验、懂技术、胜任业务，甚至做得比他们更好，并且令人信服地向他们展示自己的能力。

5. 谈判节奏缓慢

拉美人工作时间普遍较短，便是谈判做生意，也不愿意因之而使一些娱乐活动受到妨碍。他们早上起得晚，中午一般有 2～3 小时的午睡，休假又很多。如秘鲁的劳动法规定，工作一年，就可以请一个月的带薪假期。因此，在商务谈判过程中，常常会碰到这样的情况：一笔生意正在洽谈中，拉美谈判者却突然休假，使得谈判活动戛然而止，即使你心急如焚，也得耐着性子等到谈判对方休完假归来，才能继续谈判下去。在谈判中，他们也常常会慢半拍：当你觉得谈判已到实质阶段了，他们会认为这仅仅是准备阶段。在洽谈中，常会听到他们说“明天再谈吧”或是“明天再办”。到了明天，却仍然是同样的话。拉美人这种处理事务节奏较慢、时间利用率低的情况往往会让性急的外国人无可奈何。但是，如果想用速战速决的办法和拉美人谈判只会令他们非常恼火，甚至会使他们更加停滞不前。因此，最好的办法还是放慢谈判节奏，始终保持理解和宽容的心境，并注意避免工作与娱乐发生冲突。

6. 感情因素很重要

拉美人的生活比较悠闲、恬淡，他们不很注重物质利益，而比较注重感情，这与崇尚实际利益的美国人大为不同。因此，想与拉美人做生意，最好先与他们交朋友，一旦你成为他们的知己后，他们会优先考虑你为做生意的对象。在与拉美人进行商务谈判中，以公事公办、冷酷无情的态度对待他们是绝对行不通的。相反，若彼此关系熟悉、私交不浅的话，你有事拜托他们，他们会毫不犹豫地为你优先办理，并充分考虑你的利益和要求，这样双方的洽谈会自然而然地顺利进行下去。

当然，拉美国家商人有相同点，也会有不同点，这里不一一介绍。

二、欧洲商人的谈判风格

（一）英国商人的谈判风格

英国是世界上资本主义发展最早的国家，它率先进入工业化，曾为世界头号经济大国，被称为世界工厂、日不落帝国、海上霸主、世界贸易垄断者、世界金融中心，其经济、政治、军事实力曾经显赫一时。自 19 世纪以来，美国、德国的经济水平相继赶超英国；第一次世界大战以后，英国殖民体系逐步动摇、瓦解，经济实力进一步削弱。近年来，英国经济增长率不高，经济实力增长不快。虽然如此，英国人的“曾经称霸过”世界的大国意识仍旧很强，总是一副悠然自得的样子，始终保留着岛国民族的冷静、持重，显得高傲、矜持，给人难以接近的印象。

1. 谈判关系的建立

英国人不轻易与对方建立个人关系。即使本国人，个人之间的交往也比较谨慎，很难一见如故。特别计较尊重“个人天地”，一般不在公共场合外露个人感情，也绝不随意打听别人的事，未经介绍不轻易与陌生人交往。不轻易相信别人或依靠别人。

英国人有很强的民族自豪感和排外心理，总带着一种强国之民悠然自得的样子。初与英国商人交往，开始总感觉有一段距离。让人感到他们高傲、保守。但慢慢地接近，建立起友谊之后，他们会十分珍惜，长期信任你。与美国人相似，英国人习惯于将商业活动和自己个人生活严格分开，有一套关于商业活动交往的行为礼仪的明确准则。个人关系往往以完成某项工作、达成某个谈判为前提，是滞后于商业关系的。

2. 决策程序

英国商人比较看重秩序、纪律和责任，组织中的权力自上而下流动，等级性很强，决策多来自上层。比较重视个人能力，不喜欢分权和集体负责。在对外商务交往中，英国人的等级观念使他们比较注重对方的身份、经历、业绩、背景，而不像美国人那样更看重对手在谈判中的表现。所以，在必要的情况下，派较有身份地位的人参加与英国人的谈判，会有一定的积极作用。

3. 时间观念

英国人对时间的看法非常严谨。崇尚准时和守时，有按日程或计划办事的习惯和传统。在商务活动中，讲究效率，谈判大多进行得较紧凑，不拖沓。

4. 沟通方式

英国人以绅士风度闻名世界，常常处变不惊，谈话轻描淡写。对他人和他物英国人所能给的赞赏是“像英国式的”。他们喜欢以他们的文化遗产、喂养的宠物等作为谈论的话题，尽量避免讨论政治、宗教、皇家是非等。初识英国人，最佳、最安全的话题当然是天气。

英国人谈判稳健，善于简明扼要地阐述立场、陈述观点，之后便是更多的沉默，表现出平静、自信而谨慎。在谈判中，与英国人讨价还价的余地不大。有时他们采取非此即彼的态度。在谈判关键时刻，他们往往表现得既固执又不肯花大力气争取，使对手颇为头痛。英国人认为，追求生活的秩序与舒适是最重要的，勤奋与努力是第二位的。所以，他们愿意做风险小、利润少的买卖。在谈判中如果遇到纠纷，英国商人会毫不留情地争辩。

5. 对合同的态度

英国人很重视合同的签订，喜欢仔细推敲合同的所有细节。一旦认为某个细节不妥，便拒绝签字，除非耐心说服，并提供有力的证明材料。英国商人一般比较守信用，履约率比较高。注意维护合同的严肃性。但国际上对英国商人比较一致的抱怨是他们有不大关心交货日期的习惯，出口产品经常不能按期交货。所以，在与英国人签订的协议中万万不可忘记写进延迟发货的惩罚条款加以约束。

（二）法国商人的谈判风格

在近代世界史上，法兰西民族在社会科学、文学、科学技术方面有着卓越成就。法国商人具有浓厚的国家意识和强烈的民族、文化自豪感。他们性格开朗、眼界豁达，对事物比较敏感，为人友善，处事时而固执、时而随和。法国人对本民族的灿烂文化和悠久历史感到无比骄傲，他们时常把祖国的光荣历史挂在嘴边。重视历史的习惯使法国谈判者也很注意商业与外交的历史关系和交易的历史状况，即过去的交易谈判情况。因此利用历史的观念可以排除一定的现实干扰，比如现实中可能出现的第三者的干扰。讲究历史就为谈判双方竖起一道历史的墙，使双方在历史交易的基础上只能前进，不能后退。

1. 谈判关系的建立

法国人乐观、开朗、热情、幽默，注重生活情趣，富有浓郁的人情味、爱国热情和浪漫情怀，非常重视相互信任的朋友关系，并以此影响生意。在商务交往上，法国人往往凭借着信赖和人际关系去进行，在未成为朋友之前，他们不会同你进行大宗交易，而且习惯于先用小生意试探，建立信誉和友谊之后，大生意便接踵而至。热情的法国人将家庭宴会作为最隆重的款待，但绝不能将家庭宴会上的交往视为交易谈判的延伸。一旦将谈判桌上的话题带到餐桌上来，法国人会极为不满。

2. 决策程序

法国公司家族企业多，讲究产品特色，不轻易做出超越自己财力范围的投资。一般情况下，法国公司的组织结构单纯，自上而下的层次不多，比较重视个人力量，很少集体决策。从事谈判也大多由个人承担责任，决策迅速。法国商人大多专业性强，熟悉产品，知识面广。即使是专业性很强的专业谈判，他们也能一个人独挡几面。

3. 时间观念

对别人要求严格，对自己比较随便是法国人时间观的一大特点。如果你迟到，不论出于何种原因都会受到冷遇，但他们自己却会很自然地找个借口了事。在法国社交场合，有个非正式的习惯，主宾越重要越晚到。法国人工作时认真投入，讲究效率，休闲时痛快玩耍。他们十分珍惜假期，十分舍得在度假中花钱。通常八月是法国人的假期。

4. 沟通方式

法国商人大多十分健谈，富有感情，话题广泛，而且口若悬河、出口成章。在谈判开始时，他们喜欢聊一些社会新闻及文化方面的话题，以创造一种轻松友好的气氛。否则，将被视为"枯燥无味的谈判者"。法国商人在边聊边谈中慢慢转入正题，在最后做出决定阶段，才一丝不苟地谈生意。法国人非常尊重自己的传统文化和语言，在商务谈判中多用法语。如果能讲几句法语，将有助于谈判形成良好的气氛。

在谈判方式的选择上，他们偏爱横向谈判，谈判的重点在于整个交易是否可行，不太重视细节部分。主要问题谈妥后，他们便急于签约。他们认为具体问题可以以后再商量或是日后发现问题时再修改。经常出现昨天签的协议明天就要修改的情况。

5. 对合同的态度

法国人比较注重信用，一旦签约，会比较好地执行协议。在合同条款中，他们非常重视交货期和质量条款。在合同的文字方面，法国人往往坚持使用法语，以示其爱国热情。为此，与法国商人签订协议不得不使用两种文字，并且要商定两种文字的合同具有同等的效力。

法国商人不喜欢为谈判制定严格的日程安排，但喜欢看到成果，所以在各个谈判阶段，都有"备忘录"、"协议书"之类的文件，为后面的正式签约奠定基础。

(三)德国商人的谈判风格

德国人的民族特点是倔强、自信。他们办事谨慎，富有计划性。他们敬业精神很强，工作重视效率、追求完美。德国能在短短几十年内在世界经济中再度崛起，是同他们这种自强不息的民族奋斗精神分不开的。概言之，德国人做事雷厉风行，有军旅作风。德国谈判者身上所具有的这种日耳曼民族的性格特征会在谈判桌上得到充分的展现。

1. 谈判关系的建立

德国人沉稳、自信、好强、勤奋、严谨，对发展个人关系和商业关系都很严肃，不大重视在建立商务往来之前先融洽个人关系。他们十分注重礼节、穿戴、称呼等。要想得到德国伙伴的尊重和信任，着装必须严肃得体。在交谈中，应避免提及个人隐私、政治以及第二次世界大战等。在与德国人最初的几次会面中，他们显得拘谨、含蓄甚至生硬。一旦彼此熟悉，建立商务关系且赢得他们的信任后，便能有希望长期保持。德国人不喜欢"一锤子"买卖，求稳心理强。

2. 决策程序

在商务谈判中，德国人强调个人才能。个人意见和个人行动对商业活动有重大影响。各公司或企业纪律严明，秩序性强。决策大多自上而下做出，不习惯分权或集体负责。

3. 时间观念

无论公事还是私事，德国人非常守时，在商业谈判和交往中忌讳迟到。对迟到者，德国人会毫不掩饰他们的不信任和厌恶。勤奋、敬业是德国企业主的美德。在欧洲，德国人的上班时间最长，8 点以前上班，有时要晚上 8 点才下班。

4. 沟通方式

尽管德国人比较保守，但他们办事雷厉风行，考虑事情周到细致，注重细枝末节，力争任何事都完美无缺。在谈判前，他们收集资料详细，准备十分周密。他们从不打没有准备的仗。充分的准备使他们在谈判一开始便占据主动，谈判思维极有系统性、逻辑性。他们谈判果断，极注重计划性和节奏紧凑，一开始就一本正经地进入正题。谈判中，德国人语气严肃，陈述和报价清楚明白；谈判建议具体、切实，以一种清晰、有序和有权威的方式加以表述。德国人谈判中常常固执己见，缺乏灵活性。

5. 对合同的态度

德国人有"契约之民"的雅称，非常重视和尊重契约。在签订合同之前，他们将每个细节都谈判到，明确双方的权利以及义务后才签字。这种 100% 的谈判作风，使得德国商人的履约率在欧洲最高。他们会一丝不苟地按照合同办事，诚实可信。同时，他们也严格要求对方，除非有特殊情况，绝不理会其贸易伙伴在交货和支付的方式及日期等方面提出的宽限请求或事后解释。他们重视商权。在德国的法律条文中有严格而明确的商权规定。比如，如果要取消代理契约，必须支付五年期间平均交易额的所得利润，否则不能取消代理契约等。

（四）意大利商人的谈判风格

意大利人不习惯提国名，而愿意提故乡的名字。意大利人文化素质高，既有德国人的精明能干，又有法国人的健谈。意大利的商业交往大部分都是公司之间的交往，在商业谈判时，往往是出面谈判的人决定一切，意大利商人个人在交往活动中比其他任何国家的商人都更有自主权。

1. 时间观念较弱

与法国人相似，意大利人常常不遵守时间，赴宴常迟到，而且习以为常，这是他们明显的缺点。有时候甚至不打招呼就不赴约，或单方面推迟会期。他们工作时有点松松垮垮、不讲效率。但是，他们在做生意时是绝对不会马虎的。

2. 情绪多变，喜好争论

意大利人性格外向，善于社交，但情绪多变。说话时手势较多，表情富于变化，易情绪激动。意大利人喜好争论，常常会为很小的事情而大声争吵、互不相让。如果允许的话，他们会整天争论不休。意大利人比德国人少了一些刻板，比英国人多了一些热情，但在谈判合同、做出决策时不会感情冲动，一般不愿仓促表态。与日本等国家的谈判手不同的是，他们并非要与同僚协商，只是因为比较慎重。如果对方给他们一个做出决策的最后期限，他们往往会眼都不眨一下而迅速拍板决定。这说明他们办事多是胸有成竹，而且有较强的处理紧急情况的能力。

3. 重视个人力量

意大利人与法国人有许多共同之处，都非常重视个人的作用。意大利的商业交往大部分都是公司之间的交往，在商务谈判时往往是出面谈判的人决定一切。意大利人在交往活动中比其他任何国家的人都更有自主权，个人权利较大。所以，和意大利谈判对手相处的好坏是谈判成功与否的决定因素之一。

4. 意大利人有节约的习惯

意大利人对合同条款的侧重点，明显不同于德国人，而接近于法国人。谈判时，他们对商品的质量、性能、交货日期等方面则比较灵活，特别看重商品的价格，在价格方面显得寸步不让。他们力争节约，不愿多花钱追求高品质，而德国人却宁可多付款来换取高质量产品和准确的交货日期。

5. 崇尚时髦

意大利人崇尚时髦，不论是商人还是旅行家，都衣冠楚楚，潇洒自如。他们的办公地点及设施都比较讲究，他们对生活中的舒适，如住宿、饮食都十分注重，对自己的国家及家庭也感到十分自豪与骄傲。在商务谈判中，最好不要谈论国体政事，但可以倾听他们或引导他们谈谈其家庭、朋友，当然，前提是你与他们有了一定的交情。

(五)北欧商人的谈判风格

北欧主要是指挪威、丹麦、瑞典、芬兰等国家，也称斯堪的纳维亚国家，它们有着相似的历史背景和文化传统，都信奉基督教。北欧是一个文化、经济高度发达的地区，这几个国家地域广阔、人口稀少，社会政治经济十分稳定，与世界各地的贸易交往也具有较长的历史。出于其信仰和民族地位及历史文化，使北欧人形成了心地善良、为人朴素、谦恭稳重、和蔼可亲的性格特点。

1. 按部就班、有条不紊

北欧人是务实型的，工作计划性很强，凡事按部就班，规规矩矩，在谈判中总是显得沉着、冷静、不急不躁、按预定计划进行谈判，在对人态度上也十分讲究文明礼貌。不论是正式还是非正式谈判，如果是东道主，会安排得有条不紊，尽量让客人满意。

2. 开诚布公、坦诚相见

北欧人在谈判中态度谦恭，待人温和、真诚，善于同外国客商搞好关系。他们的谈判风格坦诚，不隐藏自己的观点，善于提出各种建设性方案。在谈判的探测阶段，他们愿意直率地告诉对方真实的情况，也希望对方坦诚相见。

由于探测阶段的坦诚和毫无保留，所以北欧人不喜欢无休止的讨价还价，也认为没有必要进行太多的讨价还价。如果己方报价，则不希望对方讨价还价；如果是对方报价，也不进行激烈的讨价还价。如果他们看到对方提议中有明显的大漏洞，他们会改变对对方企业的看法，转向别处做生意。

3. 北欧人对自己产品的质量非常看重

北欧国家产品的质量在世界上也是一流的。近几年，他们更倾向于具有高附加值的、高度专业化的产品出口。他们在工作期间严肃认真、一丝不苟，但娱乐时也决不工作。

北欧国家所处的纬度较高，冬季时间长，所以北欧人特别珍惜阳光。夏天和冬天分别有三周和一周的假期，几乎所有公司的业务都处于停顿状态，人们都休假去了。因此，做贸易应尽量避开这段时间，当然，也可以利用假期临近催促对方赶快成交。

4. 喜欢以头衔相称

北欧商人谈判注重头衔，喜欢人们以头衔相称。如果不了解头衔，干脆称其为经理；即使他们不是，也会高兴的。

5. 重视代理商的作用

在北欧，代理商的地位很高，尤其是在瑞典和挪威，没有代理商的介入，许多谈判活动就难以顺利进行。因此，与北欧人做生意，必须时刻牢记这些代理商、中间商。

最后，北欧人的一个共同特点就是喜欢桑拿浴，这已经成为他们生活中的一部分。如果你与北欧人洽商，他们请你洗桑拿浴，说明你受到了他们的欢迎，这是个好的开端。但如果你不能适应长时间的热气，也要提出，这不是丢面子的事情。在许多情况下，你可以在洗桑拿浴时与他们交谈，这可免除正式谈判的许多不便。

(六)俄罗斯商人的谈判风格

1991 年 12 月苏联解体，十几个独立国家由此诞生。其中，俄罗斯是面积最大、人口最多、经济实力最强的国家，国民大多信奉东正教。中俄在资源、劳动力、产业，资本等方面具有很强的互补性，经贸合作潜力大，中俄贸易量剧增。2019 年双边贸易额突破 1 100 亿美元。2020 年受新冠肺炎疫情影响，中俄贸易总额达 1 077.65 亿美元，在国际贸易大面积受疫情冲击的形势下，中俄双边贸易额虽同比有所下降，但整体上堪称“逆势上扬”。因此，了解俄罗斯这个巨大的市场是十分必要的。

1. 谈判关系的建立

俄罗斯是礼仪之邦。俄罗斯人热情好客，注重个人之间的关系，愿意与熟人做生意。他们的商业关系是建立在个人关系基础之上的。只有建立了个人关系，相互信任和忠诚，才会发展成为商业关系。没有个人关系，即使是一家优秀的外国公司进入俄罗斯市场，也很难维持其发展。俄罗斯人主要通过参加各种社会活动来建立关系，增进彼此友谊。这些活动包括拜访、生日晚会、参观、聊天等。在与俄罗斯人交往时，必须注重礼节，尊重民族习惯，对当地的风土民情表示出兴趣等。只有这样，在谈判中才会赢得他们的好感、诚意与信任。

2. 决策程序

他们推崇集体成员的一致决策和决策过程的等级化。他们喜欢按计划办事，一旦对方的让步与其原定目标有差距，则难以达成协议。俄罗斯人在谈判中经常要向领导汇报情况，因而谈判中决策与反馈的时间较长。与他们谈判要注意这个变化，搜集相关资料，做好应付复杂性的准备。

3. 时间观念

俄罗斯有一句古老的谚语说：“如果你打算出门旅行一天，最好带上一周的面包”。因为在俄罗斯，难以预料和不确定的因素太多，包括谈判时间和决策。他们认为，时间是非线性的，没有必要把它分成一段一段地加以规划。谈判时俄罗斯人不爱提出讨论提纲和详细过程安排，谈判节奏松弛、缓慢。不过，俄罗斯人比较遵守时间，在商务交往中，需事先预约。

4. 沟通方式

俄罗斯人喜欢非公开的交往，喜欢私人关系早于商业关系的沟通方式。一旦彼此熟悉，建立起友谊，俄罗斯人表现得非常豪爽、质朴、热情，他们健谈、灵活，乐于谈论自己的艺术、建筑、文学、戏剧、芭蕾等。他们非常大方、豪迈，长时间不停地敬酒，见面和离开都要握手。俄罗斯人是讨价还价的行家里手，善于运用各种技巧。常用的技巧有制造竞争、有的放矢等。他们缺乏外汇，比较欢迎易货交易。

5. 对合同的态度

俄罗斯人重视合同，在订立合同时，他们会对条款仔细推敲。一旦达成谈判协议，他们会按照协议的字面意义严格执行，同时，他们也很少接受对手变更合同条款的要求。在谈判中，他们对每个条款，尤其是技术细节十分重视，并在合同中精确表示各条款。

俄罗斯人文明程度较高，不仅家中整洁有序，而且注意公共卫生。另外，俄罗斯人很重视仪表，喜欢打扮；在公共场合注意言行举止，比如他们从不将手插在口袋里或袖子里，即使在热天也不轻易脱掉外套。在商务谈判中，他们也注意对方的举止，如果对方仪表不错，他们会比较欣赏；相反，如果对方不修边幅就坐到谈判桌前，他们会很反感。

三、亚洲商人的谈判风格

(一)日本商人的谈判风格

日本是一个岛国，资源缺乏，人口密集，具有民族危机感。这就使日本人养成了进取心强、工作认真、事事考虑长远影响的性格。他们慎重、礼貌、耐心、自信地活跃在国际商务谈判的舞台上。日本人深受中国传统文化的影响，儒家思想道德意识已深深地沉淀于日本人的内心深处，并在行为方式上处处体现出来。第二次世界大战后，日本通过引进高技术并形成外向型经济，创造了经济上的奇迹，从战后的废墟中一跃而成为世界经济强国。中日经济交往日益密切，2008—2018 年中日双边贸易总体上呈不断上升趋势。因此，了解和掌握日本文化和日本人的谈判风格是十分必要的。

1. 谈判关系的建立

日本人的谈判方式独特，被认为是“很难对付的谈判对象”或“圆桌武士”。日本人相信良好的人际关系会促进业务的往来和发展。他们十分重视人际关系。人际关系的建立及信任程度，决定了与日本人建立商务关系的状况。日本人相信一定形式的介绍有助于双方尽快建立业务关系。因此，谈判开始之初，日本商人会想方设法找一位与他们共事的人或有业务往来的公司来作为谈判初始的介绍人。日本人往往通过私人接触建立联系，或通过政府部门、文化机构以及有关的组织安排活动来建立联系。为了进一步了解谈判对手，日本商人常常邀请谈判对方去饭店或其他场所。

2. 决策程序

日本商人的决策程序或步骤往往令谈判小组的每个成员感觉到自身参与的重要作用。表现出两大特点：

(1)自下而上,上司批准

先由下级或部属对某个方案进行讨论认同,然后再由上级领导决定。日本人在提出建议之前,必须与公司的其他部门和成员商量决定,这个过程十分烦琐。日本人决策如果涉及制造产品的车间,那么决策的酝酿就从车间做起,一层层向上反馈,直到公司决策层反复讨论协商;如果谈判过程中协商的内容与他们原定的目标又有出入的话,那么很可能这一程序又要重复一番。这一特点由于建立在充分讨论的基础上,因而容易执行。但决策时间过长,效率不高。

(2)认同在先,集体决策

日本人的价值观念与精神取向都是集体主义,以集体为核心。谈判过程中,日本商人总是分成几个小组;任何个人都不能对谈判的全过程负责;决策必须征求全组人员的意见。任何决策只有在全组人员均认可后才能付诸实施。在一个企业中,如果某个职工工做出色,他并不希望上司的公开表扬或特殊奖励。这是因为,他们认为这是集体智慧的结果。如果要奖励或表扬,对象往往是整个班组。

一旦日本商人同意了一项提议,做出某种决定,他们往往坚持自己的主张,很难改变他们的决定。因为改变决定需要参与谈判的全体成员的同意。

3. 时间观念

由于认同在先,集体决策,因而日本商人的决策过程较慢,并受到许多外国谈判人员的批评。因此,在与日本商人的谈判过程中,想急于求成是不太现实的。日本商人对截止日期、时间有限等不理不睬。在对方的各种压力之下,他们仍然心平气和、沉着冷静。耐心使日本人在谈判中具有充分的准备。耐心使他们手中握有利剑,多次成功地击败那些急于求成的欧美人。耐心使他们成功地运用最后期限策略。所以与日本人谈判,缺乏耐心,或急于求成,恐怕会输得一败涂地。另外,要让日本商人在谈判中畅所欲言,必须花大量的时间来发展与他们的私人关系。

4. 沟通方式

日本商人注重"面子",不喜欢在公共场合发生冲突,往往采用委婉、间接的交谈风格。虽然他们表达方式大都清晰明了,但某些看似肯定的回复,实际为否定的回答。这种间接的沟通方式容易误导对方。

日本是一个重礼仪的社会。日本人所做的一切,都要受到严格的礼仪的约束。如果外国人不适应日本人的礼仪,或表示出不理解或轻视,那么,他就不可能在推销和采购业务中引起日本人的重视,不可能获得他们的信任与好感。

日本人重视人的身份、地位、资历。在日本社会中,人人都对身份地位有明确的概念,知道如何谈话办事才是正确与恰当的言行举止。日本人不愿与年纪较轻、资历较浅的人谈判。他们不相信年轻人有什么实权,更主要的是,他们感到与"毛孩子"谈判有损于他们的尊严,是对他们地位的贬低。

要面子是日本人员普遍的心理。无论在什么情况下,日本人都非常注意留面子,或者说不让对方失掉面子。这在商务谈判中表现最突出的一点就是日本人从不直接了当地拒绝对方。日本人对任何事情都不愿意说"不"。因为他们觉得断然拒绝会伤害对方的感情,或使他丢面子,所以,在对方阐述立场、提出要求、讨价还价时,日本人讲得最多的就是"哈依",尽管这个词在词典里的解释是"是",但实际上绝不是表示同意。它意味着"我在听你说"。这种情形经常给初次与日本人接触的外国谈判者造成了极大的误会。特别是西方人,当他们侃侃而谈,不断听到日本人的"哈依"之后,便以为一切都很顺利,很快就会大功告成。可是当具体落实合同条款时,却发现一切都得从头来,这使他们大为恼火,也感到不可理解。不同意为什么不当时讲出来呢?看来,最好的解释就是东西方文化的差异吧!

对此,我们要把保全面子作为与日本人谈判时需要注意的首要问题。具体地说,第一,避免直截了当地拒绝日本人。要尽量婉转地表达,或做出某种暗示,也可以陈述你不能接受的客观原因。第二,千万不要直接指责。较好的方法是把你的建议间接地表示出来,或采取某种方法让日本人自己谈起棘手的话题,或通过中间人去交涉令人不快的问题。第三,不要当众提出令日本人难堪或他们不愿回答的问题。第四,要十分注意送礼方面的问题。在日本人的商业圈里,他们注重礼仪,对对方的感激之情往往借助于馈赠礼品或热情款待对方等方式来表达。馈赠礼品的时间通常在岁末或其他节假日。赠送各种礼品是日本社会常见的现象。但对日本人的送礼要根据对方职位的高低,确定礼品价值的大小。如果总裁收到的礼物和副总裁的价值相等,那么前者感到是受到了侮辱,后者也会觉得尴尬。

5. 对合同的态度

日本商人有一套自己的标准和原则。他们认为,相互之间的信任在业务往来中最重要,不必明白无误地签订详细的合同。这种观念正在发生变化。不过,即使书面形式的合同,合同的内容也非常简短。他们大量依赖于口头协议。书面协议仅仅在纠纷产生时的参考文件。

日本人做生意注重建立个人之间的人际关系。要想在日本社会取得成功,关键是看你能否成功地与日本人结交。在商务谈判中,如果你与日本人建立了良好的个人友情,特别是赢得了日本人的信任,那么,合同条款的商议是次要的。欧美人愿意把合同条款写得尽可能具体详细,特别是双方责任、索赔内容,以防日后纠纷,而日本人却认为,双方既然已经十分信任了解,一定会通力合作。即使万一做不到合同所保证的,也可以再坐下来谈判,重新协商合同的条款。当外商在同从未打交道的日本企业洽谈时,他们必须在谈判前就要获得日方的信任。公认的最好办法是取得对方认为可靠的、另一个信誉甚佳的企业的支持,即找一个信誉较好的中间人。这对于谈判成功大有益处。

(二)韩国商人的谈判风格

韩国是一个自然资源匮乏、人口密度很大的国家。韩国以"贸易立国",近几十年经济发展较快。韩国商人在长期的贸易实践中积累了丰富的经验,常在不利于己的贸易谈判中占上风,被西方国家称为"谈判的强手"。

1. 进行充分的咨询准备工作

谈判前,韩国人通常要对对方进行咨询了解,如经营项目、规模、资金、经营作风以及有关商品的行情等。一旦韩国人与你坐在一起谈判,那么可以肯定地说,它已对这场谈判进行了周密的准备。

2. 注重礼仪,创造良好的谈判气氛

韩国人十分注意选择谈判地点,他们一般喜欢选择有名气的酒店进行会晤,并且特别重视谈判开始阶段的气氛。见面时总是热情地与对方打招呼,向对方介绍自己的姓名、职务等。当被问及喜欢用哪种饮料时,他们一般选择对方喜欢的饮料,以示对对方的尊重。

3. 巧妙地运用谈判技巧

韩国人常用的谈判方法有两种,即横向式谈判和纵向式谈判。前者是先谈主要条款,然后谈次要条款,最后谈附加条款,后者即对双方共同提出的条款逐条协商,达成一致后,再转向下一条款进行讨论。有时也会两种方法兼而用之。他们还时常使用"声东击西""先苦后甜""疲劳战术"等策略。有些韩国商人直到最后一刻仍会提出"价格再降一点"的要求。

(三)华侨商人的谈判风格

华侨分布在世界许多国家,他们乡土观念很强,勤奋耐劳,重视信义,珍惜友情。由于经历和所处环境的不同,他们的谈判习惯既与当地人有别,也与我们大陆人有所不同。

1. 作风果断,雷厉风行

华侨经济在世界上很有地位、令世人瞩目。在商务谈判中,他们从不优柔寡断,看准了就干。他们富于冒险精神,敢于正视困难,对前途充满了信心,善于抓住每一个商贸机会。

2. 善于讨价还价

华侨有一套巧妙的讨价还价办法,从不以一次让价为满足,总是一而再,再而三地讨价还价,直到该商品不能再降价为止。

3. 老板拍板

华侨商人多数都是由老板亲自出面谈判,即使在谈判之初由代理人或雇员出面,最后也要由老板拍板才能成交。

商场如战场,处于各种各样的商业环境,面对形形色色的谈判对手,华侨们励精图治的敬业精神和积极稳妥的现实作风,使他们在创业道路上一往无前,硕果累累,为世人瞩目。

(四)中国商人的谈判风格

中国是四大文明古国之一,人口约占世界人口近 1/4 的比例。中国经济的飞跃发展令世人瞩目,被称为世界上最后一个巨大的市场,外国投资者纷纷将投资建设和商务洽谈的注意焦点集中到了中国,而中国人的谈判风格也成为各国商界研究的对象。

1. 谈判关系的建立

中国商人十分注重人际关系。在中国,建立关系是寻求信任和安全感的一种表现。在商务交往中建立业务关系,一般情况下借助于一定的中介,找到具有决策权的主管人员。建立关系之后，中国商人往往通过一些社交活动来达到相互的沟通与理解。

2. 决策程序

从某种程度上说，中国企业的决策系统比较复杂，企业的类型较多、差异较大。企业的高层领导往往是谈判的决策者。争取他们的参与，有利于明确彼此承担的义务，便于执行谈判协议。

3. 时间观念

中国人原来喜欢有条不紊、按部就班。在商务交往中，对时机的判断直接影响到交易行为。信奉欲速则不达，防止拔苗助长、急躁妄为。如果时机不成熟，他们宁可按兵不动，也不草率行事。随着经济的快速发展，中国人的时间观念越来越强，工作效率不断提高。

4. 沟通方式

中国文化追求广泛意义上的和谐与平衡。受儒家文化的影响，"面子"观念深入社会生活的各个方面与层次，并直接影响商务谈判。在商务谈判中，商人不喜欢直接、强硬的交流方式，对对方提出的要求常常采取含糊其词、模棱两可的方法作答，或利用反问把重点转移。

名片被广泛使用在商业往来中。备好自己的名片是聪明的做法。通过名片的交换，可以了解到双方各自的等级地位，以便注意相应的礼节。

在沟通过程中，一些被西方人认为是交谈禁区的话题，如家庭状况、身体状况甚至年龄、收入等，都可以作为很好的加深了解的话题。不过，无论什么话题，都表现得谦虚有礼。

(五)阿拉伯商人的谈判风格

阿拉伯国家是丝绸之路的重要参与者。阿拉伯商人将古代的东方与西方连接起来，把中国的茶叶、丝绸、瓷器输送到欧洲和非洲。当代民族国家确立以来，中阿贸易再一次发展，尤其是我国改革开放以来阿拉伯国家的石油和中国的工业品互为对方发展的必需品，双方贸易互补性很强，发展迅速。目前，中国已经与 9 个阿拉伯国家签署共建"一带一路"协议。中国是阿拉伯国家第二大贸易伙伴。中阿贸易额从 2004 年的 367 亿美元增长到 2017 年的 1 913 亿美元。

由于地理、宗教和民族等的影响，阿拉伯人以宗教划派，家族、等级观念很强，阿拉伯国家将伊斯兰教奉为国教。阿拉伯人反感别人贬损或以开玩笑的口气来谈论他们的信仰和习惯，嘲弄和漠视他们的风俗。尽管不同的阿拉伯国家在观念、习惯和经济方面存在差异，但作为整个民族来讲，具有较强的凝聚力。阿拉伯商人的谈判风格是：

1. 先交朋友，后谈生意

阿拉伯人通常要花很长时间才能做出谈判的决策。他们不希望通过电话来谈生意。当外商想向他们推销某种商品时，必须经过多次拜访，有时甚至第二次、第三次拜访都接触不到实质性的问题。与他们打交道，必须先争取他们的好感和信任，建立朋友关系。只有这样，下一步的交易才会进展顺利。阿拉伯人好客知礼的传统使他们对亲友邻居所敞开的大门对外国客商同样是敞开的。

2. 对讨价还价情有独钟

在他们看来，没有讨价还价就不是一场严肃的谈判。无论是大商店还是小商店均可讨价还价，标价只是卖主的报价。在商务谈判中更是如此，他们甚至认为，不还价就买走东西的人，还不如讨价还价后什么也不买的人受卖主的尊重。

3. 通过代理商进行商务谈判

几乎所有阿拉伯国家的政府都坚持让外国公司通过代理商来开展业务，代理商从中获取佣金。一个好的代理商对业务的开展大有裨益。他可以帮雇主同政府有关部门取得联系，促使有关方面尽早做出决定，帮助安排货款的收回，劳务使用、物资运输、仓储等诸多事宜。

最后，由于阿拉伯社会宗教意识的影响，妇女地位较低，妇女一般是不能在公开场合抛头露面的。因此，应该尽量避免派女性去阿拉伯国家谈生意，如果谈判小组中有女性，也应将其安排在从属地位，以示尊重他们的风俗。在谈话中也应尽量不涉及妇女问题。

四、非洲商人的谈判风格

非洲大陆有50多个国家，大多属于第三世界国家，人民健康水平低，卫生状况差，教育比较落后，基础设施薄弱，交通落后、电力匮乏等诸多问题成为经济发展的瓶颈，不少国家在经济上严重依赖大国。在谈判风格上普遍表现为：

1. 讲究礼节

非洲各国内部存在许多部族，各部族之间的对立意识很强，其族员的思想大都倾向于为自己的部族效力。非洲人有许多禁忌需要注意，比如：他们崇尚丰盈，鄙视柳腰，因此在非洲妇女面前不能提“针”这个字。再如：非洲人认为左手是不洁的，因此尽管非洲商人也习惯见面握手，但千万注意别伸出左手来握，即使对方人多也一样，否则会被视为大不敬。

2. 时间观念较差

非洲各部族内部的生活具有浓厚的大家庭主义色彩。非洲人工作效率低下，办事能拖就拖，时间观念较差。谈判时，他们很少准时到会，即使到了也很少马上开始谈论正事，往往要海阔天空地漫谈一通，对此只能忍耐。

3. 不太熟悉商务知识

由于历史的原因，整个非洲人口的文化素质较低，有些从事商务谈判的人员对业务并不太熟悉，因此，与其洽谈时，应把所有问题乃至各问题的所有细节都加以书面确认，以免日后产生误解或发生纠纷。

在非洲诸国中，南非的经济实力最强，黄金和钻石的生产和流通是其经济的最大支柱。南非商人的商业意识较强，他们讲究信誉，付款定时。他们一般派出有决定权的人负责谈判，一般不会拖延谈判时间。尼日利亚的经济实力也较强，虽以农业为主，但石油储量丰富，工业发展很快。其当权人物都受过高等教育，能巧妙运用关税政策，低价进口物美价廉的外国产品。扎伊尔以农业为主，是重要的矿产国，但国民缺乏商业知识和技巧。坦桑尼亚、肯尼亚和乌干达三国位于非洲东部，形成共同市场，期望经济合作。三国的地方资本已有所发展，但商人缺乏经验，推销不可靠，因此与当地商人洽谈时不能草率从事。

五、大洋洲商人的谈判风格

大洋洲包括澳大利亚、新西兰、斐济、巴布亚新几内亚等二十多个国家或地区。其中澳大利亚和新西兰是两个较发达也较为重要的国家。居民70%以上是欧洲各国移民，其中以英国和法国的移民后裔最多。多数国家通用英语。经济上以农业、矿业为主，盛产小麦、椰子、甘蔗、菠萝和羊毛，还盛产有铅、铁、锌、锰等多种矿物，主要贸易对象是美、日和欧洲一些国家。出口以农、畜、矿产品为主，进口商品主要是机械、汽车、纺织品和化工品等。

(一)澳大利亚商人的谈判风格

澳大利亚由六个州组成，各州有各自的宪法，由各自的州政府办理铁路、地区开发、教育等事项，因此各州之间的地区观念比较浓厚。地广人稀的澳大利亚，其居民沉着好静，不喜欢生活环境被扰乱。

1. 不喜欢讨价还价

澳大利亚人在商务谈判中很重视办事效率。他们派出的谈判人员一般具有决定权，同时也希望对方的谈判代表也具有决定权，以免在决策中浪费时间。他们极不愿意把时间花在不能做决定的空谈中，也不愿意在讨价还价上耗费时间。因此，在谈及价格时，他们往往不愿采用开始高报价，然后慢慢讨价还价的做法。他们采购货物时大多采用招标方式，以最低报价成交，根本不给予对方讨价还价的机会。

2. 不轻易签约

澳大利亚商人待人随和，不拘束，乐于接受款待。他们认为招待与生意无关，是两项活动，公私分明。所以，与他们交往，不要以为在一起喝过酒生意就好做了。恰恰相反，澳大利亚人在签约时非常谨慎，不太容易签约，但一旦签约，也较少发生毁约的现象。他们善用谈判技巧，重视信誉，而且成见较重，加上全国行业范围狭小，信息传递快，如果谈判中有不妥的言行会产生广泛的不良反应。谈判人员必须给他们留下美好的第一印象，才能使谈判顺利进行。

3. 时间观念强

澳大利亚一般员工都很遵守工作时间，不迟到，不早退，但也不愿多加班，下班时间一到就会立即离开办公室。经理阶层的责任感很强，对工作很热心。

(二)新西兰商人的谈判风格

新西兰人进行交易基于公平的原则，做生意不讨价还价，但提出一个价格就不能变更。如果新西兰商人询问交货日期、品质、付款条件等，生意大概就成交了。

新西兰商人的责任心很强，普遍重信誉。由于他们经常进口外国货，因而非常精明，难以对付。

第三节 中西方商务谈判风格比较

当我们考察了世界上部分国家的商务谈判风格之后，有了对商务谈判风格的感性认识和了解。下面，我们进一步从中西方文化划分的角度，再简略地比较一下基于中西方文化基础之上的商务谈判风格。

一、先谈原则与先谈细节

中国商人喜欢在处理细节问题之前先就双方关系的一般原则取得一致意见，把具体问题安排到以后的谈判中去解决，即“先谈原则，后谈细节”。而西方商人如美国人则往往是“先谈细节，避免讨论原则”。西方人认为细节是问题的本质，细节不清楚，问题实际上就没有得到解决，原则只不过是一些仪式性的声明而已。所以，他们比较愿意在细节上多动脑筋，对于原则性的讨论比较松懈。然而由于中西方对谈判原则的重视程度不同，事实表明先谈原则必然会对后面的细节讨论产生制约作用。这种差异常常导致中西方交流中的困难。美国一些外交官曾感受到中国人所具有的谈判作风对西方人的制约。专门研究中国谈判作风的美国学者查尔斯・弗里曼告诫西方外交界，在与中国人打交道时，应“坚持先谈具体而特定的细节，避免关于一般原则的讨论”。中国人重视“先谈原则，再谈细节”的原因在于：

第一，先谈原则可确立细节谈判的基调，使它成为控制谈判范围的框架。

第二，可以利用先就一般原则交换意见的机会来估计和试探对方，看看对方可能有哪些弱点，创造出一些有利于自己的机会。

第三，可以很快地把原则性协议转变成目标性协议。

第四，先谈原则可以赢得逻辑上的优势。

第五，通常原则问题的讨论可以在与对方的上层人物的谈判中确立下来，从而既避免了与实质性谈判中的下层人员（这些人对具体问题很精明）可能的摩擦，又能在一定程度上控制他们的举动。应当指出，先谈原则的谈判作风虽然有对于具体细节谈判具有制约作用，但是在协议的执行过程中，如果对方对于自己的违约受到批评不理睬的话，那么这种手法就不会特别有效，因为毕竟依照原则精神来谈细节与依照原则精神来执行协议是两码事。

二、重集体与重个体

中西方在谈判中都是既重集体又重个体。但西方人比较强调集体的权力，强调个体的责任。中国人比较强调集体的责任，强调个体的权力。

三、重立场与重利益

中国人比较重立场，而西方人比较重利益。中国人在谈判中对于立场特别敏感。美国谈判学家雷法指出：“如果谈判者在立场上争执时，他们会使自己更加陷入该立场中。你越澄清你的立场，越抵抗别人对它做的攻击，你就越会执着于它；你越设法叫别人相信你不可能改变立场，你越难做到这一点。于是，你的‘自我’变得与你的立场混为一体。你现在有了‘保住面子’这项新利益——把未来的行动与过去的立场联系起来——也就越不可能达成一项调和双方最初利益的明智的协议。在立场上投入的注意力越多，越不会注意如何调和双方利益。任何达成的协议，都只不过是机械式地消除双方在最后立场上的歧见，而不是精心拟出符合双方合法利益的解决方案。这种协议不可以使双方都满意。”立场争执往往会使谈判陷入僵局，导致彼此的尖锐对立。多年的合作伙伴，会因此而分道扬镳；朋友从此会视同陌生人。

西方人对利益看得比立场更为重要。无论对任何人，评价其工作绩效的标准是看其谈判成果。一个在谈判中“勤恳稳重”有余而低效无利的谈判者，在西方人看来是绝对不能容忍的。“苦劳”的西方人眼睛里不可能被记入“功劳”账上。因此，一个在谈判中过分坚持立场而不能获得利益或放弃了应得利益的人在西方是不可能被重用提拔的。由于西方的谈判者重效果而轻动机，他们对立场问题往往表现出极大的灵活性，在谈判中努力追逐利益。他们对待事物的态度，取决于其是否能为自己带来好处，是否会损害自己的利益。

四、先人后事与就事论事

中国人在面临谈判的时候，往往会先“人”后“事”，即先重视人的因素，然后再考虑事的因素。

重视人的因素指主要考虑谈判对方的地位和人际关系这两个方面，对方如果社会地位或职位比较高，就会让谈判者产生敬畏心理，从而影响到谈判对策；其次，中华民族讲求群体观念，所以，在谈判中，中国人会尽可能维护人际关系的和谐有序。重视人的因素也就是充分重视了社会关系的潜在价值，此价值由“权力差距”及“集体主义”来决定。

谈判者也会考虑事的因素，事的因素包含利益和风险两大内容，即谈判者所考虑的经济交易潜在价值是由“社会关系”和“风险规避”决定的。

总之，中国人在谈判时，主要采取行为导向决策（因人而异）和谈判价格决策（成本考量），这两者是相互纠结而不可分的。

西方崇尚理性决策，西方人谈判讲求就事论事，以事实为依据，不会因为对方的社会地位、身份等个人的因素而改变其原有的、“理性”的谈判价格，简而言之，对事不对人。

以上介绍的只是世界主要贸易国家或地区的主要谈判风格，重要的是我们应从中悟其真谛。当然，随着当今世界经济一体化和通信的高速发展以及各国商人之间频繁的往来接触，他们相互影响、取长补短，有些商人的国别风格已不是十分明显了。因此，我们既应了解和熟悉不同国家和地区商人之间谈判风格的差异，在实际的商务谈判中更应根据临时出现的情况而随机应变，适当地调整自己的谈判方式以达到预期的目的，取得商务谈判的成功。

案例分析

日本某公司与美国某公司进行技术协作谈判，日本公司与美国公司采取了两种不同的谈判方式。谈判伊始，美方首席代表拿着各种技术数据、谈判项目、开销费用等一大堆材料，滔滔不绝地发表本公司意见，完全不顾日本公司代表的意见。日本公司代表则一言不发，仔细听并记录着。当美方讲了几个小时、征询日本公司代表意见时，日本公司代表显得迷惘、混沌无知，反反复复地说：“我们不明白……我们没做好准备……我们事先也没搞技术数据……请给我们一些时间，回去准备一下”。第一轮谈判，就这样结束了。

一个月后，第二轮谈判开始了。日本公司以上次谈判团不称职为由，撤换了上次的谈判团。一切如上次谈判一样，日本人显得在这个项目上准备不足，最终日本公司以研究为名，结束了第二次谈判。

几个月后日本公司又如法炮制了第三轮谈判。这样美国公司老板大为恼火，认为日本人在这个项目上没有诚意，轻视本公司的技术和基础，于是下了最后通牒：如果半年后日本公司仍然如此，两公司的协定将被取消。随后美国公司解散谈判团，封闭所有的技术资料，以逸待劳，等待至少半年后的最后一次谈判。

哪料想，几天后日本即派出有前几批谈判团的首要人物组成的庞大谈判团，飞抵美国。美国公司在惊愕之中仓促上阵，匆忙将原来的谈判团成员召集起来。这次谈判，日本人一反常态，带来了大量可靠的数据，对技术、合作分配、人员、物品等有关事项都做了详细的规划，并将协议书的拟稿交给美方代表。这使美国人迷惘了，最后勉强签了字。当然，所规定的条款明显倾向于日方。显然，日本人是在了解美方的意图后，一鼓作气制定详细的方案，趁美国人放松警惕时突然袭击，取得了决定性胜利。

问题：1. 美国人和日本人在谈判中的主要差异是什么？

2. 从这个案例中你得到了哪些启示？

本章小结

国际商务谈判的特点之一是多国性、多民族性，来自不同国家、不同地区、不同民族的谈判人员不可能在谈判中具有完全一致的立场、观点、习惯和价值观念，因此，他们具有不同的谈判风格是很正常的，而谈判风格的差异，必然会影响谈判者的行为方式，以致影响谈判的进行及最终结果。

谈判风格是指谈判人员在谈判过程中，通过言行举止表现出来的建立在其文化积淀基础上的与对方谈判人员明显不同的关于谈判的思想、策略和行为方式等的特点。

谈判风格具有对内的共同性、对外的独特性、成因的一致性等特点。

学习和研究谈判风格，有利于营造良好的谈判气氛，为谈判策略提供依据，有助于提高谈判水平。

从地理分布及其不同国家的商人表现的大体特点来介绍，世界主要国家和地区商人的谈判风格各不相同。

从中西方文化划分的角度，比较中西方的商务谈判风格，主要表现在先谈原则与先谈细节，重集体与重个体，重立场与重利益，先人后事与就事论事等方面存在的不同。

思考与练习题

1. 谈判风格具有哪些特点？
2. 浅谈美国商人的谈判风格。
3. 浅谈日本商人的谈判风格。
4. 浅谈俄罗斯商人的谈判风格。
5. 试比较中西方商务谈判风格的不同。

附录一

谈判经验总结

商务谈判是销售工作中的重要一环，成功的谈判是做成业务的前提。如果谈判者能灵活掌握并动用一些谈判原则和实用技巧，就可能在谈判桌上取得主动，起到“兵不血刃”、“不战而屈人之兵”的作用，为最终取得所期望之结果奠定基础。

一、将心比心

谈判最忌以己方观点，需索无度，漫天叫价。谈判时，也要带三分侠气、一片素心，多为对方着想。将心比心，带来的是皆大欢喜的双赢。如果谈判过程中充满火药味，双方各持己见，互不相让，最后是脸红脖子粗，头破血流，这样就很难谈成任何建设性的结果。

二、突出优势

对对方立场、观点都有初步的认知后，再将自己在此次谈判事项中所占有的优、劣势及对方的优、劣势，进行严密周详的列举，尤其要将己方优势，不管大小新旧，应全盘列出，以作为谈判人员的谈判筹码。而己方劣势，当然也要注意，以免仓促迎敌，被对方攻得体无完肤。

三、模拟演习

就是将各种可能发生的状况，预先模拟，以免实际遭遇时人慌马乱，难以主控战局。在了解优、劣后，就要假想各种可能发生的状况，预做策划行动方案。小至谈判座位的摆放都要详加模拟。

四、底线界清

通常，谈判时，双方都带攻击性，磨刀霍霍，跃跃欲试。双方只想到可以“获得多少”，却常常忽略要“付出多少”，忽略了谈判过程中己方要让步多少，方可皆大欢喜。所以，在谈判前，务必要把己方的底线界清：可让什么？要让多少？如何让？何时让？为何要让？先行理清，心中有效。否则，若对方咄咄逼人，己方束手无策任由对方宰割，那就失去了谈判的本意。

五、了解对手

孙子兵法中的“知己知彼，百战不殆”众所皆知。谈判前，了解对方的可能策略及谈判对手的个性特质，对谈判的圆满完成将有莫大助益。如果谈判对手喜欢打球，不妨在会谈前寒暄，着意提及，将对方的戒备敌意先行缓和，若有时间，更可邀约一起运动，以培养宽松的谈判气氛。须知在这时球场就是另一张谈判桌，有助谈判达成。

六、要有耐心

古语有云：“病急乱投医”。故在谈判中要时刻暗诵默念“戒急戒躁”，尤其在剑拔弩张、激烈火爆之际，更要遵行。因为，谈判中常有耐久战要打，谈四五个钟头，连上厕所的时间都没有，此时谈的已久，毫无建树，“心理”正急；而不能解放，“生理”更急，两急之下，就会失掉方寸，胡乱对应。所以，谈判前要把“耐心”带足，准备充分。

七、随机应变

战场状况，瞬息万变，谈判桌上需随机应变。虽说诸葛亮神机妙算，但人算不如天算，总有考虑欠周、失算之处。谈判时，出现对手突有神来一笔，超出己方假设状况，己方人员一定要随机应变，见招拆招。实在无法招架，手忙脚乱时，先施缓兵之计，再图谋对策，以免当机立“断”——断了自己的后路。

八、埋下契机

双方若不能达成相当程度的圆满结果，谈判面临破裂之际，也无须逞一时口舌之快，伤了双方和气。双方若是撕破脸，以后要达成再谈判的境界，虽非不可能，但也要颇费周折，好事多磨了。买卖不成仁义在，双方好聚好散，也为下回谈判圆满埋下契机。

附录二

谈判能力测验

1. 通常，你在谈判之前做了万全准备吗？

(a)几乎每一次

(b)经常这样

(c)有时候

(d)不经常

(e)凭临场反应

2. 在面对直接冲突时，你会有多少不适？

(a)非常不舒服

(b)相当不舒服

(c)不喜欢但是能面对

(d)这种场面还算喜欢

(e)有这种机会求之不得

3. 谈判中，对方与你说的你都相信吗？

(a)不相信，十分怀疑

(b)半信半疑

(c)有时候不相信

(d)通常相信

(e)大多数相信

4. 被别人喜欢对你来说是不是很重要？

(a)非常重要

(b)相当重要

(c)重要

(d)不太重要

(e)不当一回事

5. 谈判时,你总希望一切尽善尽美吗?

(a)总是如此

(b)经常如此

(c)平平常常

(d)不太关心

(e)无所谓

6. 谈判中,对手是如何看待你的?

(a)竞争力很强

(b)竞争力不错,配合一般

(c)配合不错,竞争力平常

(d)配合度很强

(e)配合度中等,竞争力中等

7. 你追求哪种交易?

(a)对双方都好的交易

(b)对你方有利的交易

(c)对谈判对手有利的交易

(d)对你方极有利,对对方而言聊胜于无的交易

(e)对个人有利的交易

8. 你喜欢和生意人(卖车、家具、电器用品的)谈判吗?

(a)非常喜欢

(b)喜欢

(c)不介意

(d)不喜欢

(e)极讨厌

9. 达成协议后,若你发现协议内容十分不利,你会要求再协商一次吗?

(a)会

(b)有时候会

(c)勉强愿意

(d)很难

(e)那是他人的事

10. 你有威胁别人的倾向吗?

(a)常常

(b)经常

(c)偶尔

(d)很少

(e)几乎没有

11. 你能将自己的观点表达得很清楚吗?

(a)非常好

(b)一般水平之上

(c)一般水平

(d)一般水平之下

(e)非常不好

12. 你是个好听众吗?

(a)非常好

(b)相当不错

(c)一般水平

(d)一般水平之下

(e)糟糕透了

13. 你对暧昧不明的状况感觉如何?

(a)非常不舒服

(b)有点不舒服

(c)不喜欢但可以接受

(d)无所谓

(e)喜欢

14. 当你不赞同别人所表达的意见时,你会怎么做?

(a)闭耳不听

(b)随便听听,不过不大听得进去

(c)随便听听,反正无所谓

(d)适度地聆听

(e)专心聆听

15. 谈判之前,你和你的组员是否对设定目标、优先顺序等问题做充分的沟通?

(a)经常如此且沟通良好

(b)不常如此,沟通状况亦不佳

(c)磋商十分辛苦,效果很好

(d)磋商频率相当高,大伙都很辛苦

(e)按照要求去做,不过最好能省掉这个程序

16. 如果部门里薪水的平均调幅是5%,而同仁们希望调幅提高为10%,所以要去找老板谈判,你觉得如何?

(a)一点也不喜欢,最好不要

(b)不喜欢,但不会表示意见

(c)会去做,不过心里有点犹豫

(d)愿意尝试

(e)以期待的心情欣然面对

17. 你喜欢在谈判中运用专家吗?

(a)非常喜欢

(b)蛮喜欢的

(c)偶尔为之也可

(d)如果有必要的话

(e)几乎没有

18. 你是一个很好的小组领导吗?

(a)非常好

(b)相当不错

(c)普通

(d)不是很好

(e)很糟糕

19. 处于压力之下,你还能清晰思考吗?

(a)可以,非常清楚

(b)比大多数人要好

(c)一般水平

(d)一般水平以下

(e)完全不行

20. 你的商业判断力好不好?

(a)依过去的经验来看,相当好

(b)不错

(c)与一般主管人员差不多

(d)不是很好

(e)我不愿承认,但我实在一点商业细胞都没有

21. 你自视如何?

(a)自尊心非常强

(b)不算太自负

(c)感情很复杂

(d)不怎么样

(e)不在意

22. 你能得到别人的尊重吗?

(a)轻易得到

(b)多半可以

(c)偶尔可以

(d)多半不能

(e)几乎不能

22. 你认为自己是个很谨慎、很有机智的人吗?

(a)完全正确

(b)经常是如此

(c)普通

(d)经常说漏嘴

(e)属于那种先说后想的人

24. 你是个心胸开阔的人吗?

(a)绝对是

(b)经常如此

(c)多半如此

(d)有点封闭

(e)相当故步自封

25. 你觉得诚实对你来说重要吗?

(a)非常重要

(b)很重要

(c)普通重要

(d)有点重要

(e)这是个无情的世界

26. 你觉得诚实对别人重不重要?

(a)非常重要

(b)很重要

(c)普通

(d)有点重要

(e)人不为己,天诛地灭

27. 当你有权在握时,你会用吗?

(a)会尽我所能,把它用到极限

(b)在没有罪恶感的前提下,我会适度运用

(c)会在公平的原则下运用权力

(d)不喜欢使用权力

(e)我不对别人使用权力

28. 你对肢体语言是否敏感?

(a)非常敏感

(b)很敏感

(c)一般水平

(d)敏感度比大多数人要差

(e)没什么观察力

29. 你对别人的动机、真正的想法,是否敏感?

(a)非常敏感

(b)很敏感

(c)普通

(d)敏感度比大多数人要差

(e)不敏感

30. 你对独自与谈判对手打交道,感觉如何?

(a)极力避免

(b)很不自在

(c)不好也不坏

(d)倾向和对方保持密切接触

(e)喜欢和谈判对手保持密切的关系

31. 你能洞察谈判的真正议题吗?

(a)具有很强的洞察力

(b)多半能做正确的判断

(c)一般状况下,我能猜得到

(d)常觉得意外

(e)要找出关键性议题,十分困难

32. 在谈判中,你倾向拟定什么样的目标?

(a)要达成极为困难的目标

(b)不容易达成的目标

(c)难易适度的目标

(d)不难达成的目标

(e)比较容易达成的目标

33. 你是个有耐性的谈判者吗?

(a)可以这么说

(b)一般水平之上

(c)一般水平

(d)一般水平之下

(e)觉得穷耗实在没有意思

34. 在谈判中,你会信守拟定的目标吗?

(a)绝对信守

(b)通常会

(c)有时候会

(d)不太管它

(e)保持相当大的弹性

35. 在谈判中,你会坚持到底吗?

(a)绝对坚持到底

(b)毅力很强

(c)表现一般

(d)不是很能持续到底

(e)毅力很差

36. 谈判中面对谈判对手讨论私人问题时,你会很敏感吗?

(a)非常敏感

(b)很敏感

(c)普通

(d)不很敏感

(e)几乎没有感觉

37. 你会信守满足对手需求的承诺吗?

(a)绝对信守,同时确保他们不会受到伤害

(b)有时候

(c)顺其自然,不过我希望他们不会受到伤害

(d)有点关心

(e)那是他们自己的事

38. 你会倾向强调自己的权限吗?

(a)肯定是如此

(b)通常是如此

(c)适度强调

(d)不考虑这个问题

(e)喜欢从正面思考问题

39. 你会去了解对手的权限吗?

(a)肯定会

(b)多半会

(c)自行估量

(d)我不是对手,如何得知权限所在

(e)谈判进行过程中,自然会知道

40. 当你开出很低的价钱去购买东西时,感觉如何?

(a)很糟糕

(b)不是很好,可是我有时会这么做

(c)偶尔为之

(d)经常尝试,毫不在乎

(e)定期练习,感觉相当不错

41. 通常你会以什么样的方式做出让步?

(a)非常缓慢的步调

(b)缓慢的步调

(c)与谈判对手差不多的步调

(d)为了做出更多让步,我会加快自己的步调

(e)只要能达成目标,我不在乎让步的幅度

42. 如果你所冒的风险可能影响你的前途,你感觉如何?

(a)敢尝试大多数人不敢尝试的风险

(b)我敢冒的风险,比大多数人大一点

(c)我敢冒的风险,比大多数人小一点

(d)偶尔敢冒一点风险

(e)几乎不敢冒任何风险

43. 对冒财务上的风险,你感觉如何?

(a)敢冒的风险比大多数人要来得大

(b)敢冒的风险比大多数人大一点

(c)几乎不敢冒任何风险

(d)偶尔敢冒一点风险

(e)敢冒的风险比大多数人小一点

44. 与身份较高的人相处,你感觉如何?

(a)非常自在

(b)很自在

(c)感觉很复杂

(d)有点不自在

(e)非常不自在

45. 上一次你买房子或买车时,曾针对谈判做了什么样的准备?

(a)万全的准备

(b)相当完善的准备

(c)适度的准备

(d)不太周全的准备

(e)靠临场发挥

46. 对手告诉你的话,你会查核到什么程度?

(a)我会全部查核一遍

(b)我会查核大多数的内容

(c)我会查核部分内容

(d)我知道应该查核,不过通常我不会去做

(e)我从不查核

47. 你能针对问题设想出各种富有创意的解决方案吗?

(a)绝对可以

(b)通常可以

(c)有时可以

(d)不太可能

(e)几乎不能

48. 你具有领导者的魅力吗?

(a)魅力非凡

(b)颇具魅力

(c)一般水平

(d)魅力不大

(e)毫无魅力

49. 与别人相比,你算是个有经验的谈判者吗?

(a)经验非常老到

(b)一般水平之上

(c)一般水平

(d)一般水平之下

(e)一个生手

50. 在小组内领导别人,你感觉如何?

(a)自在且自然

(b)不算自在

(c)感觉很复杂

(d)有点难为情

(e)相当焦虑

51. 和同事相比,你觉得自己在没有压力的状况下,表现得有多好?

(a)非常好

(b)比大多数人要好

(c)一般水平

(d)比大多数人差一些

(e)不太好

52. 当谈判气氛变得非常激烈时,你的情绪有可能跟着"走火"吗?

(a)我的情绪相当稳定

(b)基本上我很冷静,但随着形势变化,会越来越焦急

(c)和大多数人差不多

(d)脾气会有点暴躁

(e)会产生“走火”现象

53. 人们会亲热地对你表示好感吗?

(a)会

(b)多半会

(c)一般水平

(d)不太会

(e)根本不会

54. 你的工作稳固吗?

(a)非常稳固

(b)很稳固

(c)普通

(d)不稳固

(e)非常不稳固

55. 当对方跟你解释了四遍,你还是不懂的时候,你感觉如何?

(a)糟糕透了

(b)相当不好意思

(c)不好意思继续再问

(d)会继续再问,不觉得有何不妥

(e)直接告诉对方,还是不懂

56. 在谈判中,你处理艰难质问的能力强吗?

(a)非常强

(b)一般水平之上

(c)一般水平

(d)一般水平之下

(e)很差

57. 你会问试探性的问题吗?

(a)非常擅长

(b)相当不错

(c)一般水平

(d)不是很好

(e)相当笨拙

58. 你对公事守口如瓶吗?

(a)绝对如此

(b)多半如此

(c)不乱说话

(d)话稍微多了一点

(e)话太多

59. 与同事相比,你对专业知识的自信算不算强?

(a)比大多数人要强

(b)稍微强一些

(c)一般水平

(d)稍微弱一点

(e)坦白说,没什么自信

60. 你准备修房子,不过,因为你太太有意见,所以,原先的设计图需要做些修改。承包商要求你为修改设计图多付一点钱。如果非找他做不可的话,对他要求加价一事,做何反应?

(a)欣然接受

(b)以温和的态度和他商量

(c)不满意但可接受

(d)非常不满意

(e)不想再面对他

61. 你可以随心所欲传达自己的感觉吗?

(a)通常可以

(b)比大多数人要好

(c)一般水平

(d)偶尔可以

(e)几乎不行

按照下面的谈判力评价测验计分表所示,将正分和负分分开计算,然后加总在一起,正分扣掉负分,就是你最后的分数。

问　题

	1	2	3	4	5	6	7	8	9	10	11	12	13
(a)	+20	−10	+10	−14	−10	−15	0	+3	+6	−15	+8	+15	−10
(b)	+15	−5	+8	−8	+10	+15	+10	+6	+6	−10	+4	+10	−5
(c)	+5	+10	+4	0	+10	+10	−10	+6	0	0	0	0	+5
(d)	−10	+10	−4	+14	−5	−15	+5	−3	−5	+5	−4	−10	+10
(e)	−20	−5	−10	+10	−10	+5	−5	−5	−10	+10	−6	−15	+10
	14	15	16	17	18	19	20	21	22	23	24	25	26
(a)	−10	+8	−10	+12	+12	+10	+20	+15	+12	+6	+10	+15	+15
(b)	−5	−10	+5	+10	+10	+5	+15	+10	+8	+4	+3	+10	+10
(c)	+5	+20	+10	+4	+5	+3	+5	0	+3	0	+5	+5	+5
(d)	+10	+15	+13	−4	−5	0	−10	−5	−5	−2	−5	0	0
(e)	+15	−20	+10	−12	−10	−5	−20	−15	−8	−4	−10	−10	−10

续表

	27	28	29	30	31	32	33	34	35	36	37	38	39
(a)	+5	+2	+15	−15	+10	+10	+15	+12	+10	+16	+12	−10	+15
(b)	+15	+1	+10	−10	+5	+15	+10	+12	+12	+12	+6	−8	+10
(c)	+10	0	+5	0	+2	+5	+5	+5	+3	+4	0	0	+5
(d)	−5	−1	−10	+10	−2	0	−5	−5	−3	−5	−2	+8	−5
(e)	0	−2	−15	+15	−10	−10	−15	−15	−10	−15	−10	+12	−10
	40	41	42	43	44	45	46	47	48	49	50	51	52
(a)	−10	+15	+5	+5	+10	+15	+10	+12	+10	+5	+8	+15	+10
(b)	−5	+10	+10	+10	+8	+10	+10	+10	+8	+3	+5	+10	+6
(c)	+5	−3	0	−5	+3	+5	+3	+3	+3	0	+3	+5	0
(d)	+15	−10	−3	+5	−3	−5	−5	0	0	−1	0	0	−3
(e)	+15	−15	−10	−8	−10	−15	−12	−5	−3	−3	−12	−5	−10
	53	54	55	56	57	58	59	60	61				
(a)	+10	+12	−8	+10	+10	+10	+12	+15	−8				
(b)	+8	+10	−3	+8	+8	+10	+8	+10	−6				
(c)	+4	+5	+3	+2	+3	+8	+4	0	0				
(d)	−2	−5	+8	−3	0	−8	−5	−10	+5				
(e)	−6	−12	+12	−10	−5	−15	−10	−15	+8				

在计算出总分之后，你就可以知道自己是落在最高、最低，还是中等排名的范围之内了。

最高排名　＋376～＋724

第二位　　＋28～＋375

第三位　　－320～＋27

最低排名　－668～－321

6 个月之后，重新再做一次测验，比较一下结果。如果你还想知道别人对你谈判能力的评价，你可让熟悉你的人替你打分。再将他得出的结果同你自我衡量的结果进行比较，从中便可得出有意义的启示了。

参考资料
REFERENCE

[1]郭芳芳:《商务谈判教程》,上海财经大学出版社 2006 年版。
[2]易开刚等:《现代商务谈判》,上海财经大学出版社 2006 年版。
[3]刘园、李志群等:《国际商务谈判》,中国对外经济贸易出版社 2001 年版。
[4]张照禄、曾国安:《谈判与推销技巧》,西南财经大学出版社 2006 年版。
[5]方其:《商务谈判——理论、技巧、案例》,中国人民大学出版社 2005 年版。
[6]孙玉太、郭秀闳:《商务谈判概论》,东北财经大学出版社 2000 年版。
[7]潘肖珏、谢承志:《商务谈判与沟通技巧》,复旦大学出版社 2000 年版。
[8]潘马琳等:《商务谈判实务》,河南人民出版社 2000 年版。
[9]金木、罗德:《谈判是双赢》,杭州出版社 2001 年版。
[10]高原、苏伟伦:《百分之百谈判大师》,中国纺织出版社 2001 年版。
[11]张雷:《就这样去谈判》,宁夏人民出版社 2001 年版。
[12]戴永良:《商业谈判要领》,中国戏剧出版社 2001 年版。
[13]樊建廷:《商务谈判》,东北财经大学出版社 2001 年版。
[14]杨群祥:《商务谈判》,东北财经大学出版社 2001 年版。
[15]宫捷:《现代商务谈判》,青岛出版社 2001 年版。
[16]新经济时代解读哈佛编委会:《商务谈判》,中国工商联合出版社 2001 年版。
[17]陈伟、姜波:《国际商法》,哈尔滨工程大学出版社 2002 年版。
[18]MBA 核心课程编译组:《谈判与沟通》,九州出版社 2002 年版。
[19](美)弗兰克·L.阿库夫:《国际商务谈判》,上海人民出版社 1999 年版。
[20](美)杰勒德:《哈佛谈判学》,西南财经大学出版社 1998 年版。
[21](美)盖文·肯尼迪:《谈判人》,外文出版社 1997 年版。
[22](英)吉思·希尔特伯、希拉·尤德尔:《谈判》,中国人民大学出版社 1997 年版。
[23]戴文标、李小芳、邴爱峰:《谈判与沟通》,上海人民出版社 2004 年版。
[24]罗伯特·巴利、迈克尔·艾伦:《哈佛商务谈判》,摄影出版社 2002 年版。
[25]刘宗主:《商务谈判技术》,武汉大学出版社 2004 年版。
[26]王淑贤:《商务谈判理论与实务》,经济管理出版社 2003 年版。
[27]丁建忠:《商务谈判》,中国人民大学出版社 2003 年版。
[28]李品媛:《现代商务谈判》,东北财经大学出版社 2004 年版。
[29]王德新:《商务谈判》,中国商业出版社 1996 年版。

[30]井润田:《国际商务谈判》,机械工业出版社 2006 年版。

[31]肖沛雄:《推销、谈判谈判语言艺术 100 题》,中山大学出版社 1993 年版。

[32]苏永青:《实用经贸投资谈判大全》,辽宁人民出版社 1993 年版。

[33]Herminia Ibarra:Business Fundamental Series—Negotiation,中国人民大学出版社 2002 年版。

[34]王超:《谈判分析学》,中国对外经济贸易出版社 1999 年版。

[35]聂元昆:《商务谈判学》,高等教育出版社 2008 年版。

[36](奥)维克托·克里蒙克:《国际谈判——分析、方法和问题》,华夏出版社 2004 年版。

[37](美)卡里(Curry,J. E.):《国际商务谈判》,上海外语教育出版社 2000 年版。

[38]袁革主:《国际贸易谈判技巧》,中国财政经济出版社 1996 年版。

[39]杨杰、王天佑、潘崇森:《餐饮概论》,北京交通大学出版社 2010 年版。

[40]国家公务员培训教程编写组:《公务员礼仪》,中国和平出版社 2003 年版。

[41]周思敏:《你的礼仪价值百万》,中国纺织出版社 2009 年版。

[42]马克态:《商务谈判理论与实务》,中国国际广播出版社 2004 年版。

[43]刘文广、张晓明:《商务谈判》,高等教育出版社 2006 年版。

[44]李农勤:《市场营销学》,清华大学出版社 2004 年版。

[45]范云峰、贾文华:《谈判高手》,京华出版社 2004 年版。

[46]吴洪刚:《成功让步的谈判艺术》,《郑州煤炭管理干部学院学报》2001 年第 6 期。

[47]黄聚河:《商务谈判中常用的报价技巧》,《价格月刊》2001 年第 6 期。

[48]赵吉存:《企业技术引进的谈判技巧》,《经济管理》2002 年第 9 期。

[49]韩彦:《国门之外还有多少关隘》,《经济观察报》2006 年 12 月 11 日。

[50]金明华:《中小企业防范国际贸易诈骗应注意的问题》,《北方经贸》,2006 年第 1 期。

[51]郑巍:《国际货物贸易合同中常见的陷阱探析》,《中国对外贸易》2011 年第 2 期。

[52]张亚芬:《慎选付款方式规避结算风险》,《对外经贸实务》2004 年第 11 期。

[53]苏世芬:《从国际航运欺诈透析信用证对出口商保障的局限性》,《生产力研究》2008 年第 2 期。

[54]吕西萍:《网络欺诈的国际对策研究——基于 Jane Smith 一案的思考》,《武汉纺织大学学报》2011 年第 5 期。

[55]刘白玉:“国际商务谈判礼仪中的文化差异研究”,《集团经济研究》2006 年第 8 期。

[56]张晓宇:《从一则案例谈信用证欺诈及其规避策略》,《河北企业》2020 年第 6 期。

[57]马东丽:《新时期国际贸易中信用证欺诈的现状及其防范》,《对外经贸实务》2020 年第 7 期。

[58]黄卫平、丁凯、宋洋:《国际商务谈判》,中国人民大学出版社 2020 年版。

[59]李爽:《商务谈判》,人民邮电出版社 2020 年版。

[60]滕凤英,冯文静:《商务谈判实务》,北京理工大学出版社 2020 年版。

[61]徐刚:《国际商务谈判实务教程》,科学出版社 2020 年版。

[62]庞爱玲:《商务谈判》,大连理工大学出版社 2018 年版。
[63]杜海玲、许彩霞、杨娜、隋囡囡:《商务谈判实务》,清华大学出版社 2019 年版。
[64]薛克光:《商务谈判》,天津大学出版社 2020 年版。
[65]王君:《商务谈判》, 机械工业出版社 2020 年版。
[66]白远:《国际商务谈判:理论、案例分析与实践》,中国人民大学出版社 2019 年版。
[67]吴建伟:《商务谈判策略与案例分析》,清华大学出版社 2017 年版。
[68]刘园:《国际商务谈判》,中国人民大学出版社 2019 年版。
[69]徐斌:《商务谈判实务》,中国人民大学出版社 2019 年版。